国家高端智库
NATIONAL HIGH-END THINK TANK

上海社会科学院重要学术成果丛书·专著

数字时代
包容性创新的力量

理论与实践

The Power of Inclusive Innovation in the Digital Age
Theory and Practice

邸俊鹏 / 著

上海人民出版社

本书出版受到上海社会科学院重要学术成果出版资助项目的资助

总 序

当今时代,百年变局与大国崛起交织演进,为中国带来新的机遇、挑战与思考。全球科技创新与产业变革以前所未有的速度、强度和深度重塑国际格局,国内新能源、人工智能等产业迅猛发展,深刻更新着国人的思想观念与知识体系。与此同时,全球粮食安全、环境污染、地区冲突等挑战频发,威胁国际安全,中国的发展与世界的稳定前所未有地深度交织,凸显构建人类命运共同体的紧迫性。当前中国,正经历华夏历史上最为广泛而深刻的发展变革,投身人类历史上最为深远宏大的实践创新。这一伟大变革时代,也必然是哲学社会科学深刻变革与创新发展的时代。习近平总书记深刻指出,要"以中国式现代化全面推进强国建设、民族复兴伟业","加快构建中国哲学社会科学自主知识体系",这为全国哲学社会科学的发展指明了科学路径与前进方向。

上海社会科学院作为首批国家高端智库建设试点单位,始终坚持以习近平新时代中国特色社会主义思想为指导,聚焦以中国式现代化全面推进强国建设、民族复兴的重大实践问题开展深度研究,注重以党的创新理论为旗帜引领学术研究和学科建设,将习近平新时代中国特色社会主义思想中重大概念、原创性思想观点、原理性理论成果作为核心元素纳入研究体系,突出"两个结合",深入推进学科发展与智库建设相融合。值"十五五"规划开启之际,上海社会科学院持续实施重要学术成果出版资助计划,推出"上海社会科学院重要学术成果丛书",旨在提升科研水平、扩大学术影响、促进成果转化,更好地服务社会、贡献国家。

该丛书涉及哲学社会科学经典学科、新兴学科及"冷门绝学",包括学术专著、译著、研究报告以及论文集等多种形式,既包含学术理论的深化探索,也涵盖应用实践的开拓创新;既有对世界大势的前瞻研判,也有对中国发展路径的深刻洞察;既注重优秀历史文化脉络的系统阐释,也聚焦新时代伟大变革的深度解析。作者群体中既有经验丰富的资深学者,也有崭露头角的青年才俊,更有成果丰硕的科研骨干。丛书力求从一个侧面展现上海社科院的学术追求与智库水准,持续推进知识、理论、方法创新,致力于出成果、出思想、出影响。

学无止境,术无终极。上海社科院要成为哲学社会科学创新的重要基地和具有国内外重要影响力的高端智库,必须深学笃行习近平总书记关于哲学社会科学的重要论述,牢牢把握正确的政治方向、价值取向和学术导向,聚焦我国经济社会发展中的重大理论和实践问题,为推进中国式现代化、全面建设社会主义现代化国家、加快建成具有世界影响力的社会主义现代化国际大都市提供更高水平的学术支撑与智力支持。我们的使命光荣、责任重大,未来必须踔厉奋发、笃行不怠。

上海社会科学院常务副院长、国家高端智库首席专家

目　录

绪　论

　　数字技术的迅猛发展为全球经济注入了新动能,中国凭借庞大的市场规模、丰富的人力资源和技术创新优势,在数字经济领域取得了举世瞩目的成就。2022年,中国数字经济规模达50.2万亿元,占GDP比重达41.5%,连续11年增速高于同期GDP增速,成为推动高质量发展的重要引擎。然而,数字技术的快速迭代在创造巨大红利的同时,也加剧了社会分化:一方面,数字鸿沟、算法歧视、平台垄断等问题日益凸显;另一方面,传统创新模式往往难以惠及低收入群体、农村地区及弱势群体,导致创新成果的分配失衡。在此背景下,"包容性创新"作为一种兼顾效率与公平的创新范式,成为破解数字时代发展困境的关键路径。

　　包容性创新的核心在于通过创新活动扩大社会参与、优化资源配置、促进机会平等,其本质是让所有群体——尤其是长期被边缘化的"金字塔底层"(BoP)群体——共享技术进步与社会发展的成果。与传统创新不同,数字时代的包容性创新呈现出三大转向:其一,目标群体从单一的经济维度扩展到数字素养、性别平等、可持续发展等多元维度;其二,创新主体从企业主导转向政府、市场、社会协同共治;其三,价值创造从追求利润最大化转向社会福利的整体提升。本书以中国数字经济实践为蓝本,系统探讨数字时代包容性创新的理论逻辑、实践路径及其对共同富裕的推动作用。

　　全书共分六章。第一章梳理传统创新与包容性创新的理论脉络,揭示数字技术对创新范式的重塑;第二章构建包容性创新的测度体系,实证分析中国区域包容性创新的现状与差异;第三章从福利经济学、长尾效应等理论视角,解析包容性创新促进经济包容性增长的机制;第四章聚焦性别包容、数字鸿沟、可持续发展等社会议题，探讨包容性创新的社会价值；第五章明确政府、市场、企业在包容性创新中的角色定位，提出协同治理框架；第六章通过国际比较，提炼中国包容性创新的经验与启示。研究综合运用案例研究、计量模型、比较分析等方法，力求形成兼具学理深度与实践价值的创新成果。

本书的创新之处体现在三个方面：其一，理论层面首次系统界定数字时代包容性创新的内涵，构建"数字赋能—社会参与—公平分配"的三维分析框架；其二，实践层面提出包容性创新的"中国方案"，总结电商扶贫、数字普惠金融、智慧城市等典型案例的普适性经验；其三，政策层面设计包容性创新的评价指标体系，为政府治理与企业实践提供可操作的决策工具。本书不仅丰富了创新理论体系，更为中国在数字时代实现高质量发展与共同富裕提供了理论支撑与实践参考。

数字技术革命正在重构全球创新版图，而包容性创新正是中国应对技术颠覆、促进社会公平的核心抓手。本书从理论与实证层面，揭示数字时代包容性创新的本质规律，为破解"创新悖论"、推动包容性增长提供了新的认知维度与实践路径。这一探索不仅关乎中国式现代化的实现，更为全球可持续发展贡献了东方智慧。

第一章
数字时代包容性创新的新变化

本章沿着"创新—传统的包容性创新—数字时代的包容性创新"脉络,阐述数字时代包容性创新的新变化和新内涵。首先,梳理传统创新的发展过程及相应学派的观点,提炼出传统创新的特征;其次,纵向梳理传统包容性创新的发展过程,明确与传统创新相比,包容性创新在概念内涵及特征上的不同;最后,厘清与传统包容性创新相比,数字时代的包容性创新所呈现出的新型特征,剖析数字经济的发展对包容性创新的目标群体、各类主体在其中的角色定位、绩效评价标准产生的深刻影响,并提出数字经济对包容性创新带来的新机遇和新挑战。

第一节　传统创新

一、传统创新的发展过程

1912年美籍奥地利经济学家约瑟夫·熊彼特在《经济发展理论》一书中首次提出创新理论,他在书中提到:"创新是指把一种新的生产要素和生产条件的'新结合'引入生产体系。"他认为"所谓创新就是一种生产函数的转移,或是一种生产要素与生产条件的重新组合,其目的在于获取潜在的超额利润"。随后他在《经济周期》和《资本主义、社会主义和民主主义》两书中形成了系统的技术创新理论(technical innovation theory)。自此,技术创新的研究拉开了序幕。

然而回顾经济思想史，不难发现，技术创新早在熊彼特之前就被古典经济学家注意到了。1776年亚当·斯密（1972）在《国民财富的性质和原因的研究》中指出："只要工作性质上还有改良的余地，各个劳动部门所雇的劳动者中，不久自会有人发现一些比较容易而便利的方法，来完成各自的工作。唯其如此，用在今日分工最细密的各种制造业上的机械，有很大部分，原是不同个人的发明。"这里，斯密对技术创新的来源进行了初步探讨，提到了技术变革和经济增长的关系，以及科学在技术变迁中的作用。可以说，斯密对技术变革与市场之间的关系已经有了初步的认识。卡尔·马克思则被认为是最早认识到技术创新是经济发展与竞争的重要推动力的经济学家。他指出："资产阶级除非使生产工具……不断革命化，否则就不能生存下去。"（任力，2007）他的远见卓识不仅为马克思主义经济学奠定了坚实的理论基础，同时也对后来的许多经济学家产生了深远的影响。布朗温·H. 霍尔和内森·罗森伯格（2017）指出，熊彼特正是在马克思有关技术进步对长期经济增长的核心作用和有关技术进步的连续性以及演进性那里，得到了有关技术创新和创造性毁灭等的最初启示。

熊彼特在继承古典经济学传统的基础上，以一个统一的理论体系和概念框架系地研究技术进步促进经济增长的内在机制，并首次将创新作为现代经济增长的核心。熊彼特创新理论最大的特点是强调生产技术的革新和生产方法的变革在经济发展过程中的关键作用。

20世纪50年代以后，许多国家经历了近20年的经济高速增长"黄金期"，传统经济学理论中的资本、劳动力等要素已不能对这一现象作出解释。西方学者对技术进步与经济增长的关系产生了浓厚的兴趣，并进行了深入的研究，从而使技术创新理论得到了长足发展。纵观技术创新理论的发展过程，技术创新理论的研究可以分为四个学派：新古典学派、新熊彼特学派、制度创新学派和国家创新系统学派。

（一）技术创新的新古典学派

以索洛等人为代表的技术创新的新古典学派认为，经济增长率不仅与资本和劳动的增长率有关，还与技术创新密切相关。他把经济增长分为由于要素数量增加而引起的"增长效应"和由于要素水平进步而引起的"水平效应"。Solo(1951)在《在资本化过程中的创新：对熊彼特理论的述评》中提出创新成立的两个先决条件：新理念的产生，以及随后的实现和发展。这一"两步论"的提出对技术创新概念的发展具有里程碑式的意义。

然而新古典学派仍然以传统的经济理论模型为研究手段，无法真实地反映技术变革与技术创新的动态过程，从而导致理论脱离实际。此外，新古典主义将技术创新视为一个"黑箱"，并未全面考察技术与制度在经济发展中的作用，这一点与新熊彼特学派专注于"黑箱"的内在运行机理形成对照。

（二）技术创新的新熊彼特学派

以爱德温·曼斯菲尔德、莫尔顿·卡曼、南希·施瓦茨等为代表的新熊彼特学派，遵循熊彼特的经济理论，把技术创新看作一个交互作用的复杂过程，强调技术创新和进步在经济增长中的核心作用，注重揭示"黑箱"的内在机理，并基于这一过程相继提出了诸多著名的技术创新理论。

新熊彼特学派系统地研究了技术创新理论，并从多个视角对熊彼特的创新理论进行了深入研究与发展。熊彼特忽视了扩散过程中创新的完善与发展，而新熊彼特学者注重创新的形成机制，并从创新的起源、过程、途径等方面对其进行探讨。总之，新熊彼特学派对技术创新进行了系统、科学地研究与探讨，构建了一个较为完整的技术创新理论框架，但缺乏深层次的理论规律。

（三）技术创新的制度创新学派

兰斯·戴维斯和道格拉斯·诺思(2018)在《制度变迁与美国经济增长》一书中提出制度创新理论。以戴维斯和诺思等人为代表的制度创新学派认为，制度创新意味着一种新的经济形式或一种新的运作模式。他们将熊彼特的创新理论和制度学派的制度理论相结合，对制度安排如何在国民经济中发挥作用进行了深入探讨，从而丰富了熊彼特的"制度创新"思想。但是，他们的制度创新理论中的"制度"是指具体的政治经济制度，如金融组织、企业制度、工会制度等，并未将社会政治环境纳入其中。

（四）技术创新的国家创新系统学派

以克里斯托夫·弗里曼、理查德·纳尔逊等人为代表的国家创新系统学派认为，技术创新不只是企业家或公司单独行动的结果，它是由全国创新体系所驱动的。国家创新系统是一个由企业等创新主体、关系网络和运作机制构成的一个有机的系统，它通过国家的制度安排和交互作用，促进知识的创新、引入、扩散和应用，从而提高整体的技术创新水平。弗里曼、纳尔逊等学者的研究表明，国家创新系统对于优化创新资源的配置具有十分重要的意义，特别是对于政府如何规划和出台政策来引导和激励企业、科研院所、高校、中介组织等多方互动，促进科学知识的生产、传播与应用。然而，弗里曼与纳尔逊所做的研究主要针对一国创新系统架构中各个要素及其组合的效率，并未进行国家间的比较。对于从多个角度系统分析不同国家对技术创新的支持机制、国家间的差异及其成因，以及能在多大程度上解释不同国家的经济绩效等问题没有进行深入研究。

除了技术创新理论的发展，创新理论还有许多其他方面的演化。美国社会学家埃弗雷特·M. 罗杰斯（2002）在《创新的扩散》一书中提出创新扩散理论，他分析了影响创新采纳率和扩散网络形成的诸多因素，将创新的传播分为认知、说服、决定、实施和确认五个步骤，系统地解决了如何让创新成为现实的问题。20 世纪 80 年代以前，企业创新研发往往是封闭式的，亨利·切萨布鲁夫（2005）在《开放式创新》一书中提出将组织系统外的知识、经验、人才引入组织内部的理念，以此驱动组织创新。维杰伊·戈文达拉扬和克里斯·特林布尔（2013）在《逆向创新》一书中提出从低端市场或发展中市场进行市场实践，再逆向拆解创新反哺发达市场，从而实现跨市场的创新传播和应用的理论。

回顾过去，创新理论的发展反映了社会、经济和科技进步的需求，也体现了人们对创新过程理解的深化。随着时间的推移，创新理论继续演化以适应不断变化的外部环境和内部挑战。

二、传统创新的特征

创新作为一种经济学概念，是指企业家利用市场上的潜在机会，对生产条件和要素进行重组，构建更加高效的生产体系，从而推出新产品、创造新的生产方式、打开新市场、获得新原材料或半成品供应来源、创建新的企业组织形式。它是一个由科技、组织、商业、金融等多个方面综合而成的系统，其最终目标是获得商业利益。传统的创新主要有三个突出的特征。

第一，传统创新基于市场需求。市场需求是推动传统创新的重要驱动力，在市场经济中，企业为了生存和发展，需要不断提供符合消费者需求的商品或服务。因此传统创新要求企业不断学习、尝试和改进，以适应市场的变化和消费者的需求，企业则会根据市场反馈和用户需求来进行产品或服务的创新和改进。当市场上出现新的需求或现有需求未被充分满足时，企业就会受到激励去创新，以填补市场空白。这种以市场为导向的创新能够确保创新的成果具有实际应用价值，并能够迅速得到市场的认可和回报。

第二，传统创新具有破坏性。熊彼特创新理论认为创新是一种革命性变化，必须能创造出新的价值，而它同时意味着毁灭。熊彼特将创新视为一种由内而外的经济结构的持续变革，即不断打破旧的、创造新的结构。创新就是让过去的固定资产设备和资本投资过时、无效或贬值，并通过创新产生大量新的资本（利润）来弥补这些贬值和无效。创新的破坏性主要来自三个方面。首先来自具有颠覆性的新技术，这种技术可以将生产率提高几倍甚至十几倍，例如半导体芯片、互联网、人工智能等技术的诞生。企业一旦掌握了这样的技术往往能够赚取行业中大部分的利润，成为市场赢家。其次来自产品的定位，巧妙的定位不仅能够帮助企业拓展用户群，还能在一定程度上缩减成本。最后来自满足非主流客户的需求，由于市场缺少他们所需的产品和服务，所以当一个企业能够实现从 0 到 1 的创造时，就能获得稳定的客户；但是，因为市场较小，企业需要对自身组织结构作出破坏性创新，大幅降低成本从而在小众产品上获利。破坏性创新往往会打破现有的市场格局、创新出新的市场需求，并引发非对称竞争。

第三，传统创新会导致不平等。以熊彼特创新理论为代表的主流经济学理论认为，创新是扩大收入差距、导致收入不平等的重要原因。技术进步长久以来被视为驱动经济增长的重要因素，但因为新技术的普及具有时间效应，所以新技术带来的收益不能一时为所有人共享。破坏性创新由于其高边际成本和高定位,往往只能覆盖到少数高端人群,而更多的金字塔底层(Bottom of Pyramid,以下简称 BoP,按照平均每人每天生活费不足 2 美元计算,全球有 40% 的人处于金字塔底层)人群则被排除在外,无法享受创新的成果,这就会造成社会不平等。此外,不同于其他生产要素的边际收益递减规律,创新技术呈现出边际收益递增的特点,从事创新活动的高技能劳动力报酬增长较快,而其他大部分人从事的生产活动处于边际收益递减规律,这种现象加剧了社会财富的分化。当创新成果进入某一产业时,位于创新成果距离前沿的企业会不断进行创新研发,而位于创新成果距离较远的企业则会因跟不上节奏而被迫退出市场竞争,从而增加了社会失业率,进一步导致不平等。

第二节　传统包容性创新

一、传统包容性创新的发展过程

包容性创新是一个涉及创新和社会包容性的概念,旨在确保创新不仅仅局限于技术发展,也要考虑到社会各界的需求和利益,它强调创新应该是全面的、可持续的,并能够为社会的各个群体带来积极影响。包容性创新的提出过程反映了对传统创新模式的批判和思考。

2007 年,亚洲开发银行首次提出了包容性增长(inclusive growth)的概念,将包容性增长界定为倡导机会平等的增长,旨在消除相关权利方面的贫困。Ali 和 Zhang(2007)认为,过去单纯强调增长的经济形态剥夺了贫困人群创造收入的能力和机会,使得他们无法参与到经济增长中,而包容性增长则强调贫困人口可以而且应该成为经济增长和社会发展的积极推动者,而非被动受助者,从而能达到效率与公平统一、缩小收入差距的目的。①这一理念与中国共产党所倡导的"共同富裕"是一致的,因而对中国的发展有着

---

① Ali I., Zhuang J. Inclusive Growth toward a Prosperous Asia: Policy Implications[J]. Asian Development Bank, 2007.

更为重要的现实意义。

George 等(2012)在包容性增长的基础上提出了包容性创新(inclusive innovation)的概念,认为包容性创新是为了实现包容性增长而进行的创新。经济合作与发展组织(OECD,2012)认为包容性创新是利用科学、技术和创新诀窍以解决低收入群体的需求。这包括两个方面的含义:一是根据低收入群体的特定需要进行创新,让他们能够获得并享有创新的成果;二是由低收入群体亲身参与、推动和实施具体的创新活动,在创新过程中发挥作用,创造出价值,即"草根创新"。世界银行则在 2013 年发布的《中国包容性创新与可持续发展战略》报告中,将包容性创新定义为一项以创新为导向,为弱势群体提供支付得起的质优价廉的产品和服务,特别是在长期可持续发展的基础上和更大影响范围内,为 BoP 人群创造提高生活水平的机会的活动。①

包容性创新的理念起源于印度,1997 年印度学者葛斯克里希南(GSKrishnan)在亚洲生产力组织研讨会上提出这一概念。Prahalad 和 Hart(2002)提出金字塔底层战略,认为包容性创新的出现与不平等长期制约着社会和经济的发展密切相关,它主要面向生活在贫困线下、权利得不到保障的金字塔底层群体。这一占世界人口三分之二的群体蕴含着巨大的财富,且他们的需求也一直未能被满足,如果企业能为他们提供更有效的服务,就能创造出更多价值。他们主张不再把贫困群体看作受害者或社会负担,而要将其作为有活力、有创造力的企业家和有价值的消费者,企业通过商业模式创新和自身技术创新来满足其内在需求或利用其创新能力,不仅能获得巨大经济回报,还能提高低收入群体的生活质量,从而缓解和消除贫困。Dahlman 和 Utz(2005)认为,包容性创新是针对低收入人群的真实或潜在的需求而进行广泛的创新,包括高科技创新,也包括低技术含量的创新,但都是针对同一目标,即使低收入人群受益。George 等(2012)认为,包容性创新可以被视为促进包容性增长的创新,即为被现有社会经济体系排

---

① 世界银行.中国包容性创新与可持续发展战略[M].经济科学出版社,2014.

斥在外的 BoP 群体创造机会以提升其经济和社会福利的新思想的开发与实施。邢小强等(2010)提出,因为 BoP 人群有着大量未被满足的需求,同时其自身所处环境的特殊性,使得 BoP 市场成为破坏性创新的天然实验场所。

随着包容性创新概念的发展,包括"草根创新""扶贫创新""金字塔底层创新"等都被贴上包容性创新的标签,包容性创新的内涵也愈加丰富。Lazonick 和 Mazzucato(2013)认为,传统创新会增加不平等,而包容性创新则减少不平等性。邢小强等(2013)梳理了包容性创新概念、内涵及特征,分别从包容性增长、金字塔底层战略与破坏性创新三个方面进行探讨,并结合包容增长、BoP 战略、企业竞争优势、贫困治理与可持续发展等相关理论对包容性创新进行了诠释,强调包容性创新的目标人群是 BoP 群体,其社会价值主要体现为降低贫困,并且提出包容性创新并非出于企业社会责任和慈善动机,而是企业构筑长远竞争优势的战略工具和行为。赵武等(2014)总结了包容性创新模式,将包容性创新分为"自上而下"和"自下而上"两种。关于创新体系的构建,Heeks 等(2014)提出"包容性创新阶梯"的观点,认为包容性创新包括意图、消费、影响、过程、结构以及后结构 6 个层次。范轶琳等(2015)认为包容性创新的内涵包括四点:第一,包容性创新是以本地需求为导向和驱动的,是企业等传统创新主体和 BoP 群体的价值共创与分享;第二,包容性创新是新思想的开发与实施,涵盖产品、服务、流程、制度、商业模式、供应链等多种形式的创新;第三,包容性创新致力于消除经济性、地理性和社会性等结构性障碍,有助于 BoP 人群平等地获得机会;第四,包容性创新的过程和结果同样重要,BoP 群体不仅是创新产品和服务的享用者,更是创新过程的参与者。

二、传统包容性创新的特征

包容性创新作为创新的一种类型,遵循创新的一般规律,它需要在产品、服务、过程、组织和市场等方面进行优化,将新思想的价值转化为现实。但同时,包容性创新也有区别于传统创新的方面。传统创新往往导致收入差距拉大,从而造成收入不平等,而包容性创新却可以协调收入不平等问题。因为它更加面向 BoP 人群,致力于通过创新来降低壁垒、提高能力和改变分配方式等,因而对解决不平等问题具有重要的理论和现实意义。可以说包容型创新是一种有别于传统破坏性创新的理论,它为协调技术创新与经济增长和资源配置的关系提供了新的理论思路。与传统创新相比,包容性创新的独特之处主要体现在五个方面。

第一,聚焦为边缘群体获取经济社会福利。包容性创新将目光聚集在最易受冲击和忽视的经济边缘人群——BoP 人群中,旨在能够惠及各个社会群体,包括弱势群体和边缘群体。这些人群由于经济困顿、地理限制、社会排斥及其他结构性问题,而无法获得与其他社会成员相同的经济和社会福利,往往生活在贫困、边缘化或其他形式的不平等中。包容性创新使这些群体广泛参与和分享创新成果,努力消除社会阶层之间的隔阂,促进社会的和谐与进步,从而提高社会整体的福利水平。

第二,需求导向。包容性创新关注解决社会现实问题,以满足人们的实际需求为出发点,致力于满足那些通常被忽视或没有足够资源获取传统服务和产品的 BoP 群体的内在需求。包容性创新要求理解不同群体的特定需求,设计和实施能够满足这些需求的创新方案,从而使创新成果真正惠及所有人。包容性创新不仅仅关注技术层面的突破,还包括社会创新和商业模式创新。这类创新旨在打破旧有的藩篱,创造出更多平等获取机会的平台和条件,特别是在发展中国家,这些类型的创新更为关键。

第三,提供的产品、服务及支持具有低成本性。包容性创新的受众群体往往缺乏足够的资源,购买力也有限,因此为了确保他们能够获得所需的产品或服务,包容性的创新活动往往需要在保证质量和功能的前提下,尽可能降低成本。同时,包容性创新不同于传统的颠覆性创新,它不仅仅是技术层面的创新,还包括商业模式、管理制度等方面的创新,它常常依赖于现有的技术、知识和资源,通过改进或重新组合这些资源来创造新的解决方案。这种方式也能够减少研发成本,同时增强产品或服务的可接受性和普及性。通过降低成本,创新的成果不再局限于少数高收入群体,而是扩展到包括低收入人群在内的整个社会。

第四，强调社会平等和可持续发展。包容性创新致力于确保创新不会加剧社会不平等，要求在发展的各个阶段都坚持公平公正的原则，以确保所有人都有平等参与的权利。包容性创新不仅关注解决社会中的现有问题，更着眼于创造一个更加公平、包容的未来，让所有社会成员都能享受到创新的成果和好处。此外，包容性创新注重发展的可持续性，在强调经济增长的同时也要缩小收入分配差距，促进经济和社会发展的协调性，既注重效率又重视公平，实现经济社会可持续发展。

第五，多元参与。包容性创新鼓励各种社会各界的共同参与。在这样的理念下，政府、企业、社会组织、学术界、私营部门以及广大公民共同成为创新的主体，他们通过多种渠道和方式，积极地参与到创新活动中，包括政策制定、项目策划、资源配置、成果分享等环节。因此，包容性创新允许各种社会主体通过对话、协商和合作等形式共同参与其中，充分考虑各方利益，确保不同群体的声音都能被听到并在决策中得到体现。

总之，包容性创新强调创新过程中的公平性、可参与性和可持续性，力求创造一个更加包容开放、公平公正、繁荣和谐的社会。

第三节　数字时代的包容性创新

一、数字经济与包容性创新

1994 年 4 月 20 日，中国实现了与互联网的全功能连接，经过几十年的努力，中国在数字经济领域取得了显著的成绩，成功赶超部分先发国家。2022 年世界互联网大会发布《世界互联网发展报告（2022）》与《中国互联网发展报告（2022）》，报告指出，2021 年中国数字经济总规模居全球第二，仅次于美国，成为规模位居全球第二的数字经济领先国家。据中国信息通信研究院所历年发布的《中国数字经济发展研究报告》，我国数字经济规模由 2008 年的 4.81 万亿元上升到 2022 年的 50.2 万亿元；数字经济占 GDP 比重不断上升,由 2008 年的 15.2% 上升至 2022 年的 41.5%,已连续 11 年高于 GDP 增速(见图 1.1)。同时,我国数字政府建设成效显著,数字国际合作不断深化,推动数字经济高质量发展已上升为国家战略。党的十八大以来,以习近平同志为核心的党中央从国家发展全局出发,准确把握全球大势,高度重视数字化发展,围绕数字经济、网络强国、数字中国建设等作出一系列重大部署。党的十九大报告首次将"数字经济"作为关键词;党的二十大报告提出"加快发展数字经济,促进数字经济和实体经济深度融合";2022 年中央经济工作会议也指出要继续"提升中国数字经济的国际竞争力",推动高质量发展。

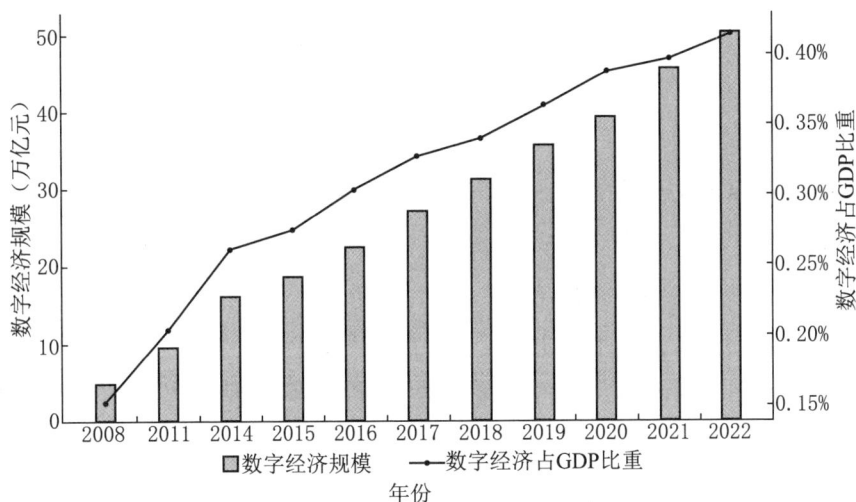

资料来源:中国信息通信研究院,2023。

图 1.1　中国数字经济规模及占 GDP 比重

中国高速发展的数字经济为包容性创新提供了良好的基础。与传统的农业经济、工业经济相比,数字经济是一种新的经济、新的动能和新的业态,它引起社会和经济全面而深刻的变革。从全球角度看,二十国集团(G20)杭州峰会将数字经济列为创新增长蓝图中的一项重要议题;从我国国情出发,政府工作报告和党的十九大报告都对数字经济进行了重点阐述,并强调其对每个公民的日常生活与工作产生了深远的影响(王齐齐等,2021)。在数字化转型战略过程中，数字经济已经成为中国经济高质量发展的重要切入点与动力所在，这也为中国包容性创新的发展提供了强大的助力。

数字经济发展对共同富裕目标具有两面性。数字经济不仅可以促进总体经济的增长，即实现"做大蛋糕"；还可以推动区域产业分散化、城乡协调全国统一大市场的构建，实现均衡发展，即"分好蛋糕"（夏杰长和刘诚，2021）。从这一层面上看，数字经济的发展有助于 BoP 人群获得更多收入机会和服务机会，促进共同富裕目标的达成。然而，数字经济也可能导致劳动力结构性失业、区域差距被拉大和数字平台垄断等问题，从而拉大贫富差距，剥夺 BoP 人群对经济增长有所贡献的机会。

包容性创新弥补数字经济带来的不利影响。一方面，数字经济的发展依赖技术创新和应用的广泛性，这要求创新不仅要高效，还要能够惠及更多的人群和区域。另一方面，包容性创新可以帮助数字经济克服"数字鸿沟"问题，通过提供更广泛的公共服务和金融服务，缩小不同群体之间的信息和财富差距，从而实现共同富裕。例如，数字金融的普惠性特征有助于家庭金融投资的均等化，提升金融资产收益率，缓解金融资产收入的不均等。此外，数字经济的发展还能够在创造就业、倒逼利率市场化、投资机会均等化等方面发挥作用，进一步推动收入和财富的均等化。

对于数字时代包容性创新的相关研究正在悄然兴起。自包容性创新被提出以来，关于包容性创新的研究热潮集中于 2013—2015 年，此后渐渐成为小众领域。从文献轨迹看，研究基本上是从 2007 年提出包容性增长开始的，到 2013 年世界银行报告发布而受到广泛关注，随后两年达到高峰。但对于后续中国蓬勃发展的互联网经济、平台经济和数字经济关注较少——而这些数字经济的新模式新业态恰恰在包容性创新中发挥了重要作用。事实上，随着数字经济的快速发展，近几年已经有一些文献注意到数字经济作为包容性创新的新路径对共同富裕的重要影响。如刘亚军（2018）研究了金字塔底层主体可以通过互联网降低交易成本、创业成本和学习成本，获得资源赋权和心理赋权等，进而在电子商务中实现包容性增长。王金杰等（2019）通过对农村电商的研究，实证分析发现县域电子商务水平的改善，能够增强村民的社会网络,破除传统社会资本对创业的限制,提高农村居民创业的概率。邢小强等(2019)基于数字技术和商业模式创新的视角,发现平台公司主要通过数字内容和数字连接技术等包容性创新手段,使 BoP 人群作为平台内容的生产者和消费者,拓展社交网络,共享价值创造过程和结果。张勋等(2019)研究了数字普惠金融作为包容性创新的手段,对于农村居民创业机会均等化和农民增收方面的积极作用。刘娜(2018)以快手APP为例,研究了网络短视频对于村民信息获取、价值审美和身份认同方面的影响。

二、数字时代包容性创新的新特征

相比于二十年前的包容性创新,伴随着数字技术的飞速发展,新时代的包容性创新在数字经济时代呈现出一些新的变化和特征。

第一,包容性创新的目标群范围不再局限于农村和欠发达地区,而是增加了基于数字资本维度来定义"弱势群体"。传统的包容性创新其目标群体是平均每人每天生活费不足 2 美元的"金字塔底层"的人,显然这一标准是以收入来界定的。而在互联网、电子商务等数字经济迅猛发展的背景下,还需要以更多的维度来界定弱势,比如数字能力的高低。农村电商——如淘宝村的创业者,在数字接入和数字能力上不再是传统意义上的"弱势群体"。反而,那些受教育水平低、认知读写表达能力较弱、社会关系网络缺乏的群体才会被数字经济发展排除在外,属于数字时代的弱势群体。

第二,就全社会而言,包容性创新的目的应该是惠及更多的人群,提高受众的覆盖率。数字经济背景下,数据作为一种生产要素,参与社会生产和要素分配。在此框架中,数据要素遵循零边际成本原则,万物互联,得以迅速扩张。与此同时,企业不再局限于当期利润最大化,企业的商业模式从传统利润模式,变为通过流量和注意力实现盈利,实现长期利润最大化。只要囊括在数字经济范围的群体无论是供给者还是需求者均不同程度上获益,而未纳入其内者便享受不到其好处。因此,在数字经济时代下,包容性创新的"惠及更多的人群"将被转化为受众覆盖率的概念。

第三，个体、企业和政府的角色定位，以及发挥作用的机制发生了变化。在数字经济背景下，个体在包容性创新的中角色更容易多元化，既可以是创新产品和服务的提供者，也可以是需求者，或者兼得两者身份。对于企业而言，包容性创新更多地体现在其"平台型"角色上，提供了一个新的商业模式（如各类电商平台、短视频平台、直播平台等），而不直接提供产品和服务。在政府的角色定位上，以往的研究表明，政府主要是采用税收减免、财政补贴和政府采购等形式支持包容性创新，然而在数字经济背景下，政府利用大数据在教育、医疗卫生和政务服务方面为包容性创新提供了更多的支撑。

第四，包容性创新的绩效评价标准发生了变化。在个体方面，不仅考量收入水平，还考察接入数字经济网络和处理数据文本的能力，如移动设备使用、平台账号注册、网站浏览、网购频次等。在企业方面，以用户量、流量等覆盖面作为标准。在政府方面，除了政府采购规模、税收减免和财政补贴方面，还应该囊括服务覆盖面指标。从社会总体的角度看，除了考虑城乡收入差距、性别收入差距、基本生活质量，也应该包括数字资本存量水平。

第五，新兴产业的发展为包容性创新提供新的可能。数字经济带来了许多新兴产业，为就业创造了新的机会，促进了经济的增长和转型。这些新兴产业的崛起，诸如云计算、大数据、人工智能等，改变了原有的产业结构和创新生态，为包容性创新提供了新的可能性。数字时代的新兴产业通过技术扩散，使得创新活动不再局限于传统的研发中心，而是向更广泛的区域和群体开放。例如，开源软件的使用使得小型企业和研究机构也能参与到前沿技术的开发中，这在一定程度上促进了包容性创新的土壤。此外，数字时代新产业的发展往往伴随着创新模式的演进。例如，数据驱动的创新模式逐渐取代了传统的经验驱动模式，这要求创新参与者具备数据分析等新的能力，这种变化可能扩充包容性创新的边界。

然而，与此同时，数字经济也给包容性创新带来新的挑战。

一是数字鸿沟。数字经济的发展可能导致数字鸿沟的加剧，虽然数字技术在短时间内影响了大量人群，并改变了社会状况，但仍有一部分人由于缺乏数字技能或数字基础设施，无法享受到数字经济带来的利益。信息技术可以显著提升生产效率和创造经济价值,但信息贫困者错失了这一增长机会,因此数字鸿沟的存在会进一步扩大贫富差距和两极分化。此外,数字鸿沟还可能导致教育资源的不均等分配,拥有信息技术的学生能获得更丰富的学习资源和更好的学习机会,而信息贫困者则可能被排除在外。在信息传递方面,数字鸿沟可能导致文化隔离和代际鸿沟,因为信息技术改变了信息传播和交流的方式,不同群体之间可能因此产生更大的文化差异。可以说,数字鸿沟不仅会加剧现有的社会不平等,还可能创造新的不平等,为包容性创新促进包容性增长提出新挑战。

二是数据隐私和安全问题。数据隐私和安全问题对社会公平有着深远的影响。隐私泄露和滥用可能导致个人破产、形象受损等严重后果,对个人和企业的信任产生负面影响,阻碍数字经济的发展。此外,数据隐私保护法律法规实施不到位、执法力度不强等问题可能导致对个人隐私的不当利用,进而加剧社会不平等现象。例如,大型科技公司可能过度采集客户数据、侵犯客户数据隐私,同时阻碍客户的数据向竞争对手迁移,影响用户在不同平台之间的自由选择,从而限制市场竞争和公平性。而诸如数据泄露、丢失和黑客攻击等问题也愈发引起人们对数据安全的担忧。这些问题不仅导致用户隐私受到威胁,而且可能使那些没有足够资源来获得隐私保护的人处于不利地位,加剧数字领域内外的不平等,阻碍包容性创新的发展。

三是产业变革。数字经济既创造了新的就业机会,也改变了就业的结构和形态,这些变化可能加剧就业不平等。数字经济推动了高技能、高技术产业的发展,这增加了对高技能劳动力的需求,而减少了对低技能劳动力的需求,同时一些传统行业的就业机会也可能会减少。此外,新兴产业的崛起,尤其是在数字化转型较为迅速的领域,如在线零售、电子支付等,为传统产业提供了转型升级的机会,但同时加剧了市场竞争,这可能对包容性创新构成挑战。

总之,如何将中国高速发展的数字经济与包容性创新相结合,既能利用好数字经济的红利,扩大包容性创新的覆盖面和作用力度,又能通过包容性创新缓解各种数字治理难题,是亟待深入研究和解决的问题。

第四节　案例:中国淘宝村包容性创新模式

中国淘宝村发展迄今已有十余年,它是指活跃网店数量达到当地家庭户数10%以上、电子商务年交易额达到1 000万元以上的村庄。2009年首次发现江苏省睢宁县东风村、浙江省义乌市青岩刘村、河北省清河县东高庄村3个淘宝村,到2022年全国淘宝村数量已达到7 780个。

中国淘宝村现存的包容性创新模式有三种。

第一种模式是自发驱动型,指初期拥有集群、专业市场、专业村等产业资源,由市场自发驱动经由复制裂变形成的淘宝村,如河北省清河县东高庄村等。这种模式的发展关键是富有企业家精神的网商带头人,市场机会在此过程中起催化作用。东高庄村位于河北省邢台市清河县葛仙庄镇,清河县素有"中国羊绒之都"之称,其羊绒分梳业发源于20世纪70年代末,现为全球最大的羊绒产品集散地和全国最大的羊绒纺纱基地。东高庄村是清河县最早从事羊绒纺纱和羊绒服装生产的行政村。21世纪初,清河县羊绒产业一度因销售渠道不畅而有所萎缩,2006年,东高庄村初中待业青年刘玉国瞄准市场机会在淘宝店销售羊绒衫(裤),由此点燃了全村电子商务的星星之火。2009年东高庄村入选首批中国淘宝村。

第二种模式是自发培育型,指初期无相关产业资源,由网商带头人培育产品后自发经由复制裂变形成的淘宝村,如江苏省睢宁县东风村等。这种模式的发展关键一是富有企业家精神的网商带头人,二是找准市场机会培育合适产品。东风村所在地江苏省徐州市睢宁县沙集镇曾为苏北贫困镇,历史上以废旧塑料回收加工为主导产业,村民多外出打工,为远近驰名的"破烂村"。2006年,东风村大学肄业生孙寒从睢宁县移动公司辞职回乡开设淘宝店。一次偶然的上海之行让他接触到宜家简易拼装家具,遂请木匠改进加工并开始网销,首月销售额就突破10万元,凭借脱贫致富的原始欲望和较低的进入壁垒,村民开始自发效仿,由此开启了淘宝创业时代。2009

年东风村入选首批中国淘宝村。

第三种模式是政府驱动型,指初期拥有集群、专业市场、专业村等产业资源,由地方政府驱动经由电子商务服务商孵化形成的淘宝村,如河南省洛阳市孟津区平乐村等。这种模式初期发展关键在于地方政府,后期当网商自身具备"造血"能力时,就向第一种模式演化。平乐村位于河南省洛阳市孟津区平乐镇,现为"中国牡丹画第一村"。平乐农民牡丹画兴起于 20 世纪 80 年代中期,最初由几位农民发起设立汉园书画院,业余时间切磋交流绘画技术,而后推动画师队伍不断壮大。2009 年,孟津县政府规划修建牡丹画产业乐园,并于 2012 年引入园区运营商洛阳鼎润实业,采用"公司+园区+签约画师"的模式进行销售。2016 年,县政府与服务商洛阳闪讯电子科技合作,向村民提供免费的电商培训,当年分级孵化百余家淘宝店铺。2016 年平乐村入选洛阳市首批淘宝村。

第二章
包容性创新与包容性增长

　　包容性创新是能够带来包容性增长的创新,包容性意味着对不同所有制企业的包容,对不同收入群体的包容,对不同经济发展区域的包容等,因此包容性创新是否能带来这些企业、群体、地区的包容性增长至关重要。本章首先梳理了包容性增长和包容性创新的测度方法,分析了现有测度方法的特点和局限性,构建数字时代包容性创新指标体系,并给出我国包容性增长和包容性创新水平;其次,根据不同所有制企业,分析比较其包容性创新的进入门槛,并在此基础上提出影响企业包容性创新进入门槛的制约因素和政策建议;最后,聚焦于贫困问题,重点考察数字时代包容性创新推动精准脱贫、实现共同富裕的理论机制和实践经验。

第一节　包容性增长的测度

一、包容性增长测度的研究

　　目前,学术界与国际组织对包容性增长的概念仍未统一,从已有文献中可以发现,包容性增长的内涵主要强调增长过程和增长结果两个方面,相关文献研究侧重点不同,所使用的包容性增长测度框架也不尽相同。

　　亚洲开发银行和经济合作与发展组织是包容性增长测度框架研究的先行者,它们基于各自的包容性增长理念分别提出相应的测度框架。亚洲开发银行从教育与经济增长方面的不平等及贫困入手,构建了相关测度指标,进而形成包容性增长测度指标体系(Asian Development Bank,2011)。经济合作与发展组织的包容性增长测度框架从家庭收入、工作机会与卫生健康水平等多维度视角出发,通过构建相应的代理变量进行定量分析(OECD,2014)。

在增长过程方面,Ali 和 Son(2007)依据包容性增长的核心内容,从机会平等方面测度了包容性增长,他们利用社会机会函数,将包容性分解为整体社会可获得机会和平均每人获得机会的公平度两部分,并选取教育、医疗卫生等民生变量作为机会的等价物,通过社会机会函数计算了菲律宾的社会包容度。随着不平等测度研究的深入,一些具有优良测度性质但尚未纳入主流的测度方法逐渐被研究者发掘出来,而邦费罗尼(Bonferroni)指数与邦费罗尼曲线正是其中的代表。Silber 和 Son(2010)证明了采用广义邦费罗尼曲线测度包容性增长的可行性。Anand 等(2013)从古典功利主义视角对福利函数概念进行拓展,进而构造出社会流动曲线并对包容性增长进行测度。

在增长结果方面,Berg 和 Ostry(2017)指出,测度包容性增长主要依靠收入增长与收入分配两个因素。而张勋和万广华(2016)将收入决定因素(包括政策)所带来的收入增长与收入分配纳入一个评价体系中测度包容性增长水平,并将这个新框架运用于中国健康与营养调查数据,以估算中国农村基础设施对包容性增长的影响。

此外,也有文献同时从增长过程和增长结果两个方面进行研究。魏婕和任保平(2011)选择基于隶属度的模糊综合评价方法对中国 1978—2009年经济增长的包容性进行考察和测度,表明了中国过去 30 多年经济增长的包容性不容乐观。于敏和王小林(2012)从经济增长的可持续性、收入不平等与参与经济机会的公平性等多个方面测度中国 1990—2009 年经济的包容性增长水平。徐强和陶侃(2017)通过五分法收入数据构造广义邦费罗尼曲线,使用包容性增长量与社会包容度指数测算中国国家层面、城镇—农村层面和省级层面的经济增长包容性程度。周小亮和吴武林(2018)从经济增长、收入分配、机会平等和环境四个因素测度中国包容性增长水平。刘玲(2019)采用社会机会函数法对沿海 11 省市 2000—2015 年的财政、教育、医疗、就业、生态机会进行包容性增长水平测度,然后借鉴博塞尔(Bossel)基本定向指标结构,从生存、能力、发展、自由和机会五个方面构建综合包容性增长评价指标体系,计算了沿海地区11省市的包容性增长水平。

二、包容性增长的测度方法

(一) 增长发生曲线法

包容性增长是在亲贫式增长理论的基础上发展而来的,要去系统地分析包容性增长,就要从经济增长的亲贫程度着手分析。传统的亲贫测度主要从低收入群体与非低收入群体在经济增长中获得收入的差距入手,回答了经济增长是否有利于低收入群体,且在多大程度上使得低收入群体受益的问题。其中较为典型的分析方法是由 Ravallion 和 Chen(2003)建立的增长发生曲线(the growth incidence curve,简称 GIC)方法,该方法以人均收入增长差距刻画经济增长中的收入不平等现状。GIC 曲线的分析方法如下:

$$y_t(p) = F_t^{-1}(p) = L'_t(p)\mu_t \tag{2.1}$$

其中 $F_t^{-1}(p)$ 表示在 t 期收入低于 p 的人口的累积分布函数的反函数,即第 p 分位点上的收入值。$L'_t(p)$ 表示洛伦兹曲线,μ_t 表示人均收入。通过比较 t 期与 $t-1$ 期 p 分位点上的收入变化 $g_t(p)$,即为增长发生曲线(GIC),具体公式如下:

$$\text{GIC:} \quad g_t(p) = \frac{y_t(p)}{y_{t-1}(p)} - 1 = \frac{L'_t(p)}{L'_{t-1}(p)}(\gamma_t + 1) - 1 \tag{2.2}$$

其中,$\gamma_t = \left(\dfrac{\mu_t}{\mu_{t-1}}\right) - 1$ 表示两期间的人均收入的增长率。

GIC 曲线的横轴表示收入的百分位点,纵轴表示年平均增长率。若 GIC 曲线整体大于 0,则表示经济增长是弱绝对亲贫的,所有人都能从经济增长中获得收益;若 GIC 曲线向右下方倾斜,则表示经济增长是相对亲贫的,低收入群体的收入增长率相较其他群体更高。若 GIC 曲线既整体大于 0,又向右下方倾斜,意味着实现了公平与效率的统一,即认为经济增长是包容性的。

(二) 社会机会函数法

Ali 和 Son(2007)提出了一个类似于社会福利函数的测度方法,认为包容性增长可以用社会机会函数的思想测度。因此,包容性增长实际就是使社会机会函数最大化。社会机会函数的增加由两个要素决定:(1)人群可获得的平均机会,(2)机会是如何在人群中共享或分布的。这个社会机会函数赋予穷人享有的机会更大的权重,即一个人越穷,权重越大。这种权重分配将保证为穷人创造的机会比为非穷人创造的机会更重要,即如果一个人享有的机会被转移给社会中更穷的人,则社会机会必须增加,因而使增长更具有包容性。

定义社会机会函数如下:

$$O = O(y_1, \cdots, y_n) \tag{2.3}$$

其中 y_i 是第 i 个人享有的机会,如果第 i 个人被剥夺了某个机会,则 $y_i = 0$,如果第 i 个人享有某个机会,则 $y_i = 100$。人群的平均机会定义为:

$$\bar{y} = \frac{1}{n} \sum_{i=1}^{n} y_i \tag{2.4}$$

社会机会函数是其变量的增函数,如果个人的机会增加,则社会机会函数必然增加。经济增长必须扩大人群可得的平均机会,这是获得包容性增长的必要非充分条件。由于穷人在获得机会时一般会受到限制,包容性增长不应仅仅考虑平均机会的扩大,而应改进机会在人群中的分布。为此,社会机会函数需要满足转移原则,即机会从穷人转移给富人将导致社会机会函数减小。

当个人根据其收入按升序排列时就是机会集中曲线,可称其为机会曲线。该曲线越高则社会机会函数越大,因此,如果机会曲线在所有点都向上移动,那么增长将是包容性的。如果整个机会曲线向上移动,将意味着社会上的每个人(包括穷人)都在享受机会的增加,因此我们可以称这样的增长过程是明确包容性的。包容性的程度将取决于:(1)曲线向上移动的程度,(2)这种移动发生在收入分布的哪个部分。

如果机会曲线向下倾斜，则说明穷人获得的机会比非穷人获得的机会多，即机会是公平分布的。反之，如果曲线向上倾斜，则说明机会分布不公平。图2.1描绘了两条具有相同均值（$\bar{y}$）的机会曲线：一条向上倾斜（AB），另一条向下倾斜（CB）。曲线 CB 表示机会公平分布，即分布在底端的穷人比分布在顶端的非穷人享有更多的机会。反之，向上倾斜的曲线 AB 表示相反的情况，即穷人比非穷人享有更少的机会。

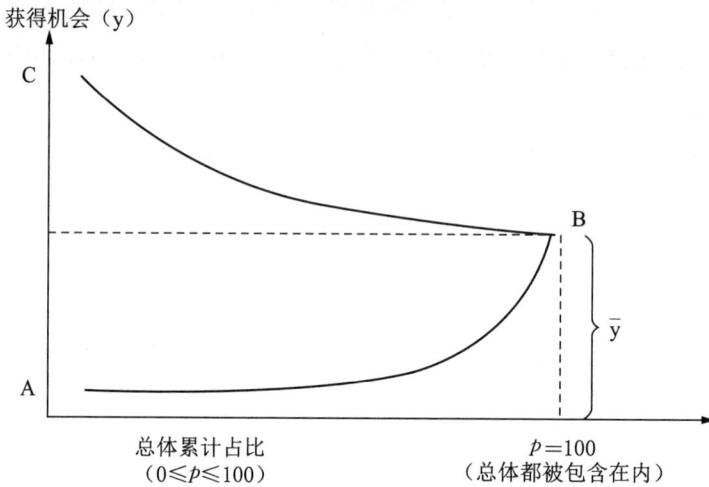

资料来源：Ali 和 Son（2007）。

图2.1　社会机会曲线示意图

（三）邦费罗尼曲线法（Anand，2013）

Giorgi 和 Crescenzi（2001）将邦费罗尼曲线定义为：相应累计人口比例下，收入分布中累计人口的部分均值和总体均值之比，即

$$B(p) = \frac{\mu_p}{\mu} \tag{2.5}$$

其中 μ 表示全部社会成员的收入均值，μ_p 表示第 p 分位数下的累计人口所拥有的收入均值。

邦费罗尼曲线与洛伦兹曲线具有以下关系：

$$B(p) = \frac{L(p)}{p} \tag{2.6}$$

其中 $L(p)$ 为对应累计人口比重第 p 分位数下的洛伦兹曲线。

基于邦费罗尼曲线,邦费罗尼指数定义为 1 与邦费罗尼曲线和纵轴所围的面积之差,即

$$B = 1 - \int_0^1 B(p) dp \tag{2.7}$$

考虑到标准化邦费罗尼曲线因为取值范围的限制,而无法反映总收入大小与人口规模对不平等的影响,以及标准化邦费罗尼曲线取值范围的缩小致使截面比较中可能存在交叉现象,导致不同国家或者地区之间的比较失效,为了使福利水平度量更加准确,放大标准化邦费罗尼曲线对不平等的测度敏感性,Son(2013)借鉴 Shorrocks(1983)构建广义洛伦兹曲线的方法,在标准化邦费罗尼曲线的基础上引入平均收入,构建了广义邦费罗尼曲线:

$$B_G(p) = \frac{\mu L(p)}{p} \tag{2.8}$$

基于广义邦费罗尼曲线,广义邦费罗尼指数定义为:

$$B_G = \mu B \tag{2.9}$$

广义邦费罗尼曲线根据收入在不同收入群体中的流动来反映经济增长中的包容理念,对应包容性增长中"平等"与"反贫困"的内涵。在图 2.2 中,广义邦费罗尼曲线与 x 轴所围成的图形越接近图 2.2 中的矩形,就表明经济增长的包容度越高,社会机会越平等,贫困得到缓解;反之则越低,社会机会越不平等,贫困程度加深。由图可知,在相同的平均收入 $\bar{y}$ 下,A_1B、AB 两条不同的广义邦费罗尼曲线代表在不同收入分配格局下的包容性增长情况,通过判断两条曲线的位置,可以对不同年份或者是不同截面所代表的包容性增长情况作出比较与评价:曲线 A_1B 位于曲线 AB 之上,表明曲线 A_1B 的社会底层平均收入更高,因此其包容度要高于曲线 AB 所代表的包容度。当广义邦费罗尼曲线测度收入不平等时,穷人要比富人被赋予较大的权重,进而更加注重低收入群体的收入变化;反映在图形上,即是曲线 A_1B 在收入分配最底端处与曲线 AB 的距离要比其他人口分位数区间上的距离大,

表示与其他经济增长模式相比，当曲线 A_1B 高于曲线 AB 时，此时经济机会更加平等，社会公平得到保障，经济增长更加有益于低收入群体。

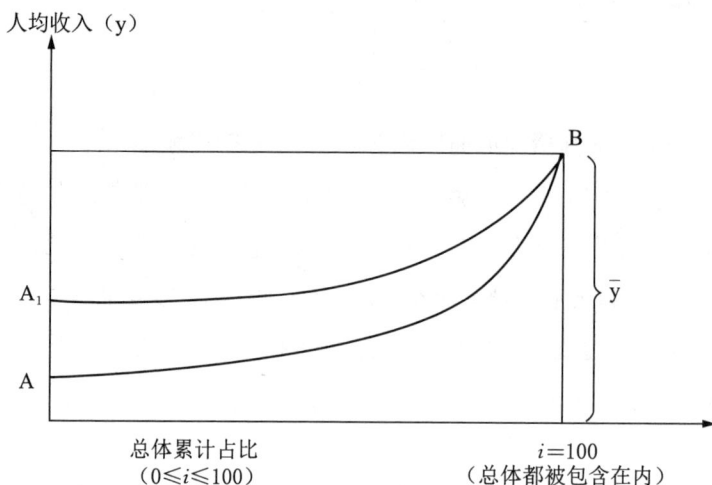

资料来源：Anand et al.(2013)。

图 2.2　广义邦费罗尼曲线示意图

三、中国的包容性增长测度

2010 年，中国人均国内生产总值已经超过 4 000 美元，步入了国际公认的"中等收入"发展阶段。但由于我国社会各阶层收入流动固化，低收入阶层缺乏向上流动的机会，而且各方面能力差距不断加大，我国正面临着"中等收入陷阱"的挑战（姚洋，2011）。而包容性增长隐含着低收入阶层向上流动的可能性与机会，这一概念也得到中国政府和其他国家政府的认可，因此有必要对我国包容性增长的进行定量分析，以考察包容性增长的现状。

参考黎蔺娴和边恕（2021）对包容性增长的刻画方法，利用 GIC 曲线刻画中国 2014—2020 年不同时期内经济增长在各个分位点上的差异来考察包容性增长，数据来自中国家庭追踪调查（CFPS）微观数据库 2014—2020年的调查。通过式（2.1）及式（2.2），可以得到我国 2014 年至 2020 年的 GIC曲线（见图 2.3）。从图中可以看出，在 2014—2016 年，经济增长是非包容性的,GIC 曲线向上倾斜,表现中低收入群体获益更少,且曲线在低分位点处小于 0,表明经济增长并没有为低收入群体带来收益;2016—2018 年,经济增长是具有包容性的,GIC 曲线向下倾斜,表明中低收入群体在经济增长中的收益高于中高收入群体,且曲线整体是大于 0 的,表明经济是普遍增长的;2018—2020 年,经济增长是弱绝对亲贫的,GIC 曲线向上倾斜,且曲线整体大于 0,表明经济是普遍增长的,但中高收入群体收益更多。

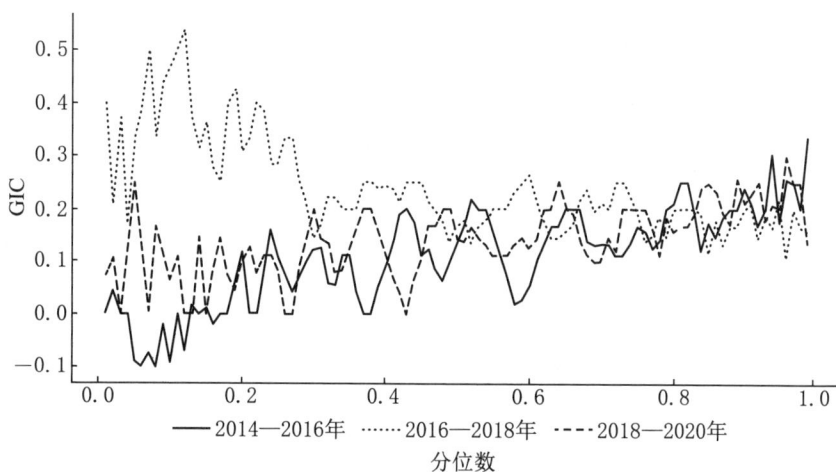

资料来源:笔者测算而得。

图 2.3　2014—2020 年 GIC 曲线

第二节　数字时代包容性创新的测度

一、包容性创新测度的研究

当前关于包容性创新测度的研究主要集中在对包容性创新绩效的测度。然而,对于包容性创新实证研究的一大挑战是暂时并未有衡量包容性创新绩效的一致指标。作为新兴研究领域,有关包容性创新绩效评价体系构建的研究较少。

已有的测度基本都按照低收入群体需求、包容性创新主体、支持条件、创新环境和创新产出五个维度的理论框架,来构建包容性创新测度指标体系。从包容性创新测度的发展角度来看,虽然包容性创新的概念和研究内容已经得到基本认同,但对其测度的研究目前仍以包容性创新绩效和包容性创新能力为主,尚未考虑到系统对包容性创新的影响,没有从系统论的角度测度包容性创新。

(一) 包容性创新系统的评价指标体系

评价指标体系的构建是包容性创新系统评价的前提和基础,目前国际上包容性创新的研究多为理论研究,定量研究较少,国内的定量研究大多运用统计年鉴的宏观数据。

在国家层面上,2006 年科技部中国科学技术发展战略研究院开始进行国家创新指数的研究,并发布《国家创新指数报告》,截至 2025 年已发布 14 份年度报告,用于检测、评价创新型国家建设和发展进程。该报告是以国家层面进行国际比较分析为主的创新能力评价报告,包含区域和企业的创新能力评价的内容,客观反映了我国国家创新能力、区域创新能力和企业创新能力与世界其他国家先进水平之间的差距。研究借鉴了国内外国家创新指数评价的理论和方法,从创新资源、知识创造、企业创新、创新绩效和创新环境 5 个方面构建了国家创新指数的指标体系。研究以 R&D 投入占全球的总量为标准,选取了 40 个科技活动较活跃的国家作为研究对象进行验证,并采用国际上通用的标杆分析法测算国家的创新指数。其原理是对被评价的对象给出一个基准值,并以此标准去衡量所有被评价的对象,从而发现彼此之间的差距,给出排序结果。二级处理对 40 个科技活动较活跃的国家的 30 个二级指标原始值分别进行指标的无量纲归一化处理;一级指标采用等权重计算出一级指标得分,据此将 40 个国家创新能力进行排序,分析规律用于创新研究。

在省级层面上,邹秀萍等(2013)基于区域创新系统理论,构建了包容性创新的现实需求、包容性创新的主体等五方面的理论框架和区域包容性创新能力评价指标体系。高太山等(2014)从包容性创新主体、需求、支撑条件、环境和产出五个方面构建了区域包容性创新能力的评价体系,利用加权综合评价法对中国 31 个地区的包容性创新绩效进行了测度,又利用 2008—

2011 年的省域面板数据对包容性创新与经济发展水平进行实证分析。孙永康(2014)构建了区域包容性创新能力测度的结构模型,利用加权综合测度法对 2009—2012 年陕西省 10 个地区的包容性创新能力进行测度评价。湛泳等(2015)从包容性创新的投入、环境和产出三个维度对中国 31 个省区市的包容性创新绩效进行了测度排名。周丹敏(2015)通过三轮筛选,构建了满足低收入群体需求、产品或服务可获得和可负担、提高福利水平和创新系统的 4 个维度 21 项指标,运用 TOPSIS 法、因子分析法和灰度关联系数法对区域包容性创新水平进行测度,基于信度分析的综合评价法,对 30 个省市的包容性创新水平进行测度。曾繁华和侯晓东(2016)从创新知识、创新环境、创新主体、创新绩效四方面使用主成分分析方法构建包容性创新指标,并利用武汉市 1990—2014 年的数据对各创新指标与经济发展之间的关系进行了实证检验。

此外,王楠(2018)将两个层面进行结合,借鉴国家创新体系和区域包容性创新评价体系,以中国"淘宝村"的农村电商为例,从微观层面设计了包容性创新系统的评价指标体系。刘琳琳(2013)在分析包容性创新构成要素的基础上,构建了包容性创新型企业的创新动力评价指标体系,并结合调查研究方法论证了持续性创新动力在企业包容性创新进程中的重要性。Paunov(2013)调查了一组特定的中国企业,在包容性创新实证研究中运用创新绩效、创新成本、创新主体和创新设施等变量来研究包容性创新水平,并对不同行业进行了比较,以判断哪个行业的包容性创新水平更高。

(二) 包容性创新系统的绩效评价

亨利·埃茨科威茨(2005)在《三螺旋》中提出,在创新系统中,政府、产业、大学三方共同作为创新的主体、组织者和参与者,不强调谁是核心、谁是主体,共同形成三螺旋形态,促进包容性创新系统的运行。赵武和孙永康(2014)认为包容性创新系统应具备多主体性、协同效应、支配原理及自组织原理的特征。在传统创新理论中低收入人群往往被排斥在创新活动之外,而包容性创新系统强调低收入群体、企业、研发机构、政府的共同参与和协同创新,系统整体的运行效果远远大于系统中各部分子系统单独运行的效果之和，使得创新知识可以共享、创新效率更高、创新资源更易获得、创新成果更易产生。包容性创新系统作为一种复杂的系统，其要素之间、要素与系统之间、系统与外界环境之间随时发生着关系上的变化，而这种动力并不来自外界环境，而是来自系统内部，来自系统内部各要素合作的意愿，归根结底来自其追求的共同利益。李玲和陶永厚(2016)从包容性创新的基础设施、创新支撑条件、创新主体、创新投资、措施环境、市场及金融环境、企业创新能力等七个方面来构建区域包容性创新环境评价指标体系，认为创新环境对区域创新绩效有显著影响。盛小芳和欧阳峣(2018)在分析包容性创新绩效时引入投入产出模型，从包括"技能培训""相关公共服务的提供"与"市场进入渠道"三类创新投入和包括"科技产出""社会产出"和"经济产出"三个层面的创新产出两个方面来评价区域的包容性创新绩效。刘旭红和揭筱纹(2018)从包容性创新的主体、环境以及支撑条件的投入与科技和社会产出几个方面对中国区域包容性创新效率进行动态评价，认为技术进步有效地促使中国的包容性创新效率整体呈小幅增长的状态。

二、数字时代包容性创新指标体系构建

数字经济背景下，包容性创新的内涵、目标和手段都发生了新的变化，因此包容性创新评价指标体系也应随之发生变化。我们依据数字经济背景下包容性创新的内涵、目标和手段构建新的评价指标体系，从企业、政府和社会三个维度计算包容性创新水平。

企业层面的二级指标包括企业规模和交易规模两个方面，测度企业的覆盖规模，以最终体现其包容广度；政府层面的二级指标包括财政政策和保障水平两个方面，分别从政府对包容性创新的投入与结果进行测度；社会层面的二级指标分别从收入差距、基本生活质量、数字接入、数字能力和城市基础建设五个方面展开。

依据上述指标选取框架，我们最终选取并获得 27 个三级指标，具体指标名称如表 2.1 所示。此外，我们还考虑到指标的正负向关系问题，将正向指标和负向指标区分并分别处理。

表 2.1 数字经济时代包容性创新测度指标体系

一级指标	二级指标	三级指标	单位	数据来源
企业层面	企业规模	餐饮外卖企业数量	（个）	企查查
		电商类企业数量	（个）	企查查
		店民宿企业数量	（个）	企查查
		社交平台企业数量	（个）	企查查
		招聘企业数量	（个）	企查查
		直播企业数量	（个）	企查查
		职业教育企业数量	（个）	企查查
	交易规模	技术市场成交额	（亿元）	工信部相关公示①
		规模以上企业 R&D 经费	（万元）	地方统计年鉴
		信息传输软件业务月均收入	（万元）	工信部相关公示
政府层面	财政政策	教育经费	（万元）	地方统计年鉴
		一般经费支出	（亿元）	地方统计年鉴
		地方财政社会保障和就业支出	（亿元）	地方统计年鉴
		地方财政科学技术支出	（亿元）	地方统计年鉴
	保障水平	全体居民人均可支配收入	（元）	地方统计年鉴
		城镇登记失业率	（%）	地方统计年鉴
		每万人医疗机构床位数	（张）	地方统计年鉴
社会层面	收入差距	城乡收入差距	（元）	地方统计年鉴
	基本生活质量	人均可支配收入和消费价格指数增长率比		地方统计年鉴
	数字接入	移动电话普及率	（%）	地方统计年鉴
		电视节目综合人口覆盖率	（%）	地方统计年鉴
		有线广播电视用户数占家庭总户数的比重	（%）	地方统计年鉴
	数字能力	中等职业学校（机构）教职工总数	（万人）	地方统计年鉴
		人均拥有公共图书馆藏量	（册/人）	地方统计年鉴
	城市基础建设	城市用水普及率	（%）	地方统计年鉴
		城市燃气普及率	（%）	地方统计年鉴
		每万人拥有公共交通车辆	（标台）	地方统计年鉴

---

① 具体数据来源于工信部软件和信息技术服务业主要经济指标完成情况表。

有关包容性创新绩效评价体系构建的研究较少。Ali 和 Son(2007)基于机会均等的假设,构造了社会机会函数来衡量包容性增长。这些指标的构建主要采取包络分析(DEA)、主成分分析、松弛变量度量法(SBM)和加权综合评价等方法进行研究。我们使用定基极差熵权法对包容性创新指数进行测度,刻画了以 2010 年为基期,2010—2020 年 31 个中国省级行政单位的数字经济背景下的包容性创新指数的时空变化。此外,使用主成分分析法计算指标作为后续稳健性检验的替换解释变量。

三、中国各地区包容性创新水平

我们选取的数据主要来源于 2010—2020 年《中国区域统计年鉴》《中国教育统计年鉴》《中国卫生统计年鉴》和《工信部软件和信息技术服务业主要经济指标完成情况表》。为保证指标的平滑性,对部分指标部分年份缺失值采用线性插值法处理,以中国 31 个省份 11 年数据作为研究对象。此外,我们涉及的产业结构、产业发展水平、区域投资水平、出口金额、城镇化进程等原始数据来源于 2010—2020 年《中国统计年鉴》及各省份统计年鉴,通过汇总后计算得到。异质性分析中,专利有关数据来自中国研究数据服务平台(CNRDS)数据库中数字经济库(DERD)。

表 2.2 展示了 31 个省份 2010—2020 年数字经济时代包容性创新指数的描述性统计。东部沿海经济发达省份的数字经济包容性创新水平相对较高,而东北三省及西部区域数字经济包容性创新水平相对较低;中部省份,如四川、湖南、湖北、陕西等省份受益于中部发展战略倾斜,数字经济包容性创新水平发展较快,逐渐缩小与东部沿海发达省份差距。对具体城市分析可以发现,数字经济包容性创新指数均值前五的省市为北京、广东、上海、浙江、江苏;均值靠后的省份(自治区)包含宁夏、黑龙江、甘肃、贵州、西藏。东部沿海城市由于开放水平较高,数字经济发展起点更早,东部发达省市数字经济能力明显高于西部和北方城市群。从数字经济包容性创新指数增长速度来看,广东、山东、北京、浙江、江苏、四川、河南、湖南、湖北、安徽处于增长速度前十区域,且年复合增长率均高于 5.5%。

表 2.2　各地区 2010—2020 年数字经济时代包容性创新指数

区域	均值	标准差	年复合增长率	区域	均值	标准差	年复合增长率
安徽	0.277	0.122	14.30%	北京	1.390	0.428	10.58%
河南	0.355	0.178	15.31%	福建	0.444	0.175	12.68%
湖北	0.415	0.168	13.32%	广东	1.675	0.831	17.13%
湖南	0.303	0.132	12.79%	海南	0.123	0.028	7.61%
江西	0.187	0.068	10.74%	河北	0.285	0.105	9.74%
山西	0.202	0.031	5.09%	江苏	0.892	0.325	12.47%
甘肃	0.111	0.026	7.94%	山东	0.688	0.295	13.50%
广西	0.189	0.071	10.85%	上海	0.770	0.204	8.77%
贵州	0.143	0.064	13.01%	天津	0.261	0.054	6.36%
内蒙古	0.112	0.014	4.03%	浙江	0.766	0.326	13.43%
宁夏	0.082	0.014	5.95%	黑龙江	0.162	0.051	8.53%
青海	0.083	0.011	4.94%	吉林	0.161	0.053	8.80%
陕西	0.297	0.111	11.69%	辽宁	0.348	0.031	2.67%
四川	0.449	0.197	14.59%	云南	0.183	0.064	9.64%
西藏	0.066	0.031	16.08%	重庆	0.243	0.080	11.28%
新疆	0.128	0.022	4.94%				

图 2.4 展示包容性创新指数总体呈随时间上升趋势,但 2020 年受疫情影响,多数指标呈现增长率下降趋势,因此 2020 年权重比例较之前年份存在较大变化,从而多数省份 2020 年数字经济包容性创新指数呈现脉冲式下降。2017—2018 年北京、上海、广东、江苏、四川、山东等省份数字经济包容性创新指数均呈现明显截断式上升。2017 年,《大数据产业发展规划(2016—2020 年)》实施,为中国大数据国家战略提供明确方针,2017 年是国家实施大数据战略、推进数字经济的关键年。从实施国家大数据战略到做大做强数字经济,中国的发展路径越来越清晰,以大数据为突破,以数字经济为主要方向的发展新空间正在被拓展。长期以来,中国政府秉持着鼓励创新、包容审慎的原则,为数字经济的活跃发展提供了宽松环境。同时,数字经济的发展,也推动着数字化治理实践的不断适应和完善。中国数字化

治理已逐渐形成多方共治格局,依法治理、协同治理能力不断提升,营造出规范有序、包容审慎、鼓励创新的发展环境。

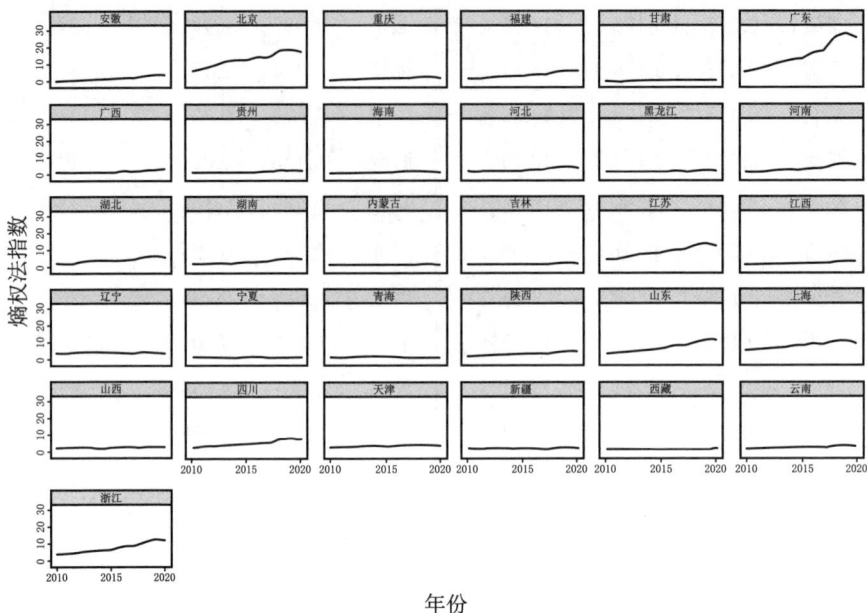

图 2.4　各地区 2010—2020 年包容性创新指数变化趋势

进一步使用主成分分析方法,选取前 5 个主成分因子依据方差贡献度加权构建数字经济背景下的包容性创新指数。使用主成分分析方法避免了指标选取过程中的共线性问题。经过分析可以发现,主成分分析的第一个主成分因子与社会层面影响相近,第二个主成分因子对企业和政府层面影响解释较强,这也侧面印证了上述指标体系的合理性。表 2.3 展示了各地区企业、政府、社会层面指数描述性统计的结果。分项观察主成分分析结果可以发现,广东、浙江、江苏、山东等省份企业层面指数、政府层面指数、社会层面指数均较高;与此同时,存在北京、上海等东部发达省份政府层面指数相对较低的现象。从时间维度上看,可以发现四川、湖北、河南、安徽、湖南等中部区域数字经济包容性创新水平迅速发展,与东部发达省份数字包容性创新水平差距有所缩小;青海、宁夏、辽宁等部分省份数字经济包容性创新水平发展速度相对缓慢,全国排名由 2010 年全国前 10 至 2020 年跌落前 10。

表 2.3　各地区企业、政府、社会各层面指数描述性统计

地区	企业层面指数		政府层面指数		社会层面指数	
	均值	标准差	均值	标准差	均值	标准差
北京	13.17	(2.84)	4.40	(0.56)	7.15	(0.64)
上海	9.40	(1.34)	4.08	(0.49)	6.49	(0.36)
浙江	10.23	(2.22)	5.42	(0.95)	5.85	(0.53)
江苏	10.83	(2.34)	6.31	(0.93)	5.50	(0.37)
天津	6.97	(0.51)	3.51	(1.03)	5.34	(0.29)
广东	15.29	(5.30)	7.33	(2.05)	5.25	(0.53)
福建	8.16	(1.29)	3.91	(0.48)	4.93	(0.49)
山东	10.19	(2.29)	5.72	(0.94)	4.86	(0.43)
辽宁	7.40	(0.48)	4.07	(0.39)	4.47	(0.37)
河北	7.23	(0.86)	4.41	(0.80)	4.44	(0.39)
陕西	7.30	(0.83)	3.82	(0.48)	4.32	(0.48)
湖北	8.12	(1.23)	4.70	(1.09)	4.08	(0.44)
宁夏	6.02	(0.12)	2.66	(0.57)	4.00	(0.66)
青海	5.96	(0.09)	2.60	(0.17)	3.97	(0.51)
新疆	6.22	(0.24)	3.59	(0.42)	3.93	(0.57)
安徽	7.37	(0.97)	4.10	(0.61)	3.88	(0.77)
山西	6.64	(0.42)	3.91	(1.29)	3.87	(0.59)
湖南	7.52	(0.99)	4.72	(0.74)	3.82	(0.89)
重庆	7.11	(0.61)	3.71	(0.63)	3.72	(0.68)
内蒙古	6.21	(0.19)	3.69	(0.62)	3.59	(1.09)
新疆	6.73	(0.59)	4.34	(1.41)	3.57	(0.48)
海南	6.22	(0.23)	2.91	(0.61)	3.54	(0.99)
四川	8.23	(1.32)	4.99	(0.84)	3.53	(0.67)
黑龙江	6.35	(0.25)	3.61	(0.85)	3.51	(0.73)
广西	6.80	(0.57)	4.70	(2.37)	3.47	(0.71)
吉林	6.38	(0.34)	3.33	(0.30)	3.36	(0.48)
河南	7.83	(1.26)	5.31	(1.02)	3.10	(0.92)
云南	6.77	(0.53)	4.10	(0.63)	3.02	(0.66)
甘肃	6.25	(0.23)	3.41	(0.55)	2.96	(1.12)
贵州	6.40	(0.42)	3.97	(0.66)	2.52	(1.26)
西藏	5.85	(0.04)	2.87	(0.73)	1.14	(1.35)

第三节　包容性创新与企业进入门槛

一、不同所有制企业的包容性创新进入门槛

在我国经济发展的各个阶段,所有制结构的演变一直是一个关键且复杂的问题。在改革开放之初,国有经济凭借着国家的大力支持和历史积淀的优势,理所当然地承担起推动经济增长的重任。这种由中央主导的经济体制确保了政策的统一性和资源的集中调配,使其成为当时经济发展的主力军。20世纪80年代末,随着市场化改革的深入推进,集体经济开始崭露头角,它不仅为农村地区提供了重要的生产资料,还在一定程度上满足了市场需求,促进了农业的发展。集体经济在这一时期发挥了重要的作用,为我国社会经济的转型和城乡一体化进程作出显著贡献。到90年代中期,随着市场经济的不断完善和对外开放步伐的加快,私营企业和外资经济迅速崛起,它们凭借灵活的经营机制和对市场变化的快速反应能力,成为中国经济增长的新动力。这些非公有制企业的活跃表现,极大地丰富了我国的市场主体,并在多个领域内创造出前所未有的活力。2002年以后,改革进一步推向深水区,国有企业经历了前所未有的变革与挑战。在这次改革中,国有资本更多地流向了关系国计民生的重点行业和关键领域,如能源、交通、通信等,这些行业的深度整合和优化不仅提升了国有资本的运营效率,也增强了其在国民经济中的重要地位。

目前学者对企业所有制与企业技术创新的研究主要围绕两个方面进行。一是外资企业与内资企业技术创新的关系问题。理论上认为,外商企业可以通过竞争效应、示范效应、人员流动效应等产生技术外溢。冼国明和严兵(2005)、李晓钟和张小蒂(2008)、Liu和Zou(2007)、Choi(2011)等研究表明外资企业促进内资企业技术创新能力的提升;然而也有一些学者,如范承泽等(2008)、Girma等(2009)、Zhang和Rogers(2009)、王然等(2010)、Huang等(2012)指出外资企业所带来的科技可能会对发展中国家内的科技

研究与开发起到替代作用。二是所有制与技术创新的关系。Atkinson 和 Stiglitz(1980)认为国有企业或政府的干预可以缓解知识生产的不完全独占性和知识生产的市场失灵问题，因此从体制上说国有企业有条件比民营企业更具有创新性。李春涛和宋敏(2010)、Choi 等(2011)研究也发现国有企业都更具有创新性。但是也有很多学者意识到，由于激励不足，国有企业的经理并不热衷于高风险且投资期限过长的研发项目（Megginson，1961；Shleifer and Vishny，1997），因此非公有制企业经理的研发热情更为强烈（李春涛和宋敏，2010），非公有制企业的技术效率更高（刘小玄，2000；冯根福和温军，2008）。李长青等(2014)则提出国有企业虽然在竞争性行业中技术创新能力偏低，但在垄断竞争性行业中具有较强的技术创新能力。

综合上述内容，可以说不同所有制的企业在创新方面具有不同的优势和局限。数字时代，在不断变化的市场环境中，企业面临着前所未有的挑战，必须以开放心态去吸纳和整合多元化的思想和观点，采纳并应用这些新思想和方法，以此为基础来提升自身的创新动力和能力。而包容性创新不仅仅是对传统思维模式的挑战和超越，更是对于各种可能性的探索和尝试，旨在构建一个更加灵活、适应性强的组织结构。然而，要实现包容性创新并非易事。企业往往需要克服许多有形与无形的障碍和挑战。资金不足、技术落后、人才短缺、政策限制等都会是横亘在企业面前障碍。特别是在当今快速发展的信息时代，企业若想进行有效的包容性创新，就必须面对这些现实问题，并努力通过内部资源整合或外部合作伙伴关系来解决这些难题。

此外，不同所有制的企业由于其所有权性质以及外部环境因素的影响，在包容性创新的进入门槛上也呈现出差异性。

（一）私营企业

私营企业是指自然人投资设立或由自然人控股，以雇佣劳动为基础的营利性经济组织，一般是由个体经营者或少数股东所建立和管理的企业实体，这些企业往往基于雇佣关系来运营其业务。私营企业主追求利润最大化的本质决定了他们对技术创新的投入和发展有着独特的驱动力。这种动力来源于对利益的追求，以及在市场激烈竞争的环境下寻求生存与扩张的需要。私营企业往往规模比较小,拥有更为精简的组织结构,因此具有较强的灵活性。它们能够迅速地响应市场的变化,捕捉并把握住稍纵即逝的商机,并灵活调整策略以适应市场需求的微小变动,在解决问题时表现出极强的适应性和创新性。在市场竞争中,私营企业特别注重技术的实用性和有效性,它们将创新视为提高效率、降低成本和增强竞争力的关键手段,保持着对创新技术的持续关注和投资。随着数字化和信息化时代的到来,市场竞争变得日益激烈。在这样的背景下,私营企业必须通过持续的技术研发和不断涌现的技术创新来保持自己的竞争优势。

此外,私营企业的所有者通常直接介入企业的日常经营和管理中,这种直接参与感使得它们更加重视技术创新的实际效果以及成本效益,更加关注如何将创新技术转化为商业成功的工具,而不是仅仅追求技术本身的先进性。私营企业的这些特点有助于吸引和保留行业内优秀的专业人才,并确保它们在面对激烈竞争时能够继续保持竞争力。同时,与外资公司相比,私营企业在某些国家或地区可能享有更宽松的监管环境和更具吸引力的税收政策。这些因素共同作用,使得私营企业在人才引进和政策方面通常具有较低的进入门槛,能够吸引新的投资者和企业进入该领域,从而促进技术创新和产业升级。

然而在资金和技术方面,私营企业很可能因为产权结构不稳定而遇到困难。这些企业往往难以找到稳定可靠的融资渠道,同时在寻求风险投资时也会因为缺乏足够的担保和信誉而受到限制,从而面临更高的创新门槛。由于资金和资源的限制,私营企业在技术研发和创新方面的投入能力比较有限。此外,随着市场竞争日益激烈,私营企业不仅要在产品和服务上保持竞争力,还要不断提升自身的技术创新能力以维持其市场地位,这样才能在激烈的竞争环境中脱颖而出,赢得消费者的青睐,并实现可持续发展。因此,私营企业需要更加努力地挖掘内部潜力,寻找新的增长点,并且通过积极参与各种创新活动来推动技术进步和产品质量的提升。在这个过程中,政策支持和社会资本的引入显得尤为关键,但私营企业往往缺乏这些必要的资金援助和技术指导,使得其创新过程受阻。

（二）国有企业

国有企业由国家直接持有并对其运营实施控制权。这些企业在技术创新领域内展现出的活力与动力，在很大程度上取决于国家层面的战略布局和政策支持。国有企业通常具有较大的规模和强大的资源整合与应用能力，能够有效地将国家的宏观目标转化为具体的企业行动。从长远来看，国有企业注重制定战略性创新计划，并强调跨部门、跨学科的协同创新模式。这种创新方式既包含对现有技术的持续改进，也涉及前瞻性研究和对新兴领域的探索。在国有企业中，创新不仅是一个技术问题，更是一项关乎国家竞争力和未来发展潜力的重大战略任务。因此，企业高层往往会把大量资源投入研发活动之中，以确保其在激烈的国际竞争中占据有利位置，从而为国家的经济增长和社会福祉作出贡献。国有企业通过其技术创新的实践，体现了国家意志在现代企业管理中的重要作用。它们不仅响应国家战略需求，推动产业升级和技术进步，也促进经济社会的整体发展和进步。

国有企业作为国家经济发展的重要支柱，无疑在获取政府的政策扶持以及财政资金上享有天然的优势。这种优势源自国家对这些企业的特殊关注和支持，使得国有企业在资源配置、政策倾斜等方面具有显著的优先权。例如，在资金层面，国有企业往往能够获得更为宽松的融资条件，这不仅包括贷款利率的优惠，还可能涉及资本市场的特别通道或绿色通道，从而降低其运营成本并提高竞争力。进一步地，由于国家直接或间接持有较大比例的股份，国有企业通常比私营企业更能从长期视角出发，制定和实施创新战略。它们倾向投资技术研发的长期战略规划，而非仅仅追求短期利润最大化。这样的决策模式有助于企业在激烈的市场竞争中保持领先地位，为未来的增长奠定坚实基础。此外，国有企业的规模和背景往往赋予它们更多的物质资源和财力支持。这不仅表现在它们可以进行大规模的投资以加速技术创新的进程，而且意味着它们在招聘顶尖人才、引进先进设备和技术时更具吸引力。因此，国有企业在技术研发和创新活动的投入远远超过私营企业，这是因为它们承担着推动国家科技进步和产业升级的重要使命。

然而，国家控股企业在技术创新方面也存在一些挑战。首先，国家控股企业的管理体制较为复杂,决策过程冗长,这导致它们在响应市场变化和技术创新上显得相对迟缓。这种体制上的限制可能会影响到企业对新技术、新趋势的反应能力,从而错失发展先机。其次,国家控股企业的经营目标往往被赋予了社会责任和工艺目标等多重考量,这些目标与追求技术革新之间可能会存在冲突。为了实现这些目标,企业可能需要优先考虑更传统、更稳妥的经营策略,而这可能会牺牲在技术研发方面的投资,减少对创新的支持力度。因此,企业在推动技术创新时可能会遇到资源分配上的困难,影响其在科研投入和成果产出上的表现。此外,人才是创新的核心资源,但在国家控股企业中,由于薪资水平、晋升机会等因素的影响,吸引和保留顶尖科技人才的竞争十分激烈。加之政策环境对于技术创新的支持度不一,有的地方政府可能提供丰厚的补贴和优惠条件,以吸引高层次人才落户;而有的地区则因为缺乏相应的激励措施而难以留住人才。这些差异化的政策导向无疑增加了企业吸引和培养创新型人才的难度,进一步加大了它们在技术创新上的投入成本和产出风险。

(三) 集体所有制企业

集体所有制企业是指以集体经济为主体设立的企业,这类企业以集体的经济利益为核心目标。它们在技术创新方面的动力源自对市场动态和消费者需求变化的敏锐洞察,以及对集体成员利益的深切关怀。这些企业往往规模不大,并具有较强的地域性,紧密地与所在地区的社会经济环境关联。集体所有制企业在进行技术创新时,倾向采取务实的策略,注重技术应用的实际效果,并且高度重视本地消费者的需求。这些企业在成长过程中,利用自身的地理位置优势,不断整合区域内的资源,促进技术交流与合作,从而积极推动新技术的转移和创新成果的转化。通过这样的方式,集体所有制企业能够更有效地响应当地市场的具体需求,满足消费者的多样化偏好,同时促进地区经济的发展和产业结构的升级。这种基于市场需求的技术创新模式,不仅提升了产品的市场竞争力,也为集体所有制企业带来了持续增长的潜力和活力。

集体所有制企业在技术创新领域具有一些独特的优势。它们不仅注重实用性,而且在产品开发和市场定位上更倾向满足本地市场的具体需求。

由于这些企业的规模相对较小,它们能够更加灵活地响应市场变化,快速调整经营策略以适应消费者偏好。同时,集体性企业在地理位置上通常更加集中,这意味着它们在进行技术转移时具有天然的优势,能够迅速将最新的技术应用到本地生产中,从而促进当地产业升级和经济发展。此外,许多集体所有制企业的所有者本身就是该企业的员工或与企业有着紧密联系的社区成员。这种参与使得企业对于技术创新的投入不是停留在表面,而是深入日常运营和管理之中。管理者往往亲自参与研发过程,确保创新成果能够真正解决实际问题,提高工作效率,最终实现经济效益和社会效益的双赢。因此,集体所有制企业在技术创新方面的努力,往往是基于对本地市场的深刻理解之上,通过提供高质量、符合市场需求的产品和服务,来推动自身乃至整个地区经济的持续健康发展。

然而,集体所有制企业同样会面临资金和资源的限制,使得它在技术研发和创新方面的投入能力有限。由于缺乏足够的资金支持和先进的设备,这些企业往往难以承担高昂的技术研发成本。同时,它们也更可能受到地理位置和资源分配的影响,这进一步限制了其获取外部技术信息和人才的能力。因此,尽管集体企业在某些情况下能够展现出创新活力,但总体而言,它们在推动技术创新方面仍面临诸多不确定性和风险。

(四) 外资与跨国企业

外资企业是指在我国境内成立、注册资本完全由国外投资者出资的企业。而跨国企业则是跨越国界、在多个国家开展业务和经营活动的企业。这些企业的资金通常来源于母国或其他国家的投资者,这些投资者通过国际并购、合资企业或独资企业等形式,将其资本注入目标国家,并根据母公司的战略规划和理念来运营企业。外资与跨国企业在创新方面表现出显著的市场导向性,这意味着它们的创新活动总是围绕着满足特定市场的需求展开。面对全球市场上不断变化的需求和竞争环境,它们需要灵活调整自己的经营策略,以便更好地适应不同市场的状况。为了实现这一点,外资和跨国企业通常采取本土化策略,强调与本地企业建立合作关系的重要性。通过与当地企业的协作,它们能够充分利用东道国的各种资源与优势,比如劳动力成本优势、基础设施完善、知识产权保护制度健全等。这样,外资企业能够设计和开发出符合当地市场需求和消费者偏好的产品和服务,从而在全球化竞争中占据有利地位。

外资企业和跨国企业通常拥有雄厚的资金资源,掌握着先进的技术;这种资本与技术的双重优势,为企业提供了一个强大的后盾,让其研发团队能够在激烈的市场竞争中持续推出一系列创新产品,维持其在全球市场中的竞争力。与此同时,这些企业凭借全球化的管理策略和运营模式,能够在全球不同的地区部署分支机构,它们通过整合全球资源,充分利用各个地方的比较优势,建立起高效的全球供应链体系;这不仅提高了创新的覆盖率和效率,也使得企业能够迅速响应市场变化,确保其在国际市场的持续竞争力。此外,多元的文化背景也为外资与跨国企业的创新提供了丰富的土壤;来自世界各地的员工带来了不同的文化视角和思维方式,这为解决问题和寻找创新灵感提供了更为宽广的视野;跨文化的交流和融合促进知识的共享和创新观念的碰撞,从而加速新产品的研发过程,并推动企业技术的革新。

然而,在全球化的浪潮中,外资企业和跨国企业的创新同样面临着前所未有的国际商业挑战。这些企业由于其横跨多个国家和地区的商业运作,不得不处理不同的文化和法律法规;为了在各国市场上运营,它们必须确保自己的产品和服务符合当地法律要求,这就涉及与不同国家之间的兼容性问题;这些公司需要投入大量的时间和资源来了解并适应这些差异,以避免因不合规而受到处罚或影响业务发展。与此同时,随着全球经济一体化趋势日益增强,外资与跨国企业倾向于采用全球一体化的管理模式。这种管理方式虽然带来了高效的决策制定和快速的响应能力,但也不可避免地增加了组织结构和管理层级,使得组织架构变得更为复杂。这种复杂性可能会延缓决策过程,降低决策效率,进而对企业的竞争力产生不利影响。另外,文化差异也是一个不可忽视的因素,不同国家和文化背景下的消费者行为、价值观念、沟通习惯等都存在显著差异。外资与跨国企业在进入新市场时,往往需要付出额外的努力去理解和适应东道国的文化习俗,它们必须调整产品设计、营销策略甚至内部管理流程,以便更好地与当地客户建立联系,提供符合当地需求的产品和服务。这种本土化的努力可以帮助企业打开新市场,提高品牌认知度,但也要求企业投入更多的人力物力,进行深入的市场调研和细致的本土化工作。

二、企业包容性创新进入门槛的影响因素

在当今社会经济的多元格局中,不同所有制类型的企业在追求包容性创新方面展现出明显的门槛差异。这些差异不仅仅体现在企业规模、行业特性等企业自身因素上,还与这些企业所能享受的政策扶持力度等外部环境因素有关。

（一）企业自身因素

企业规模不同会对包容性创新的进入门槛造成影响,大规模企业往往在资金和技术方面具有一定的优势,但也很可能因为内部协调成本高而难以进行彻底的技术革新;中小企业则因资源有限,更可能专注于小范围的改进和优化。

企业规模不同会对其包容性创新的进入门槛造成影响。大型企业凭借雄厚的财力和先进的技术基础,往往能更容易地进入新技术领域并取得突破。然而,这些公司也可能面临着内部协调成本高的问题,这在一定程度上阻碍了它们对技术变革的彻底性探索与实施。相比之下,中小企业由于资源相对有限,更倾向集中精力进行更加精准和精细的创新活动;通过缩小研究范围,深入挖掘特定市场或客户需求,它们能够更有效地推动产品和服务的优化升级。然而,资金短缺和资源限制仍然是许多中小企业在追求创新发展道路上的巨大障碍,这使得这些企业在推动技术突破、市场扩展以及产品开发方面面临着重重困难。

企业性质不同同样会影响其包容性创新的进入门槛。国有企业由于其稳定性和规范化的管理体系,往往能够提供一个更加系统化的创新环境。这种稳定性使得国有企业在进行创新活动时更加有条不紊,有助于企业形成一套完善的创新机制,从而为各种创新创意提供成长的土壤。相比之下,私有企业由于其相对较高的灵活性和更具活力的组织文化,更容易激发出

创新动力。它们往往拥有更多的自由去尝试和实施新理念,同时也更愿意接受风险和失败,因为这样可以快速调整方向并优化其产品或服务。私有企业的这些特质无疑是推动创新的强大驱动力。

此外,不同行业的特性也会影响到企业包容性创新的进入门槛。举例来说,高科技行业因其技术密集和知识密集的特性而成为一个高度竞争且具有挑战性的领域,进入这一领域通常要求从业者拥有先进的技术技能和深厚的专业知识储备。因此,与其他行业相比,高科技行业可能存在更高的门槛限制,从而增加了包容性创新实现的难度。面对这种情况,企业和政府需要采取措施来降低这些门槛,以促进更多人能够参与到创新活动之中。

总的来说,包容性创新的成功实施涉及多方面的考量和策略。在这一过程中,不同所有制企业面临的包容性创新门槛并非一成不变,而是会受到包括企业类型、经营规模、发展阶段以及所处行业等众多因素的影响。

(二) 外部环境因素

为了实现包容性创新,我们必须致力于创造一个公正的市场环境,在这个环境中,国有企业和非国有企业都能在公开、平等和透明的条件下积极参与创新活动。这样的创新不仅仅是企业个体间的竞争,而是不同产权性质的企业共同努力、协同进步的过程,最终实现创新成果的共享。然而,在当前经济转型的关键时期,政府依旧扮演着核心角色,掌握着企业赖以生存发展的土地、资金、信用等重要资源。政府对于不同所有制企业采取差序格局的管理方式,不同企业与政府之间的关系亲疏程度不一,在市场中受到的支持和待遇也不尽相同。企业与政府的关系越密切,就越可能得到更多的支持,享受更为优厚的待遇;反之,那些与政府关系较疏远的企业则可能面临更多的困难与挑战。

在中国的市场经济体制中,国有企业和政府之间的密切联系不仅是一个长期存在的现象,而且二者构成一种稳固的结构。这种政企关系体现在多个层面上。首先,我国的金融机构体系实际上主要由四大国有银行所主导,它们在金融市场上扮演着重要角色,为企业提供融资支持;它们为了维持稳健经营和从事创新活动,往往需要依靠政府的支持来获得必要的经济资源,而政府则将银行信贷资金更多配置于国有企业(Allen et al., 2007;余明桂和潘洪波,2008)。进一步地,国有企业在享受各种政策优惠方面也享有明显的优势;例如,它们在市场准入门槛上往往比私营企业要低得多,甚至在某些情况下可以不受限制地进入一些竞争性行业。此外,政府对国有企业提供的补贴和产业政策也往往更加慷慨;一些国有企业凭借其独特的国家背景和手中掌握的资源优势,能够更轻易地获得政府的政策关照和财政扶持,这在创新驱动发展的今天显得尤为重要。政府通过给予国有企业特别的政策和资金倾斜,实际上是在鼓励和促进这些企业在科技创新、新技术应用等方面进行更多的投入。这种情况下,国有企业往往能够在激烈的市场竞争中占据一席之地,它们不仅因为政府的支持而具有较强的抗风险能力,而且也因其"国字号"身份而拥有较高的社会认可度和品牌影响力。因此,当我们谈论到创新时,国有企业常常被视为推动经济增长和产业升级的关键力量。

尽管民营企业通常被认为享有更大的经营自主权和更广阔的市场运作空间,但由于历史原因和发展路径,它们与政府的关系显得更为疏远,这一点在政策上体现得尤为明显。同时,这些企业在市场准入方面、获取金融支持的渠道以及其他商业环境要素方面,往往遇到更多的限制。这种边缘化的状况在政企关系中尤其突出,因为民营企业不仅面临来自政府层面的限制,而且在与国有企业和外国企业的竞争中也处于不利地位。正如王先庆(2011)所指出的,民营企业在这两股力量的双重压迫下,难以获得应有的发展机会和资源。2005年中国国务院出台了旨在鼓励民营企业发展的"非公经济三十六条",并在2020年进一步颁布了相关实施细则,这显示了国家对于推动民营经济发展的决心。但是,在政策执行过程中,民营企业仍然面临诸多障碍,甚至在部分领域遇到所谓"玻璃门"①和"弹簧门"②现象。这些情

---

① "玻璃门"现象用来喻指一些政策规划的愿景看起来非常不错,但实施起来,由于受思想观念、相关规定以及政府职能等方面的阻碍,这些政策规划"看得见、够不着",往往一进去就撞门,无法有效落实,即便强行落实也会碰得头破血流。

② "弹簧门"现象用来喻指(某些民营企业)刚刚涉足某一行业领域又被一些"硬性政策"弹出的现象。

况反映出一个严峻的现实：在中国的创新体系中，不同所有制形式的企业之间存在着明显的不平等地位，从而导致不同创新主体之间缺乏有效的沟通和协作，无法实现资源共享和创新成果的最大化利用。在这种情况下，民营企业作为中国市场经济中不可或缺的组成部分，它们的生存和发展直接影响到整个社会的经济活力和创新能力。因此，如何打破这种不平等的局面，为民营企业创造更加公平、透明的发展环境，成为政府和社会各界必须认真考虑和解决的问题。只有这样，才能真正激发民营企业的潜力，促进经济的全面繁荣和社会的持续进步。

总之，所有制结构、企业规模、行业特性及政策支持等多种因素共同作用，塑造了不同所有制企业在包容性创新方面的进入门槛，形成了一个复杂多变的动态体系。

三、如何降低企业包容性创新的门槛

对于任何企业而言，理解和应对这些进入门槛是推动创新向前发展的关键。为了提高包容性创新的效率，企业领导人需深入分析内部条件，同时要关注外部环境的变化，从而制定出符合自身特点的创新路径，降低进入门槛，提高创新能力，在激烈的市场竞争中保持领先地位，实现可持续发展。

私人企业应该坚持务实与灵活相结合的创新策略。这意味着企业需要投入更多的资源于技术研发上，不断加快创新的步伐，从而提高自身的技术创新能力，并确保产品和服务的高质量。然而，对于具有规模较小、资金有限、人才短缺等问题的中小企业来说，单纯依靠内部力量可能难以实现突破性的创新，因此，"开放式集群创新"模式成为这些企业突破困境的重要途径。这种创新模式允许中小企业通过建立一个共同的网络来获取创新所需的资源，既包括资金、技术、人才等有形资源，也包括知识、经验、信息等无形资源。中小企业可以根据自己的战略目标和资源配置情况，有针对性地选择合作伙伴，构建一个多元化的合作网络。这样的合作可以是与外部投资者的合资合作，或是技术特许使用，或是委托外部研究机构进行专业技术研发，抑或是参与技术合作或战略联盟。此外，它们还应积极寻求与高等院

校、科研机构以及其他企业的深入合作。通过这些合作，中小企业不仅能够拓展自己的技术创新渠道，而且能够有效降低创新成本。高校和科研机构的先进知识和科研成果为中小企业提供了宝贵的知识储备，而其他企业则提供了实践应用的场景，这种互补式合作大大提升了集群创新的效率和成功率。在这个过程中，知识整合发挥着至关重要的作用；通过不同企业的紧密协作，新思想、新技术、新思维得以迅速传播和融合，形成强大的创新动力，最终推动整个行业乃至社会的进步，使中小企业在日益复杂多变的商业环境中占据有利地位，实现跨越式发展。

对于国有企业来说，作为国家基础设施和公共服务的重要提供者，它们无疑在经济发展中扮演着至关重要的角色，虽然其在一定程度上拥有国家背景作为后盾，在技术创新的道路上占据了有利地位，但这一优势并非总是能够转化为推动企业发展的实际动力。国有企业的技术创新之路充满挑战与机遇，但只要能够把握住正确的方向和方法，就有望实现从内而外的全面突破，为国家经济的健康发展和社会的全面进步作出杰出的贡献。面对日益激烈的国际竞争环境，国有企业必须深入分析自身的优劣势，并找到一个平衡点，既要保障商业利益，又不能忽视社会责任感。在这方面，企业需要采取长远视角，强化长期战略规划和技术储备，不断提升自主研发能力；通过优化管理体系和决策流程，有效提高技术创新的速度与效率，确保每一分投入都能产生最大的产出。此外，国有企业还应积极寻求外部合作机会，比如与其他创新型企业共同进行技术转移，或是在创新合作项目中扮演领导角色；这些合作不仅能够促进技术进步，还有助于激发更广泛的社会创新活力。唯有如此，国有企业才能在全球市场的竞争中展现出强大的生命力，不断推动产业结构的优化升级和经济的可持续增长。同时，它们也能更好地响应国家战略需求，成为推动国家科技进步、经济繁荣和社会和谐稳定的中坚力量。

集体所有制企业在寻求创新的道路上，应该密切关注本地市场的脉搏与需求，充分发挥技术转移的优势。这样做不仅能保证企业产品或服务的适销对路，而且可以借助本地资源和专业知识，促进创新成果的落地生根。

进一步而言,集体所有制企业应当主动出击,积极与当地的商业团体、科研机构及其他企业建立起更加紧密的合作关系;通过这种合作模式,集体所有制企业不仅可以分享各自的资源和专长,更重要的是能够共同探索和开发新的业务机会,从而激发出创新的火花。同时,这些企业也应不遗余力地向政府展示其发展潜力和对经济增长的贡献,积极争取政策支持和财政激励,这包括但不限于税收减免、资金补贴、简化行政程序等措施;通过这些政策杠杆,集体所有制企业可以大幅提升自身的研发能力和创新水平,加大在关键技术领域的投入。这样一来,不仅能够增强企业的核心竞争力,而且还能有效推动地区经济的整体发展和产业结构的转型升级。通过这样的方式,集体所有制企业将为区域经济注入新的活力,促进社会生产力的全面提升。

外资和跨国企业的创新不仅能为当地经济注入新的活力,也能推动技术革新和产业升级。在创新过程中,外资和跨国企业应该重视引进高质量的外资,并且在引进时要避免走入低水平、重复建设的误区;这意味着企业需要精心筛选那些拥有领先技术、丰富管理经验和创新资源的外资企业,与之建立合作伙伴关系,以此为跳板,提升企业自身的技术实力和创造能力。为了达到这一目的,外资和跨国企业应当加大对科技研发的投入,优化科研资源的配置;它们应该成为创新活动的助推器,而不是简单地将其当作成本中心。同时,这些企业也要加强知识产权保护,确保创意和发明能够得到充分保护和合理利用,这对于激发企业及科研机构的创新活力至关重要。外资和跨国企业还要加强与国际创新资源的合作,这样不仅可以引进海外的技术和管理经验,还能有效提高在全球创新网络中的竞争力和影响力;通过这种方式,企业可以在全球范围内寻找更多的机会和资源,从而实现可持续发展。在政策层面,外资和跨国企业同样需要发挥其独特的作用。政府和相关机构应当加强政策的协同,共同营造有利于创新的环境;通过制定更加科学合理的政策体系,整合政策资源,强化政策之间的配合和衔接,形成强大的政策合力。此外,建立起有效的沟通协调机制,对于促进多方之间的信息交流、增强政策执行力度以及提高决策效率都具有重要意义;只有这样,才能确保政策目标的一致性,同时保障不同利益相关方的权益,共同推进创新驱动发展战略的实施。

在外部环境的层面上，为了促进包容性创新的发展，我们必须致力于进一步深化改革和完善一系列相关政策，以确保所有市场参与者，无论其所有制性质为何，都能站在公平竞争的起跑线上。这意味着，政府必须减少对于资源分配的直接干预，转而通过创造一个更加灵活、高效的市场机制，来激发企业尤其是民营企业和外资企业的创新活力与竞争优势。只有当不同所有制性质的企业能够在同一平台上展开公平竞争时，才能真正落实"平等"二字；这种"平等"不仅仅体现在市场准入标准的统一上，更重要的是在创新资源的分配、市场机会的提供以及创新成果的分享等多个维度上，为所有企业提供相同的机遇和条件。这样的环境不仅有助于打破传统的所有制壁垒，而且能够促进不同产权类型企业之间的协同发展，使其共同享受创新所带来的红利。简而言之，只有通过塑造公开、平等、透明的包容性创新发展环境，才能使各个领域的企业都能成为创新活动的主体，最终实现经济发展质量的整体提升。

为了实现这一目标，政府必须采取一系列策略，逐步将管理权和控制权下放给市场主体。这意味着政府应该从企业的日常运营中退出来，让企业拥有更多自主权来制定战略、投资和创新，从而营造国有企业与非国有企业在同等市场条件下公平竞争、共同发展的环境。具体来说，政府可以采取措施打破行业垄断、放宽市场准入门槛，尤其是那些曾经由政府主导的垄断行业，如铁路、金融、能源和电信等领域；这些行业通常被认为是国有经济的核心地带，但实际上它们也需要引入民营资本以促进效率和创新。通过这种方式，民营企业能够进入这些传统上被视为"禁区"的领域，从而为其带来新的活力和增长动力。此外，政府还需持续推动国有企业改革，确保它们在产权多元化的基础上，逐步建立起符合现代企业制度规范的运作模式，这不仅有助于提高企业的治理水平，而且能够增强其适应市场变化的能力。同时，政府应积极优化企业家的人才资源配置，鼓励他们参与到市场化、社会化和职业化的进程中，这样才能形成企业家群体强大的创新效应和积极的创业氛围。通过这些方式，不同所有制形式的企业可以在追求创新的道路上享受机会平等,实现创新成果的广泛分享和应用,积极推动包容性创新的实现,从而加速社会进步。

第四节　包容性创新与精准脱贫

一、包容性创新与贫困的相关研究

在发展经济学领域,长期存在增长和收入公平是否可以兼得的争论(Kanbur,2000),包容性增长为解决二者冲突提供了一个可行的现实解决方案,倡导机会平等的增长,让普通民众最大限度地享受经济发展带来的收益(Ali and Zhuang,2007)。在经济增长的同时,减少机会不均等,促进社会的公平和包容,使得经济增长惠及更多的国家、地区和人群。包容性增长的包容性具体体现在:不断缩小收入差距;扩大获取社会福利的机会,如医疗、教育等;同时关注收入与非收入平等,如机会平等。包容性增长理论提出创造和扩大经济机会,使更广大的公众可以参与这些机会。2021年初,中国脱贫攻坚战取得全面胜利,9 899万农村贫困人口脱贫,完成消除绝对贫困的艰巨任务,其中包容性增长和包容性创新在精准扶贫当中发挥了重要作用(赵武和王姣玥,2015)。

综观已有文献,学者从不同的角度给出了不计其数的贫困定义和分类,各个国家采用比例法、绝对值法、恩格尔系数法、基本需求法、马丁法、基期固定法等作为依据确定符合自己国情的贫困线,处在贫困线以下的群体被称为BoP群体。Andre等(2002)认为,包容性创新不仅是企业直接面对BoP群体的商业性创新活动,也应包括政策制定者等各类利益相关者参与的创新。通过不同部门内组织与机构跨领域的合作与创新,许多限制BoP市场发展的障碍能够被克服或消除,构造一个允许私营部门和社会参与者以一种共生关系共同行动的生态系统,是接触并释放BoP地区被束缚的巨大资源的重要路径。Hammond(2004)认为,低收入人群并非企业施舍帮助的对象,而是有价值意识的消费者,BoP市场有着生产、消费和创业的潜在驱动力。企业将低收入人群纳入自身商业活动和价值链中，不仅可以获得足够的经济回报，提高 BoP 群体的生活质量并缓解和消除贫困，而且能创造出新的产品或服务以满足经济、生态和社会的需要。Prahalad（2005）将包容性发展理论与创新理论相结合，丰富了金字塔理论，认为那些被困在一个循环内的贫困个体和群体就如同被困在金字塔底部，并用"包容性创新"这一概念表述来探索如何为这些人创造或提供改善其福祉的机会，企业应该重视 BoP 群体在价值链上游的参与帮助提升贫困人群的技能和生产率，为其创造就业机会。London（2008）提出企业实施 BoP 战略的六项原则，即外部参与原则、共同创造原则、将本地和非本地连接的原则、有耐心的创新原则、自足性增长原则以及正确价值观原则。基于对聚焦于贫困消费者的新产品概念与原型开发的分析，联系、动员并促进 BoP 市场内外的不同组织、机构与个体共同组建一个跨部门的合作网络是解决企业正式措施供给不足问题与促进包容性市场建设的重要途径。

从 2007 年亚洲开发银行首次明确提出包容性增长以来，"包容性"就被频繁地与"增长""发展""创新"等词语联系在一起，成为社会各界热议的话题和关注的焦点。世界银行（2008）《2008 年世界发展报告》指出，构建和实践可持续增长和包容性发展的战略，可取得巨大成果并为民众所广泛共享，充分合理地利用经济增长造福于所有民众，将成为消除贫困的有力武器之一。2013 年，世界银行联合中国国家信息中心共同发布的《在中国促进包容性创新创造可持续的包容性增长》报告指出推动包容性创新是在我国以及全球范围内减少贫困、推进共同繁荣职责的核心所在。

包容性创新作为包容性增长概念的延伸，核心在于通过创新消除贫困者权利的贫困和所面临的社会排斥，并在此过程中实现机会均等和公平参与（陶爱萍等，2019）。结合上述观点和概念，包容性创新具有以下特点。首先，包容性创新与包容性增长最大的区别在于创新，而创新可以从两个方面入手进行分析：第一，企业可以针对贫困群体进行产品创新，改善贫困群体生活条件的同时挖掘市场需求；第二，鼓励广大贫困群体进行创新，提高脱贫致富的效率。其次，包容性创新隐含对贫困人口追求幸福生活的意愿与能力的尊重和信任(邢小强等,2019)。在包容性创新视角下,贫困人口不再是单方面的接受补助,他们具有参与市场的强大潜力,具备创新所需的关键资源和能力(Sen,2000)。因此,包容性创新的成功应当建立在企业与贫困人口的深度合作中,这有助于贫困人口获取各类资源,并提升其能力。再次,包容性创新也是企业追求长远发展的途径。邵希等(2011)认为,包容性创新在贫困者作为创业者、生产者和消费者的活动过程中得以体现。Martin和Hill(2012)认为,企业长远发展的最好方式是创造新市场、接纳新客户。从全球范围来看,中高端市场竞争愈发激烈,获利空间趋近饱和,但BoP群体仍然排斥在活跃的经济之外,这为企业发展提供了新的可能。中国科学技术发展战略研究院课题组(2015)认为,包容性创新不仅是面向低收入群体,也应面向脆弱性区域、新兴产业、中小微企业。

目前,包容性创新推动脱贫的政策和项目大多依赖外部的推动力,而缺乏内在驱动力的有效配合。如何通过体制机制创新减少对社会边缘群体的排斥,通过持续进行试验、示范、推广、应用,积极培育内驱力,从科技知识推广转向创新知识的普及,从收入角度思考和解决贫困问题转向满足BoP群体的合理需求角度着力,结合双创活动以创新的方式改善BoP群体自身的状况,是我们仍需努力的方向。通过这种方式,我们能够为BoP群体创造出更加多元化、可持续和包容性的发展机会,从而真正实现脱贫的长远目标。这样的努力将不仅仅局限于传统的扶贫模式,而是需要更多地运用现代科技手段,以及富有创意和适应性的解决方案,去克服传统方法所遇到的种种障碍,最终达到促进社会全面进步和包容性增长的目的。

二、包容性创新与共同富裕的相关研究

共同富裕与包容性增长的内在统一性。包容性增长是社会主义本质要求的体现。邓小平在1992年初南方谈话中提出:"社会主义的本质,是解放生产力,发展生产力,消灭剥削,消除两极分化,最终达到共同富裕。"[①]从西

---

① 《邓小平文选》第3卷,人民出版社1993年版,第373页。

方资本主义的市场经济发展规律看,商品经济和市场竞争的结果,必然在带来经济增长的同时也带来两极分化。中国特色的社会主义就是要在发展经济的同时,兼顾效率与公平,充分发挥市场"无形之手"和政府"有形之手"的作用,让经济增长惠及广大人民,最终实现共同富裕。党的十八大以来,以习近平同志为核心的党中央坚持以人民为中心的发展思想,坚持发展成果由人民共享,坚定不移走共同富裕道路。2021 年初,习近平总书记庄严宣告,我国脱贫攻坚战取得了全面胜利,9 899 万农村贫困人口全部脱贫,完成了消除绝对贫困的艰巨任务。其中,包容性创新在精准扶贫当中发挥了重要作用(赵武和王姣玥,2015)。

从共同富裕和包容性增长的目标看,两者都以经济增长、收入差距缩小为目标。习近平主席在 2022 年世界经济论坛视频会议上指出:"中国要实现共同富裕,但不是搞平均主义。"[①]包容性增长则同时追求包容与增长。这两者都是公平与效率统一下的成果,为公平放弃效率或为效率放弃公平都不能实现共同富裕或包容性增长。从实现过程来看,两者都追求使更广大人民,尤其是现在处于弱势地位的人们参与到经济活动中,并分享经济成果。党的二十大报告指出:"要鼓励勤劳创新致富,坚持在发展中保障和改善民生。"[②]世界银行认为包容性增长应当动员潜在的劳动力来使经济活动的劳动力最大化,不只是保持经济平衡来实现持续的增长,还应该促使贫困的减少。这两者并不是单纯地依靠收入分配来解决贫富差距问题,更多地要使人们能够参与到经济中。

综上,共同富裕在过程和结果上都存在逻辑一致性,包容性增长是最终实现共同富裕的必经之路。包容性创新是社会主义发展的本质要求,也是习近平新时代中国特色社会主义思想的重要组成部分。包容性创新带来包容性增长,进而实现共同富裕的最终目标。

①　习近平:《坚定信心　勇毅前行　共创后疫情时代美好世界——在 2022 年世界经济论坛视频会议的演讲》,新华社,2022 年 1 月 17 日。

②　习近平:《高举中国特色社会主义伟大旗帜　为全面建设社会主义现代化国家而团结奋斗——在中国共产党第二十次全国代表大会上的报告》,新华社,2022 年 10 月 25 日。

目前,学界对共同富裕的内涵存在多种视角的解释。一是从发展阶段的视角来解释,即共同富裕是全面建成小康社会后进入新发展阶段的重大举措;二是从社会利益分配的视角进行解释,其中以收入分配为主;三是以人的全面发展视角来解释,即遵循马克思的描述,使人们在物质、精神两个领域实现富裕(陈劲等,2022)。对共同富裕的解读也有所不同。第一,共同富裕应建立在人全面而自由发展的基础上,因此,不应当仅以收入为衡量标准。第二,共同富裕应建立在公平与效率统一的基础上。共同富裕不是平均主义,应在财富普遍增长的情况下,允许合理的收入差距。第三,共同富裕强调"共同",经济发展的成果应由全国人民共享。

传统创新是创新主体通过研究前沿技术、掌握新知识新方法获得市场竞争优势,攫取超额利润,其特点是技术先进、资本密集、收益更高、受众群体高端化(非 BoP 人群)。缺乏一定购买力和认知水平的群体,往往被排除在传统创新的过程或市场当中。包容性创新正是将这部分群体纳入创新的主体和服务对象当中,从而与传统创新形成互补。在这种分类意义下,包容性创新不再与增长以及收入平等相矛盾,这意味着包容性创新很可能是协调创新发展与收入分配、推动实现共同富裕的一个重要渠道。

三、包容性创新对精准脱贫的意义

第一,创新主体的包容性。通常认为,企业是创新活动的主体,政府是创新实施的主体,研究机构和大学是知识创新的主体。然而,自 2014 年我国出台"大众创业,万众创新"的政策和措施以来,各类主体可以摆脱各种不利于创新创业的束缚和限制,积极参与到创新活动中去。随着这一政策的推进,数以千万计的创新创业者开始涌现,他们借助互联网、电子商务以及短视频平台等,开创出各种新的创业机会和商业模式。这些新兴的创业主体不仅促进了电子商务相关行业的发展,还带动了各种服务业蓬勃发展,为偏远、闭塞的贫困村带来了前所未有的发展机遇,提供了广阔的发展空间。在一些地区,当地的龙头企业和网商大户纷纷构建起面向电子商务的产业链。这些企业不仅自身发展迅速,而且通过直接或间接的方式,吸引了众多

BoP 群体的参与。他们通过提供就业机会、技术培训等多种途径,帮助这些群体实现了自我提升和收入增长。随着互联网和电子支付系统的普及,原来只能依赖传统销售渠道的农民得以跨越地理限制,连接更大的市场,他们能够借助电商平台直接接触全国乃至世界各地的消费者,通过开设网店、参与线上批发和零售,极大地提高了自己的收入水平。同时,那些专门从事电子商务的企业和个体经营者,不仅为消费者提供了更加丰富多样的产品选择,也为这些偏远地区创造了大量的就业岗位。

第二,创新扩散的包容性。创新扩散的包容性体现在新的产品和服务如何延伸推广到 BoP 市场中,吸引并获得 BoP 群体的采用。由于低收入人群通常会从当地的商店采购日常必需品和小商品,所以大多数的产品销售商都集中于那些经济条件相对较差但仍有一定消费能力的地区。这意味着新产品和服务在这些地区的销售渠道更为广泛,更容易接触到需要这些服务的消费者。因此,包容性创新不仅是一个技术问题,也是一个商业策略,它涉及提高产品或服务的低成本性和可获得性,从而使其能够触及更多的消费群体,特别是那些被传统市场所忽视或未能充分利用的潜在消费者。

第三,创新载体的包容性。随着市场竞争的加剧,生产商和运营商不得不重新审视市场策略,并将目光投向低收入水平的消费者。这一转变促使他们开始筛选和评估各种创新技术,以确保这些技术能够真正迎合低收入消费者的需求。通过这种方式,企业不仅提高了自身产品的包容性,还体现了对社会不同阶层需求的理解和尊重。同时,在这个过程中,BoP 群体参与创新的能力也得到了增强,他们不再是被动接受者,而是积极参与者,与商业模式共同成长。这种转变不仅能够提升整个社会的包容性,也为未来的经济发展注入新的活力。

第四,创新环境的包容性。这一特征体现了政府在推动社会经济发展中的重要角色,政府不仅通过制定相关政策来减少贫困地区的不稳定性和不安全性,而且积极鼓励 BoP 群体参与其中,降低他们参与创新的门槛和风险。同时,政府支持那些以需求为中心的创新活动。这种以消费者需求为导向的创新策略是创新生态系统中不可或缺的一部分,它允许市场机制发挥作用,促使创新者不断地响应消费者的需求,从而创造出更符合实际需求的产品和服务,使得创新环境日益宽松。在这样的背景下,生产厂商、产品批发商以及小微零售商之间形成了相互支持的关系。这种互助模式促进了供应链各环节之间的协同创新,使得所有参与者都能根据 BoP 群体的具体需求,持续地推出新产品或服务。此外,随着对产品认知的提高,BoP 群体也被逐渐引入到产品创新的过程中,主动进行创新或将创意反馈给相关方,参与到整个创新链条中。需求方对创新理念逆向流动的支持,使得所有参与者(包括 BoP 群体在内)都能找到适合位置,共生共长、彼此包容。

四、包容性创新与精准脱贫的一致性

(一)包容性创新与精准脱贫目标的一致性

包容性创新和精准脱贫都承载着深刻的社会使命,旨在解决社会问题、改善人们的生活质量,确保发展成果真正惠及每一个人。它们不仅是推动社会进步的关键工具,也是提升人民生活质量的核心战略。在这个过程中,包容性创新被视为一种创新思维和实践,它鼓励来自不同背景、拥有不同技能和知识的人们共同参与到解决问题的行列中来。这种创新不仅仅局限于技术或商业模式上的突破,更涉及教育、医疗、文化等多个领域,以实现社会资源的最大化利用,并促进经济与社会的均衡发展。精准脱贫则着重于识别和帮助那些处于社会边缘的群体,确保他们不会因为缺乏机会而陷入贫困的循环。通过精确地评估需求,提供针对性的支持和服务,力求在最短时间内提高这些人群的生活水平,减少社会不平等现象。

包容性创新强调多元、多样、多层次的发展格局,而精准脱贫则专注于帮助贫困人口脱贫致富。精准脱贫工作面临诸多挑战,也蕴含无限机遇,将包容性创新的理念融入精准脱贫工作中,构建更加完善的精准扶贫体系,是实现全面建成小康社会目标的重要助力。包容性创新注重社会资源的有效配置和利用,致力于促进社会公平和经济可持续发展。这种创新精神在精准扶贫工作中同样发挥着至关重要的作用。通过引入包容性创新机制,我们能够有效地优化资源配置,减少资源浪费,并最终提高扶贫成效。这样的创新实践有助于解决扶贫领域存在的问题，使扶贫工作更加精准、高效，并符合现代化的要求。此外，包容性创新还强调了公众参与和社会协同合作。通过鼓励全社会的广泛参与，形成强大合力，推动扶贫事业的发展。这意味着政府、企业、非政府组织以及普通公民都可以积极参与到扶贫工作中来，共同构建一个充满活力和创造性的扶贫体系，真正实现扶贫事业的长远目标。

在时代性方面，互联网技术行动计划、国家大数据战略、新型城镇化、工业化和信息化融合、"一带一路"倡议的提出和实施体现了中国对于全球治理体系改革和建设开放型世界经济的积极参与和贡献。这些倡议和计划都表明，中国正致力于构建一个包容共享、互惠互利的国际合作新格局，而包容性创新正是实现这一目标的重要途径。放眼世界，新一轮的科技革命和产业变革正孕育着巨大的变革。大数据、云计算、工业革命 4.0 等前沿技术正在不断突破，它们将对我国乃至全球的经济形态产生深远影响。为了抓住这些机遇，我国正加速推进创新，力求在创新驱动发展方面取得领先地位。这些创新成果无疑将惠及广大民众，特别是脱贫地区的居民。随着这些技术的广泛应用和普及，脱贫地区将有机会迈向更高质量的发展，这是消除贫困、实现共同富裕的必由之路。在基础性方面，包容性创新强调基础设施的普惠性、基本性、均等化和可持续的发展方向。在创新措施的安排上，要保障人人参与的权利、提供人人尽力的机会、营造人人享有的环境，以共享引领共建、以共建推动共享，实现更加公平普惠的发展，这实际上就是实现脱贫地区的高质量发展。在主体性方面，包容性创新强调人民是发展的主体，发展要以人为本、保障民生福祉，这种以人为本的发展理念也与脱贫地区追求的高质量发展目标相契合。

因此，可以说包容性创新与精准脱贫的目标是一致的，它们都旨在通过不同的方式和手段实现贫困人口的全面脱贫和社会的长期可持续发展。

（二）包容性创新与精准脱贫过程的一致性

脱贫地区的高质量发展主要依托于对 BoP 群体人力资本的提升，通过增强这些人群的技能和知识，BoP 群体能够积极参与到产业价值链中，从而为自己创造更多的就业机会和收入来源。而包容性创新充分考虑到了脱贫地区普遍存在的生产技术水平较低和技术人才短缺的问题，基于市场需求开发出相对成熟并适用的技术，从而引导脱贫地区将资源优势转化为经济优势。由此，BoP 群体得以提高参与市场竞争的能力，并能够在更加公平的市场竞争环境中展示自己的能力，同时也为地区经济的多元化发展注入新的活力。

在针对性方面，传统的创新体制往往基于对效率和规模经济的追求，忽视了脱贫任务中的社会参与和发展需求，从而在客观上限制了贫困地区的人群（BoP 群体）参与创新的能力，否决了脱贫地区 BoP 群体参与创新的可能性。然而 BoP 群体在主观上迫切需要摆脱贫困环境的限制，这种内在驱动力与外在机制之间的冲突，正是精准脱贫策略中必须要解决的关键问题。从技术的普及情况来看，贫困地区的技术普及率明显低于发达地区，这不仅影响了生产效率，也阻碍了创新成果的应用；进一步地，这些技术在当地的贡献率、利用率以及转化率都非常低，导致技术未能有效转化为生产力。此外，BoP 群体接受和应用新技术的能力也十分有限，他们对新技术的接受度和使用意愿普遍较低。这些现象反映出的是我们在理解和满足 BoP 群体真正需求方面的缺乏、在充分激发 BoP 群体的内在潜力方面的不足，其中最为关键的是，我们未能提升 BoP 群体对自身能力开发的认知。包容性创新理念为解决这些难题提供了一种新的视角。在主题上，包容性创新强调全民参与性，旨在通过多元化的参与者共同推动创新过程，使之更加公正和包容；在内容上，包容性创新致力于开发符合经济弱势群体需求的创新产品和服务，重点提升经济弱势群体的知识获取和创新的能力；在过程中，包容性创新注重创造和扩大经济弱势群体的经济和社会机会，确保他们能够平等地享有创新红利；在结果上，包容性创新力求满足经济弱势者的合理需求，促进社会和谐稳定发展。简而言之，包容性创新是一种综合考虑广泛社会参与、多角度解决问题、共同推进贫困治理的理念和战略模式，它在实现过程上与精准脱贫政策是一致的。包容性创新超越了传统创新体制的局限性，将焦点放在个体的需求和潜能上，通过支持和鼓励个人创新行为，推动整个社会向前发展。这种模式不仅仅是对现有问题的应对策略，更是推动社会进步和可持续发展的长远规划。

在大众性层面，包容性创新站在脱贫地区的视角上进行革新。它不再遵循传统的线性发展模式，也不再由顶层决策者自上而下传递技术与知识，而是提倡非线性的互动、协作以及相互关联，这为 BoP 群体成为创新的伙伴提供了可能性。在积极开发低收入者市场的过程中，这些群体不再仅仅是被动受助者，而是开始与当地企业携手改变知识产生和使用的方式。包容性创新以吸收众多 BoP 群体的企业为主体，辅以大学、科研机构、政府机构以及金融服务机构等作为系统要素的载体，建立起基于信任关系的松散而相互关联的网络，通过组织间的网络协作来整合人力、技术、信息和资本等创新要素，使得各个创新主体都能在脱贫地区展现其异质性，从而更有效地应对不同地区特有的挑战和需求。

（三）包容性创新与精准脱贫结果指向的一致性

包容性创新在脱贫地区的体现形式不是在科技含量极高的产品研发上，而应主要围绕解决 BoP 群体温饱问题和改善脱贫地区生态环境两大主题。具体而言，在脱贫地区开展包容性创新工作时，应当首先深入了解和掌握这些地区的自然资源条件和农业生产现状。这意味着，创新活动不能脱离当地的实际情况，而是要紧密结合地区资源优势和生产方式，通过提供更多的就业机会、提升农作物产量、优化生产效率、降低生产成本等方式，激发产业的内生动力。这样不仅能够促进相关产业快速发展，还能够有效提升整个地区产业的竞争力。同时，通过提高技术推广的普及率，可以加速脱贫地区人民对先进技术的接受和应用，从而从根本上改善他们的生活质量。在当前我国脱贫地区实际情况的基础上，构建包容性创新模式显得尤为重要。这需要我们广泛吸引社会各界力量的参与，特别是在资金投入方面；以政府为主导，充分发挥其统筹协调的作用，引导资源向脱贫地区倾斜，形成政府主导、市场驱动、社会参与的良好格局。此外，围绕区域产业的发展，我们应走出一条技术引进与自主创新并重的道路。在这个过程中，既要积极吸收外来先进技术，又要注重培养本土创新能力，确保两者相辅相成，共同推动脱贫地区高质量发展目标的实现。

包容性创新和脱贫地区高质量发展都是为了提高脱贫地区生产效率，提高经济效益，节约资源，降低生产成本。其核心目标是解决脱贫地区生产活动中收益率低的问题，促使脱贫地区的产业结构朝着更加合理化、高级化的方向发展，通过有效带动区域经济的全面协调进步，进而使脱贫地区宏观结构效益和资源配置效率得到提高。包容性创新和精准脱贫虽然各有侧重，但根本目的是一致的，那就是更好地解决各种问题、促进就业、服务人民；帮助脱贫地区和 BoP 群体开发经济、发展生产、改变穷困面貌、摆脱贫困；通过运用创新思维和方法，根据脱贫地区的资源条件，设计出新的解决方案和载体，以此来应对挑战和解决问题。包容性创新和脱贫地区高质量发展是相互补充、相辅相成的两个实践策略，它们共同构建了一个以人为本、全面发展的经济体系。包容性创新和脱贫地区高质量发展都是基于脱贫致富的根本目的，以帮助 BoP 群体生活改善为导向，发挥 BoP 群体的智慧和主观能动性，实现脱贫攻坚的全面胜利。

五、包容性创新推动精准脱贫的机制

包容性创新不仅是一种理念，更是一种行动策略。在这个策略中，创新不应是少数人的专利，而是应该成为社会各界共同参与、共享成果的过程。尤其需要注意的是，那些处于社会边缘或者弱势群体的人们往往最缺乏资源和机会去融入创新的大潮中。因此，包容性创新的核心在于确保这些群体能够获得足够的参与空间，以便他们能从中受益。在精准扶贫的大背景下，包容性创新具有重要意义。这种创新模式可以采取多种形式，从教育培训到技术推广，再到政策制定与实施，都可以成为推动贫困人口脱贫的有效手段。关于包容性创新推动精准脱贫的机制，主要可以通过以下几个方面来实现。

（一）通过多元机制

包容性创新理念不仅仅是对传统体系的一种挑战和革新，更是积极寻求发展与机会创造的新模式，从内容的多元化、主体的多元化、组织的多元化、关系的多元化等多方面为社会中的 BoP 群体以及边缘群体成员创造发展机会和经济福祉。在考虑创新系统中资源分配的不同产权问题时,创新系统多元化机制的优势尤为突出,通过建立一个多元的生态系统,促进知识的自由流通和知识价值的最大化利用。无论是知识提供者还是知识寻求者,都能从这样的多元化平台中获益。对于提供方来说,这意味着他们能够接触到更广泛的受众,而对于需求者来说,则能够获得更精准、更个性化的服务。这种机制的核心在于打破旧有的界限,促进不同群体之间的交流与合作,从而激发新思想、新技术和新产品的涌现。包容性创新的实现不应仅仅局限于表面的概念,而需要深入到实际操作的每一个细节中。它要求我们超越传统的边界,以更加开放和包容的心态,去构建一个既能满足个人和团体需求,又能推动社会发展进步的创新系统。由此,我们不仅能够为 BoP 群体带来实质性的好处,也能够确保整个社会的包容性和可持续性得到长远的维护和提升。

在这一框架下,创新活动能够通过多种途径进行运作:从生产关系的变革,到消费模式的转变,再到企业间以及企业与社会关系网络的空间布局优化。这种配置策略不仅注重于技术和商业模式的更新,而且强调社会资本的整合,以及群体成员之间密切的社会关系的重要性。在这个过程中,包容性创新者会认识到,弥合社会资本鸿沟对于社会边缘或弱势群体来说是至关重要的。从这个角度看,那些位于贫困地区的企业在实现包容性增长方面发挥着不可或缺的作用。这些企业能够充分运用当地资源和深厚的社区根基,通过提供就业机会、教育支持和健康服务等方式,帮助维护和加强本地的社会资本。这样的实践不仅有助于提升当地居民的生活水平,也为整个地区的长期发展奠定了坚实的基础。因此,脱贫地区的企业通过其独特的视角和行动,展现出了包容性创新所带来的深远影响。

在熊彼特创新理论的框架下,创新主体主要是指企业家,这样的定义显然过于狭窄。事实上,创新的范畴远远超出了企业家的范围,它涉及社会生活中的方方面面。同时,创新主体则从实际从事创新活动的个人包括到社会组织,这些主体贯穿于创新管理的整个过程,他们拥有创新能力,并且积极参与实际的创新活动。进一步细化来看，根据创新主体在创新活动中所展现出的不同形式，可以将其划分为三大类：个体主体、群体主体和国家主体。个体主体指的是那些独立从事创新的个人；群体主体则是指由多个个体组成的创新团队或社会团体；国家主体则代表国家层面上的创新行动者。包容性创新强调一种更广泛的参与者关系，其中包含了不同类型的主体。这种创新方式鼓励人们之间通过小组、联盟等非正式网络进行合作，从而形成和发展出新的结构与社会空间。他们被看作直接参与创新倡议的制定和实施的群体，不仅影响着参与者的决策，还会影响行动。从这个意义上说，包容性创新是一个汇聚了众多本地和外部参与者的复杂系统。它促进了人力资本与社会资本的融合，使得各种资源能够协同工作，共同推动创新项目的发展。这种结合不仅增强了创新的潜力，也为社会带来了更加丰富和包容的可能性。在这个过程中，每个参与者都有机会贡献自己独特的能力和视角，共同构建一个更加开放和多元的世界。

（二）通过开放机制

在当今这个多元化的时代，包容性创新已经不再局限于传统的设计和知识产权管理，它扩展到了各式各样的实践活动之中。这些实践包括但不限于营销策略、专利申请、金融合作伙伴关系等领域，它们共同构成了一个全新的创新系统，与外部环境保持着持续的互动与交换。这种创新方式被称为开放式创新，它强调各种创新要素之间的相互作用、整合以及协同工作的动态过程。在这样的开放机制下，所有利益相关者都可以以某种形式构建起紧密的联系网络。这种网络不仅促进了创新要素在不同企业和个体之间的共享，而且有助于建立一个创新资源共享的体系。通过这样的网络，各种不同的创新元素得以汇聚、共享，并最终推动整个社会向前发展。

包容性创新作为一种开放机制，正受到越来越多的关注。它强调知识的广泛传播、不同组织之间的紧密协作，并且要求适应不同的环境和用户需求。开放式包容性创新的魅力在于其能够让每个人都成为创新的参与者，无论他们的角色是设计师、知识传播者、市场营销者、创新者还是金融联盟者。这样的开放性和包容性意味着每一个个体都能在创新过程中找到自己的位置,同时也为所有人提供了参与创新的机会。这种机制不仅促进了跨界合作,还增强了创新生态系统的多样性和灵活性。在这样一个环境中,每一个参与者都有机会贡献自己的智慧和专长,共同创造出更多能够满足市场需求的解决方案。这不但有助于脱贫地区实现跨越式发展,也为全球创新的多元化格局提供了新的动力。

(三)通过整合机制

包容性创新的整合机制是指通过运用多元化的技术和工具,对创新中的各个元素和内容进行选择、整合和优化,从而构建一个具有强大互补性的有机结构。它的核心在于灵活适应各种情况,并高度重视不同群体的多样性需求。传统创新往往聚焦于满足特定的技术或经济标准和规则,这一过程对专业领域内的精英和专家表现出了极大的重视。然而,这样的模式忽略了基数庞大的社会群体,他们的需求和欲望通常被边缘化或忽视。

因此,为了实现真正意义上的包容性发展,我们必须从一个更加全面和包容的角度出发来解决科技创新中遇到的问题。科技创新不仅关于新产品、新服务或新工艺的开发,更关乎如何处理社会伦理和生态环境等深层次问题。当我们将这些问题纳入科技创新发展的整体考量中时,就能创造出更加全面、均衡和可持续的创新成果。通过这种方式,我们不仅能够促进科技的发展,还能够确保所有人都能从创新中获益。包容性创新的整合机制正是在这样的背景下应运而生,它要求我们打破传统的界限,超越专业的藩篱,寻求跨领域的合作与交流,鼓励我们以更加开放和包容的态度对待知识产权,倡导共享知识和技术,从而加速创新的步伐,推动社会向着更加和谐、公平和可持续发展的方向迈进。

(四)通过"互联网＋"机制

在互联网技术的蓬勃发展下,包容性创新被推至更为广阔的平台。它不再局限于传统的创新框架,而是成为了技术与政策相互结合的产物。互联网如同一张巨网,以其庞大的资源库和覆盖范围,将不同的人群和领域紧密联系起来,从而使得融合性的包容性创新变得更为迅捷而高效。大数据时代的来临、经济全球化的不断深化,这些现象都促使创新的手段和政策必须与时俱进，不能再墨守成规。在这样的背景之下，互联网模式下的包容性创新应运而生，它将市场机制与公益精神有机结合起来，形成了一种全新的运作模式，其中政府的引导作用与市场的推动作用相互补充，共同铺就了一条通向创新多样化的道路。这不仅丰富了创新方式的内涵，也为 BoP 群体创造了更多机会和可能性。通过互联网，他们可以接触到更为广泛的信息和资源，利用先进的技术和工具进行自我发展，甚至是创业。

"互联网＋"的普及和应用，给脱贫地区利用互联网思维进行创新带来了新思路。随着"互联网＋"、大数据上升为国家战略，"互联网＋包容性创新"将成为脱贫地区实现后发赶超发展的重要引擎和有力抓手，它不仅能够帮助脱贫地区实现跨越式发展，而且还能成为推动这些地区加速追赶、缩小与发达地区差距的重要手段。推进"互联网＋包容性创新"，不仅需要 BoP 群体自发参与，更需要政府有所作为，以充分发挥互联网在 BoP 群体资源配置中的作用，推动各类资源向 BoP 群体集结，实现快速致富。

推进"互联网＋包容性创新"不仅仅是一场技术革命，更是一场社会变革。它要求尽可能多的人，尤其是 BoP 群体参与其中，而不是仅仅依赖少数专家或技术精英。然而，仅仅依靠 BoP 群体的自我奋斗是远远不够的。为了真正实现"互联网＋包容性创新"的目标，政府需要扮演起引导者和组织者的角色，通过制定和执行相关政策来鼓励这种自下而上的创新模式，利用整合资源、信息提供和技能培训等方式将各种资源和服务聚集到 BoP 群体中，包括资金、教育、技术支持、市场信息和网络平台等，从而确保互联网能够在 BoP 群体中发挥最大的作用。通过这样的方式，有效地促进资源的流动，促使所有人都能够平等地获得发展的机会，从而加快脱贫致富的进程。

六、数字时代包容性创新推动精准脱贫的新路径

在数字经济时代，包容性创新的模式依托大数据、物联网、云计算、移动互联网等信息化手段的发展产生了新的变化。这些技术不仅改变了人们获取和处理数据的方式，也重塑了商业模式、社会结构甚至是人们的生活方

式,催生出了新的可能性,为精准脱贫提供了新的思路和手段、这也促使演化出了包容性创新推动精准脱贫的新路径和新特征,具体可以从以下几个方面进行考察。

(一)产业脱贫

第一,在数字时代,包容性创新正成为脱贫工作的新动力。利用先进的数据分析技术,我们能够更为精确地辨识出贫困群体的具体需求和特征,从而制定出更为合理、贴合实际的脱贫策略和标准。这些标准不仅仅是简单的收入指标,而是涵盖了教育水平、健康状况以及生活环境等多方面因素。通过精准定位,我们可以有针对性地选择最适合当地情况的扶贫项目,确保每一份资源都能发挥其最大的效用。与此同时,随着光纤、宽带和互联网等现代通信技术的普及,贫困地区的基础设施得到了极大地改善。网络覆盖的扩大不仅为人们提供了获取信息的便利途径,更重要的是,它为贫困人口提供了一个接触外部世界、参与经济活动的平台。这使得扶贫资源不再是单向输入,而是变成了双向流动的过程。当政府和非政府组织(NGO)将资金和援助输送到偏远地区时,它们可以借助这些高速互联网接入点,实时监测项目进展,评估效果,并迅速调整策略以适应当地的具体需要。这样的反馈循环机制大大提高了扶贫的效率和质量。

第二,电商平台的兴起积极推动扶贫助农工作的进行。诸如阿里巴巴、拼多多等电商平台以前所未有的活力和创新精神,为扶贫助农工作注入了新动力,为传统农业插上了数字化的翅膀。这些平台通过精准定位市场需求、优化供应链管理、大幅降低物流成本以及提升农村及贫困地区用户的自我发展能力,有效地促进了贫困地区经济的自发增长和包容性发展。通过借助互联网的力量,这些平台不仅帮助贫困农户拓展了农产品的销售渠道,而且充分利用当地资源优势,推动当地支柱产业的成长。例如,阿里巴巴依托其强大的技术能力和数据分析能力,建立起平台模式,使得各种特色产品能够被广泛传播,并与全国乃至全球的消费者连接起来;同时,它实施的一县一业模式,让每个县都有自己的特色产业和品牌,极大地激发了地方经济发展的内生动力;此外,直播带货作为一种新型电商营销方式,也在帮助农民解决卖难问题中发挥着重要作用。这些形式打破了地域限制，使得优质农产品得以迅速推广到全国各地乃至海外市场，极大地提高了贫困地区农产品的知名度和销售额。在这个过程中，贫困农户获得了稳定的收入，更重要的是，学会了如何运用现代信息技术来管理自己的生产和经营活动。这不仅有助于提升他们自身的生活水平，也为当地社会经济的全面振兴奠定了坚实的基础。

第三，数字平台企业的商业模式创新。随着数字技术的飞速发展，以大数据、云计算、人工智能和区块链为代表的新兴技术已广泛应用于经济社会的各个领域。作为一种新兴的商业模式，数字平台企业展现出了其强大的生命力和独特优势。相较于传统企业，这些平台不仅具有更高的市场敏感度，而且在产品或服务上具备更多的灵活性，能够快速响应市场需求的变化。因此，数字平台企业通过采用更具有包容性的商业模式，为贫困地区的中小微企业和弱势群体赋能，为其拓展出更加广阔的市场，获得更低成本的发展空间。这不仅有助于他们实现创业和就业，还能有效帮助他们摆脱贫困。此外，通过引入市场机制和激励机制，鼓励各方积极参与扶贫工作，可以创新扶贫模式、实现资源的优化配置和共享。例如，可以探索股权合作、资产收益等方式，将贫困地区的企业与外部资本相结合，促进地方经济的发展。同时，利用互联网技术、大数据等现代科技手段，打造智能化、便捷化的服务体系，为贫困人口提供更加优质的服务。

第四，政府和数字平台企业的紧密合作在识别和帮助贫困人口方面取得了显著成效。政府提供的政策支持与鼓励措施，为数字经济的蓬勃发展创造了肥沃的土壤，而企业则以其创新的商业模式以及前沿技术的应用，为贫困地区的经济增长注入活力。它们利用数字工具和平台，不仅促进了商品和服务的交换，还提供了一个更宽广的市场机会，使得贫困人群能够参与到全球化的经济体系中来，从而大大改善了他们的生活条件。这种模式的成功实践表明，数字化转型不仅仅是经济的一部分，也是社会包容性和可持续性发展不可或缺的一环。

第五，城市数字包容性的提升。通过实施"宽带中国""普遍服务""网络扶贫"等行动计划,中国已经建成全球最大规模的固定和移动宽带网络,这些网络不仅在技术层面实现了全面覆盖,而且通过数字化手段不断提升城乡公共服务的供给能力,从而缩小了城乡数字鸿沟,促进了城乡经济社会发展的公平性和包容性,为居民提供了更为便利、高效的数字生活环境。

(二) 教育脱贫

第一,数字赋能教育内容。在这个数字化日益深入的时代,教育内容的革新与进化成为了教育领域中一个至关重要的议题。随着数字技术的迅猛发展,如大数据分析、人工智能等高科技手段已经被广泛应用于教育资源的创造和更新过程之中。这些技术不仅可以将传统的教学材料转化为数字格式,还能够通过数据的深度挖掘来优化教学资源的存储方式,进而构建出庞大且多元化的教育数据库。这样的数据库不仅包含了丰富多样的学习资料,而且其开放性也使得来自不同地域、不同文化背景的学习者都能够有机会接触。更重要的是,这种开放化的趋势极大地增强了教学内容的针对性和实效性,因为教师和学生都能够根据实际情况和需求,对学习资源进行更加灵活和精准的选择和使用。无论是针对特定知识点的深入研究,还是理论知识与实践技能的结合,数字化赋能的教育内容都能提供更加高效、便捷的学习体验,从而推动教育的个性化和高效化发展。

第二,重构教学模式,采用数字技术为教育带来变革。通过将在线教育平台作为切入点,教育能够突破地域和时间的限制,为贫困地区的青少年提供更多的在线辅导和学习资源。这不仅打破了信息和资源在不同地区之间的不均衡分配,也极大地促进了教育的公平性,让优质教育资源的获取不再是少数人的特权。

第三,数字技能培养。数字技术的广泛应用极大地拓宽了人们获取知识、接受技术培训的途径,从而加速构建起居民的数字技能培养体系。通过系统的培训与教育,贫困地区居民的数字素养得以提升,因此能够更好地融入数字时代的浪潮中,适应数字生活的需求。

第四,政策支持和投入。在教育扶贫的过程中,政策的持续支持和资源投入是至关重要的。教育不仅是改变命运、打破贫困循环的根本途径,更是实现全面发展和社会进步的基石。包容性创新可以依托乡村教育振兴计划、职业教育提升计划等一系列举措，有效推动贫困地区的教育事业。这些政策的实施将为贫困地区提供一个全方位立体化的支持体系，旨在通过优化教育结构、创新教学方法、强化师资力量等多种手段，全面提升贫困地区的教育水平，进而提高当地人民的文化素质和就业能力。

（三）健康脱贫

第一，提升医疗服务的可达性和效率。数字技术的广泛应用和智能化处理能够显著提升医疗服务的覆盖范围和效率，借助先进的医疗信息技术平台，这些资源可以被有效地传递到地理位置偏远、经济条件相对落后的地区。这不仅能让当地居民享受到便捷的医疗服务，还能为其提供专业的医疗咨询与治疗方案，从而提升整体医疗水平。更为重要的是，数字技术还有助于优化医疗服务流程，缩短患者的等待时间。在数字化环境下，医生和病人都可以实时共享病历数据，实现快速诊断。同时，人工智能辅助的虚拟助手也能协助患者进行健康管理，减少不必要的就医环节，加快治疗过程的节奏。对于贫困地区而言，这种效率的提高尤其关键，因为这些地方往往医疗资源匮乏、医护人员不足、医疗设施落后。因此，通过数字化手段来提高医疗服务质量对这些地区的发展具有重要的意义。

第二，加强医疗资源整合。数字平台能够整合跨区域的医疗资源，为贫困地区的居民提供更为广泛的医疗服务。以天津市为例，该市与微医集团达成合作，依托数字健康平台，成功引入了多家优质医疗机构。这些医疗机构通过互联网平台为贫困户提供在线健康咨询、远程诊疗等便捷医疗服务，从而大幅提升了当地居民的医疗服务体验。这种跨界合作模式不仅促进了医疗资源的有效利用，也推动了医疗资源向基层倾斜，极大地提高了对贫困人口的健康保障水平。

第三，促进政策落实。数字技术的一个重要作用在于其能助推政策的落地与实施。通过数字手段，政府可以更加精准地将健康扶贫政策转化为具体行动，确保每一项措施都能落到实处。同时，借助大数据和人工智能等技术，我们能够对政策的实施效果进行精确检测和评估，优化相关政策，从而推动乡村医疗环境的根本改变、孕育家庭健康希望,为贫困人口的健康保障提供坚实的基础。

(四) 生态脱贫

第一,数字技术在生态环境治理中的应用。随着社会的不断进步,人类对环境的依赖日益加深。然而,过度开发和不当管理可能导致生态失衡和环境退化,威胁到人类的可持续发展。因此,加强生态环境治理,促进绿色发展已成为国家战略的核心内容。在数字时代,大数据技术被广泛应用于生态环境治理,帮助准确识别、存储和实时追踪环境数据,为深入了解生态环境状况提供了有效手段。云计算凭借其强大的计算能力,使得海量数据的处理变得更加高效。人工智能算法,如机器学习和深度学习等,通过模拟人类认知机制来提高决策质量,为科学解决生态环境问题提供了新思路。例如,可以通过数理统计、数字模拟、基因算法等智能手段,构建从污染源到环境质量变化的完整数据链。通过这一链条,我们能够实现精准溯源,进而预测生态环境的变化趋势。这样的精准分析和预测将极大地推动生态环境的保护和恢复,有助于实现人与自然和谐共生的美好愿景。

第二,合理利用当地资源。运用技术和模式创新,以生态的思维方式助力贫困地区探索出"靠山吃山"的新途径。这种方式有助于实现生态保护与经济发展之间的良性循环,从而推动可持续发展的新篇章。

第三,数字基础设施的普及。随着我国互联网用户数量的持续增长和互联网普及率的稳步提升,数字基础设施的广泛建设为广大农村及贫困地区的人们提供了平等的接入机会。数字技术的运用,在为生态产品提供高效传播渠道的同时,也使传统产品得以通过电商平台实现流通。数字化工具的易操作性和低成本特性则有助于缩小使用者之间的"能力鸿沟",使得所有类型的创新主体都能平等地参与到新业态的发展中去,共同创造出新的经济价值。这样的包容性创新模式,既是对生态环境保护与改善的有力支持,也是对贫困地区经济发展和社会进步的重要推动。

(五) 女性脱贫

第一,弥合性别数字鸿沟。性别数字鸿沟的存在是女性在享受数字红利时面临的主要障碍之一。为了确保女性平等受益于技术创新,必须采取相应措施以减少这种鸿沟。为此,需要加强数字技能培训,帮助女性更好地适应数字化工作环境。同时,应充分利用数字工具改善生活质量和提高工作条件,进而促进性别平等和包容性增长。此外,还需依托数字平台及数字技术的强大优势,将提升人的能力置于核心位置,为贫困地区的女性加强基础保障、提供发展机会、唤醒发展意识。

第二,增强女性在科学、技术、工程和数学(STEM)领域的参与。STEM 领域内存在显著的性别不平衡参与现象,这是导致数字鸿沟中性别数字差距的一个关键因素。为了缩小这一鸿沟,我们必须采取积极措施鼓励并支持女性进入这些领域的学习、探索和职业发展。这不仅能够为她们提供更多机会接触和掌握相关技术知识与技能,而且还能激发她们在数字经济中的潜能与竞争力,使她们更有可能成为数字时代的领航者。通过这样的方式促进更加平衡的技术发展,减少性别差异带来的不平等,才能推动社会整体的进步。

第三,利用数字技术提升公益服务效能。数字技术不仅可以提升传统公益项目的精准度,还能增强其有效性和创新性,特别是在那些旨在帮助农村贫困妇女的项目中。例如,可以通过运用图片识别技术来确保受益人的真实性,以及利用 AI 智能区块链技术提高项目执行效率和数据透明度。从而确保扶贫资金能够更精确地分配给真正需要帮助的女性群体,从而达到精准帮扶的目标。

第四,打造数字产业公益路径。数字产业的发展为贫困地区提供了新的经济增长点。通过支持和培养妇女参与这些产业,可以帮助她们获得新的就业机会和创业平台,促进妇女的自我发展和经济赋权,从而更好地实现乡村产业振兴。

通过从以上几个方面进行策略分析和实施,我们能够确保包容性创新在贫困区域的推广不是单向援助,而是双向互动的过程。这一过程不仅仅是为贫困地区提供经济援助,更重要的是为这些地区带来持续的发展动力。它不仅让当地居民了解并发掘出自身的潜力,而且还鼓励他们积极参与到创新活动中去,从而增强了他们的自我管理能力和解决问题的能力。这种模式强调了发展的可持续性,秉持着只有当个人和社区能够从内部找到发展源泉时,才能实现真正的自我更新和经济自立的理念。如此一来,才能够带领贫困地区的人民摆脱困境,实现真正的脱贫致富,迈向繁荣与进步。

第五节 案例:包容性创新驱动脱贫地区高质量发展

HHN 公司是一家集乳品加工、奶牛养殖、饲料生产为一体的重点企业,拥有 13 个自有奶源基地,日加工乳制品能力达 1 300 吨,依托传统零售、现代商超、送奶入户、电商、自动售卖机、专卖店等多个渠道,产品涵盖低温酸奶、常温酸奶、低温牛奶、常温牛奶、乳饮料等 5 大类 100 多个品种,拥有本地区、本行业最高水平的科研机构,技术力量雄厚。HHN 公司网络覆盖的湖北省郧西县、十堰市、竹山县、保康县 4 个县市,河南省洛阳市、南召县、淅川县、卢氏县 4 个市县均位于集中连片特困地区的秦巴山区。

HHN 公司于 2015 年在秦巴山区的河南南阳选址建厂,大部分技术专家来自总部,并负责流程设计和工艺设备采购;但涉及的非技术问题主要依赖其当地合资伙伴解决,还负责与工艺和生产相关的其他项目管理方面的工作。公司财务约束加上缺乏当地技术人力资源,促使 HHN 公司参与技术和工艺的共同开发,在这个过程中,当地的 HHN 公司技术团队通过开展难度不断增加的活动以及逆向工程来学习,彼此相互作用产生了创新的知识,带来了创新人力资本的发展,也促使当地企业开展新业务的经验不断丰富,技能日益提升,逐步解决了制造、流程和生产的相关问题。在产品方面,HHN 公司在充分获取和吸收当地知识网络的基础上对原产品进行改进,制造出了符合当地人口味的酸奶,从而降低了创新的成本,促进了实现产品增量的创新。通过降低成本、流程简化和增加新产品的包容性创新,HHN 公司提高了劳动生产率、资本生产率和人力资本存量,实现了增长和发展。

HHN公司致力于学习和构建以产品为中心的技术能力，它创建的新产品是生活在脱贫地区和偏远农村地区的居民所能负担得起的，其对社会发展的长期积极贡献是促进营养不良儿童健康状况的改善。HHN公司通过解决问题和满足脱贫地区的需求，积极吸收不同脱贫地区的成员参与提供解决方案，通过低成本创新，为当地弱势群体提供产品；通过雇用和培训当地人员（员工、农民、学生、运营人员），提高当地的人力资本；通过发展本地供应商的能力，提高包容性创新的质量。

HHN公司的这一案例生动地展示了包容性创新如何推动脱贫地区的高质量发展。

第三章
包容性创新促进经济包容性增长的
理论基础

本章进一步从经济学的视角探讨包容性创新促进包容性增长的内在理论机理。首先,从福利经济学的角度考察包容性创新促使消费者福利和社会福利增加的机制;其次,从长尾效应的角度解释包容性创新如果满足尾部群体的需求,进而实现包容性增长的机理;再次,从创新的扩散理论、规模效应以及正反馈机制,考察创新推动经济增长的路径;最后,从信息经济学的视角分析信息经济推动包容性创新,进而推动包容性增长的机制。

第一节 包容性创新与福利经济学

一、消费者福利

英国著名经济学家阿尔弗雷德·马歇尔于 1980 年出版的《经济学原理》一书,首次提出了"消费剩余"这一概念。消费者剩余(consumer surplus)又称为消费者的净收益,是指消费者在购买一定数量的某种商品时愿意支付的最高总价格和实际支付的总价格之间的差额。消费者剩余衡量了买者自己感觉到所获得的额外利益。

在自愿交易的条件下,消费者通过选择最优的消费数量可以使得自身的状况得到改善。从改变对消费者需求曲线的理解而言,需求曲线不仅表示价格与商品的需求量之间的关系,也可以理解为在购买特定数量时消费者愿意支付的最高价格。但对消费者而言,市场价格是给定的,所以在其支付意愿与实际支付之间存在一个差值,这就构成了一种"心理剩余"。消费者为得到一定数量的某种商品愿意支付的数额与实际必须支付的数额之间的差被称为消费者剩余。

从图形上来看,消费者剩余可以用需求曲线下方,价格线上方和价格轴围成的三角形的面积来表示。如图 3.1,以 OQ 代表商品数量,OP 代表商品价格,PQ 代表需求曲线,则消费者购买商品时所获得的消费者剩余为图中的灰色部分的面积。由图可知:第一,如果价格下降,则消费者剩余增加;反之,如果价格上升,则消费者剩余减少。第二,如果需求曲线是平的,则消费者剩余为 0。

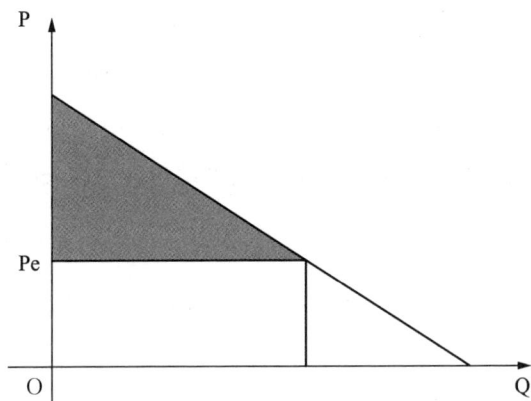

图 3.1　消费者剩余示意图

消费者剩余源于边际效用递减规律。更确切地说,它表现为一种商品的总效用与其市场价格之间的差额:人们之所以能够享受"消费者剩余",并从他们各自的购买行为中获得福利感,其根本原因在于对所购买的某一商品的每一单位支付了相同的价格,而所支付的又都是最后一单位的价格。然而,根据边际效用递减定律,同样的物品,由于其所占的先后顺序不同,其所能带给人的满足感也是不一样的,因此,人们所愿意支付的价格也是不一样的。随着人们对同一商品占有数量的增加,每增加一单位商品的效用是递减的,但整体效用却在不断地增加,直至达到最大时,边际效用趋向于 0;在最大值之后,如果再进行消费,则会产生负的边际效用,这样,总效用就会开始下降。由于商品的价格是由最后一单位商品的效用决定的,而最后一单位商品的效用又低于它之前每一单位商品的效用,因而人们在其购买行为中,就可以从先前的每一单位商品中享受到效用剩余。

消费者剩余是衡量消费者福利的重要指标,被广泛地作为一种分析工具来应用。包容性创新主要能够通过以下几种方式来增加消费者剩余,从而促进经济的包容性增长。

(一) 包容性创新能激发消费者新需求

包容性创新的关键在于满足那些未被充分探索的市场需求。这种创新方式旨在通过一系列创新举措来满足社会底层,尤其是低收入群体的特定需求。它鼓励企业将焦点放在那些尚未得到充分服务的市场中,例如低收入群体和农村地区等,这些市场往往是许多企业忽略的领域。通过深入的市场调研与精准定位,企业可以在这些尚未被开发的领域中发现潜在的市场空白和商业机会,激发出新的需求。具体来说,企业可以根据对目标消费者的深入了解和偏好,对现有产品进行重新定位。它们会明确产品的核心竞争优势所在,以及能够吸引目标用户群体的核心价值主张。通过这种方法,企业可以专注于创新产品和服务,以更好地满足这些社会经济背景下的特定群体所需的解决方案。这样的包容性创新策略不仅有助于促进经济发展,还能为企业带来长期的竞争优势。

在当今这个竞争激烈的市场中,包容性创新已成为了推动产品质量提升和增加功能性、实用性的关键策略。它通过改进设计、增加功能、提升用户体验等方式不断追求产品的卓越与创新,更加精准地迎合消费者的多样化需求。这一过程不仅带来了消费者剩余的增加——消费者因为对产品的满意度提高而感到更加满意和满足——而且还促进了企业间的良性竞争。除了直接通过提高产品性能和用户体验来增加消费者剩余外,包容性创新还可以采取产品差异化的策略。这意味着企业可以通过专利技术和研发能力来开发独一无二的产品,这些产品往往具有独特的卖点,能够在市场上脱颖而出;这些产品的差异化能够激发消费者新的需求,不仅吸引了大量忠实用户,也有效提升了产品的市场竞争力,为企业带来了丰厚的利润和持续增长的动力。

包容性创新正日益成为推动市场向前发展的重要动力,它为消费者提供了一个更为广阔和多样化的选择空间。在这个多元化趋势中,企业不断进行着创新探索,通过不懈地研究与开发,推出了一系列新产品,这些产品不仅满足了人们对高品质生活的追求,也提升了性能的极限。不仅如此,这些通过创新所提供的产品和服务,还带来了前所未有的体验,让消费者能够在特定的情境中找到满足自己需求的解决方案,从而进一步激发了他们的购买意愿。例如,智能家居产品以其便捷化、智能化的特性赢得了消费者的广泛喜爱,逐渐融入我们的日常生活中;从智能音响到智能灯光系统,再到智能安防监控系统,这些产品正在改变着家庭生活的面貌,使得居住环境变得更加舒适和安全。此外,虚拟现实技术的快速发展,则为消费者带来了沉浸式的娱乐体验,开辟了一个全新的市场空间;这项技术允许用户通过佩戴专用眼镜或头盔,进入一个由计算机生成的虚拟世界,并与之交互;无论是游戏玩家、电影爱好者还是社交媒体的用户,都能在这个虚拟世界中获得独特而深刻的感受;虚拟现实的兴起吸引了众多投资者和消费者的目光,预示着一个充满潜力的新兴市场即将到来。

(二)包容性创新能降低产品或服务的成本

通过应用最新的科技成果,如数字化技术和互联网技术等,包容性创新能够显著降低生产过程中的各项成本,并提升生产的效率和物流的调配效率。这一转变不仅适用于制造业,同样也适用于服务业等各个领域。数字化的产品和服务是将这些创新成果广泛应用的最佳例子,它们不仅可以减少物理成本,例如印刷费用、包装材料以及运输成本等,而且还可以显著提高工作效率与服务透明度,从而进一步节约成本。在这个过程中,产品价格得以降低,而消费者因此获得了更多福利。这种福利的增加不单单体现在物质层面,更重要的是它为人们带来了更多可选择的便利化和个性化的体验,消费者现在能够以更加实惠的价格购买到高质量的产品和服务,同时享受着前所未有的定制化服务和便捷的购物体验。

包容性创新的一大作用在于它为交易领域带来了显著的效率提升。通过智能合约与去中心化机制等方式，这一创新模式能够显著降低传统交易中所产生的成本。这种机制不仅仅是为了简化流程，更重要的是它提高了系统的整体安全性和可靠性水平，消费者因此能享受到更为流畅、安全且便捷的购物体验。这种方法允许商品和服务的交换超越了时间和空间的限制，使得交易过程变得前所未有地快捷和经济实惠。

在竞争激烈的商业环境中，包容性创新不仅仅是一种策略，更是一种行之有效的合作模式。通过与不同行业的企业或组织结成战略合作伙伴，企业可以跨越自身的边界，共同参与到产品的研发和市场推广之中。这种合作不仅能够促进资源的有效共享，减少重复投资的风险，而且还能通过规模经济效应显著降低生产成本。更进一步，它能够帮助企业迅速扩大其市场份额，增强品牌影响力，从而在市场上占据有利地位。通过这样的合作，消费者也将从双方的协同努力中获益，因为他们可以享受到性价比更高的产品选择和服务体验。例如，通过合作开发新产品或优化现有产品线，合作伙伴们能够确保每一方都能提供独特而有竞争力的产品，满足消费者不断变化的需求。此外，这种合作关系有助于建立起消费者对品牌的忠诚度，当消费者感受到自己是被多方支持和理解的一部分时，他们更可能成为品牌忠诚的拥护者，愿意为之付出额外的时间、金钱以及口碑传播。最终，这一切都会转化为消费者剩余——即那些原本可能流向其他企业的消费支出，现在转而流向了合作方所提供的产品和服务。

（三）包容性创新能激发市场活力

包容性创新考虑到更为广泛的消费者群体，更深入地挖掘了他们的多样性。它涵盖了收入水平不高的群体，以及在农村偏远地区生活的人群，还包括那些来自不同文化和社会阶层的人们。这种创新策略通过提供产品和服务，将这些原本被忽视的消费者纳入市场的广阔视野之中。这不仅意味着更大范围的市场需求，也预示着市场活力的显著提升，因为更多的消费者参与进来，带来了新鲜的视角、需求和创意。

　　包容性创新的实践，通过吸收和汇聚来自不同背景和领域中的众多参与者，创造了一个更为广泛而包容的竞争环境。这种环境不仅鼓励了新思想和创意的涌现，而且也促进了市场上多元化竞争的深化，随着企业面临越来越大的竞争压力，它们被迫不断地改进自己的产品与服务，以保持竞争力。这种压力在一定程度上激发了市场的活力，使之成为推动创新、促进发展的重要力量。此外，包容性创新还带动了消费领域的蓬勃发展，因为它提供了更加开放和便利的消费体验，消费者被激励去追求更高品质、更多选择的产品和服务。这种需求的增长不仅反映了市场的繁荣，也为企业提供了新的需求方向和机会。通过这样的方式，包容性创新有效地推动了经济的整体进步，增强了市场的活力和消费者福利。

　　包容性创新代表了一种深层次的商业实践。在这一理念指导下，企业被鼓励去寻找和整合来自不同来源的资源，包括内部资源、外部合作伙伴以及消费者群体。通过这种方式，它们不仅能够提升自身的创新活力，而且还能显著提高创新成果的质量和数量。在这个过程中，动态的资源管理策略得以实施，以确保最有效的资源分配，从而最大化地发挥现有资产的潜力。更为关键的是，这种创新模式有助于提高整个市场的效率。当所有参与者都能够充分利用有限的资源时，市场就能更加高效地运转；这样，企业可以在激烈的市场竞争中脱颖而出，实现持续发展。长期来看，包容性创新使企业的成长路径更为稳健，因为它们建立了一个不断适应变化、自我更新的生态系统，从而在市场上占据有利地位，并保持竞争力。

　　在这个快速变化的商业环境中，政府和监管机构在激发市场活力方面也扮演着至关重要的角色。它们通过实施一系列旨在促进包容性增长和创新的政策，不断地调整其治理框架，以适应新经济的需求。例如，政府通过简化繁琐的行政审批流程，减少对市场运作不必要且过度的干预；同时，通过提供税收优惠、降低准入门槛以及提供更多的资源支持等政策，为初创企业和中小企业提供一个更为有利的创业生态系统。这种积极的监管姿态不仅有助于吸引更多的投资进入这些领域，而且还能激发整个市场的活力，推动创新和技术进步。通过这样的方式，政府与监管机构共同努力，确保了社会经济的长期稳定和繁荣发展。

包容性创新能够拉动消费升级和市场变革。包容性创新不仅仅是一种战略,还能够显著地推动消费水平的提升和商业模式的革新。随着经济的发展和技术的进步,消费者对产品和服务的需求也发生了巨大变化,通过这种创新方式,市场可以更好地适应消费者需求的变化,同时也为企业提供了探索新机遇、开辟新市场的动力。在这个过程中,不同背景和能力的参与者都能从中受益,共同促进社会经济的整体进步。

(四) 包容性创新关注用户需求

包容性创新不仅仅是一种策略,它更是一种对用户体验的深刻理解和尊重。通过实施优质的售后服务,企业可以展现出对客户承诺的重视,从而增强消费者对品牌的信任和满意度。此外,定期向用户推送有价值的内容和信息,不仅能够满足用户的知识需求,还能激发他们的好奇心,使之成为忠实的粉丝。这些举措加强了与用户的沟通和互动,提高了用户的忠诚度和黏性,同时也建立了一个稳固的用户群体。当消费者与品牌之间形成了这种深厚的关系时,消费者剩余便得以增加,因为消费者愿意为那些能够提供超出期望价值和服务的品牌付出更多的金钱。在这个过程中,包容性创新是实现这一目标的关键,它确保了企业与消费者之间的长期合作和双赢。

包容性创新不仅仅局限于技术层面的革新,更涉及市场营销领域的策略调整,这种创新方式能够有效地提升目标产品的市场影响力和用户基础。通过精心设计的广告内容,借助各种媒介平台进行广泛宣传,可以让更多人了解到该产品及其价值所在。同时,通过举办各式各样的市场促销活动,如限时折扣、满额赠礼等,可以激发消费者的购买欲望,从而增加销售额和市场份额。此外,与其他品牌或行业内的公司合作进行联合推广,不仅可以扩大产品的曝光率,还能通过相互引流促进双方的业务增长。最终,这些综合性的营销手段能够显著提高潜在用户群体的转化率,并通过优质的客户服务和持续的用户关怀措施,提高用户的留存率,进而形成一个正向循环,推动产品的长期发展。

包容性创新的核心理念是建立在社会底层人民的创新潜力之上,旨在为广大草根阶层提供一个参与和实践创新的平台。这一过程不是将创新成果强加给边缘化群体,而是通过创造机会让这些群体成为创新活动的主体,从参与者变成创造者。这种方法不仅关注技术或产品的创新,更重视思想、观念和模式的变革。在这个包容的环境中,贫困人口不再被视为被动的接受者,他们可以积极地投入创新过程。资金的注入、培训的提供以及其他各种形式的扶持,都是为了帮助边缘群体提升自己的创新能力,激发他们对创新的兴趣和热情。他们可能缺乏先进的设备和资源,但这并不妨碍他们凭借自身的智慧和创造力,与创新者一同协作,共同推进社会进步。包容性创新的实施需要全社会的关注和支持,包括政府、企业和民间组织在内的各个层面,都应该共同努力营造这样一个友好而开放的环境,使得每一个人都有机会实现自己的梦想,共享创新的成果。这种创新不仅能够帮助解决当前的经济和社会问题,更能为未来的可持续发展打下坚实的基础。通过这样的方式,我们可以确保每个人都能够在创新的大潮中找到自己的位置,享受到科技进步带来的福祉。

在数字化飞速发展的时代,包容性创新正成为企业竞争的新高地。借助先进的智能制造技术和数据驱动的电子供应链系统,企业能够灵活地满足消费者日益增长的多样化需求、分散化的购买行为以及非标准化的个性偏好。这些系统不仅提高了生产效率,也使得定制化产品和服务变得更加容易实现。通过高级算法分析消费者的浏览习惯和历史数据,电子供应链系统可以为每位消费者提供精准的推荐服务;这种个性化推荐不是随机的,而是基于消费者行为模式和偏好的深入理解。与此同时,更加便捷高效的购物体验也得以提供给消费者,无论是在线还是线下购物环境,商家都能迅速响应消费者的需求。进一步地,个性化的互动过程不仅限于信息的传递,还扩展到了情感交流和价值创造层面。企业通过与消费者进行深入的互动,了解他们的需求和期望,从而提供真正意义上的个性化解决方案。例如,通过社交媒体平台进行互动,或者利用虚拟现实技术创造沉浸式体验,企业可以更好地与消费者建立联系,增强他们对品牌的忠诚度。最终,这种以消费者为中心的创新策略有效地增加了消费者剩余。这意味着在付出相同或更少的成本下,消费者能够获得更多的商品选择、更优质的服务和更满意的购物体验。

综上所述,创新能够在多个层面上显著增加消费者剩余,从提高产品质量到建立用户关系,再到制定有效的市场策略,都是创新增加消费者剩余的有效途径。

二、福利经济学的发展

英国经济学家霍布斯和庇古于 20 世纪 20 年代建立了一套关于社会经济福利问题的经济学理论,称为"福利经济学"。庇古在其代表作《福利经济学》《工业波动论》《公共财政研究》中提出了"经济福利"的概念,主张国民收入均等化,且建立了效用基数论等。1929 年至 1933 年世界经济危机以后,英美等国的一些经济学家在新的历史条件下对福利经济学进行了许多修改和完善。庇古的福利经济学被称为旧福利经济学,而庇古以后的福利经济学被称为新福利经济学。

(一) 旧福利经济学

边沁的功利主义原则,作为一种深刻影响福利经济学理论基础的思想体系,其核心在于将个人追求幸福的愿望转化为社会福祉和人类整体利益的衡量标准。边沁坚信,每个人都应当致力于提升自身的幸福感,这种幸福感的增加是可以量化和计算的。他认为,伦理问题本质上就是关于如何评估和衡量幸福的总量。边沁进一步阐述认为,利益不应仅被视为个别人的私有财产或国家的主权范围内的事务,而是构成了一个社会性的概念,它关乎着每一个人的生活质量和福祉。因此,趋利避害的伦理原则不再仅仅适用于个人行为,而成为了每个人都必须遵循的普遍原则。在这个基础上,边沁提出了功利主义的最高目标——"最大多数人的最大幸福"。他相信通过最有效地分配资源和机会能够实现这一目标,从而确保社会中所有人都能获得尽可能多的幸福。

旧福利经济学提出了两个基本的福利命题:第一,国民收入总量越大,社会经济福利就越大;第二,国民收入分配越均等,社会经济福利就越大。

庇古指出，一个国家的经济福祉主要是由国家收入的多少以及国家财富如何分配给社会各阶层来决定的。因此，要提高社会福利，就必须从生产上扩大国民收入的总量，从分配上消除国民收入分配的不均等。庇古从第一个基本福利命题出发，提出社会生产资源最优配置的问题：要增加国民收入，就必须增加社会产量；而要增加社会产量，就必须对社会生产资源进行最优配置。庇古认为，增加一个单位生产要素所获得的纯产品，从社会角度衡量和从个人角度衡量并不经常相等；当边际社会纯产品大于边际私人纯产品时，国家应当通过补贴扩大生产；当边际社会纯产品小于边际私人纯产品时，国家应当通过征税的方式来缩小生产；只有每一生产要素，在各种用途中的边际社会纯产品都相等时，社会生产资源才能实现最优配置。庇古从第二个基本福利命题出发，提出收入分配均等化的问题：要增大社会经济福利，必须实现收入均等化。他把边际效用递减规律推广到货币上来，认为高收入人群的货币边际效用小于低收入人群的货币边际效用；所谓收入均等化，就是国家通过累进所得税政策把向富人征得的税款用来建立社会福利设施，让低收入者享用。庇古认为，通过这一途径实现"把富人的一部分钱转移给穷人"的"收入均等化"，就可以使社会经济福利极大化。

帕累托最优状态概念和马歇尔的消费者剩余概念是对福利经济学进行分析研究的重要工具。帕累托最优状态是指这样一种状态：没有任何一种改变能使任何一个人的境况变得更好而不使别人的境况变坏。按照这一规定，一项改变如果使每个人的福利都增进了，或者使一些人福利增进而其他的人福利不减少，这种改变就是有利的；如果使每个人的福利都减少了，或者使一些人福利增加而另一些人福利减少，这种改变就是不利的。马歇尔则从消费者剩余概念推导出这样的政策结论：政府对收益递减的商品征税，得到的税额将大于失去的消费者剩余，而用其中部分税额补贴收益递增的商品，得到的消费者剩余将大于所支付的补贴。

旧福利经济学的核心理念是将社会福利最大化作为经济活动的终极目标。它认为，为了实现这一目标，经济体系必须确保资源分配的公平性，使得每个人都能从社会的生产和交换过程中获益。通过这种方式，旧福利经济学构建了一个理想化的框架,即通过市场机制来调节财富分配,追求更均匀的社会福利水平。该学派坚持认为,如果人们能够获得平等的机会去参与经济活动并从中获利,那么他们的幸福和满意度就会增加。因此,福利经济学强调对个人和家庭的政策干预,旨在促进社会公正与平等。为了支持其理论基础,旧福利经济学广泛应用了边际效用的计算方法,根据边际效用基数论,我们可以确定消费者如何在不同商品之间进行选择;而边际效用序数论则提供了一种评估效用价值大小的方法。这些理论为经济学家们提供了一套分析工具,以预测和制定各种经济政策,从而达到改善社会福利的目的。

(二)新福利经济学

20 世纪 30 年代,L. C. 罗宾斯等人对庇古的福利经济学进行了批评,认为福利经济学的主张和要求没有科学根据。在罗宾斯之后,N. 卡尔多、J. R. 希克斯、A. P. 勒纳等人基于帕累托理论,也对庇古的福利经济学提出了批评,但与罗宾斯的观点不同的是,这些学者承认福利经济学仍然是有用的。Kaldor(1939)提出福利标准或补偿原则的问题。之后,希克斯、T. 西托夫斯基等人又对其展开了一系列的探讨,他们主张把交换和生产的最优条件作为福利经济学研究的中心问题,而不是只关注收入分配。卡尔多、希克斯、勒纳、西托夫斯基等人以帕累托理论为基础建立的福利经济学被称为"新福利经济学"。

新福利经济学主张效用序数论,认为边际效用不能衡量,个人间的效用无法比较,不能用基数数词表示效用数值的大小,只能用序数数词表示效用水平的高低。基于这一理论,新福利经济学反对旧福利经济学的福利命题,特别是第二个命题,反对将社会财富从高收入阶层向低收入阶层进行转移再分配的主张。新福利经济学强调,个人应该为自己的决策负责,而政府应当通过税收等手段来调整收入差距,而不是直接干预市场分配过程,它也呼吁政策制定者采取更加灵活和符合个体需求的方法,以实现社会福利最大化的目标。新福利经济学根据帕累托最优状态和效用序数论提出了自己的福利命题:第一,个人是他本人的福利的最好判断者;第二,社会福利取决于组成社会的所有个人的福利；第三，如果至少有一个人的境况好起来，而没有一个人的境况坏下去，那么整个社会的境况就算好了起来。前两个命题是为了回避效用的计算和个人间福利的比较，从而回避收入分配问题，后一个命题则公然把垄断资产阶级福利的增进说成是社会福利的增进。

（三）社会福利函数论

卡尔多、希克斯等人的福利经济理论，受到了 A. 伯格森、P. 萨缪尔森等人的批判。Bergson(1938)提出研究社会福利函数的"新方向"，认为卡尔多、希克斯等人的新福利经济学把实证问题和规范问题分开、把效率问题和公平等问题分开的企图完全失败。继伯格森之后，萨缪尔森等人对社会福利函数作了进一步论述，形成了福利经济学的社会福利函数论派。

社会福利函数论者认为，社会福利是社会所有个人购买的商品和提供的要素以及其他有关变量的函数，这些变量包括所有家庭或个人消费的所有商品的数量、所有个人从事的每一种劳动的数量、所有资本投入的数量等等。社会福利函数论者认为，帕累托最优状态不是一个，而是有许多个，帕累托未能指出在哪一种状态下社会福利是最大的。他们认为，要达到唯一最优状态，除了交换和生产的最优条件，还必须具备一个条件，这就是福利应当在个人之间进行合理分配。经济效率是最大福利的必要条件，合理分配是最大福利的充分条件。社会福利函数论者根据假定存在的社会福利函数做出一组表示社会偏好的社会无差异曲线，并根据契约曲线做出一条效用可能性曲线。社会无差异曲线和效用可能性曲线相切的切点，即代表受到限制的社会福利的最大值。

第二次世界大战以后，K. J. 阿罗继续研究伯格森、萨缪尔森等人提出的社会福利函数。在 1951 年出版的《社会选择与个人价值》中，阿罗认为，社会福利函数必须在已知社会所有成员的个人偏好次序的情况下，通过一定程序把各种各样的个人偏好次序归纳成为单一的社会偏好次序，才能从社会偏好次序中确定最优社会位置。然而资本主义社会中有多少人就有多少福利函数，要从所有个人偏好次序推导出社会偏好次序，必须满足一系列必要条件，企图在任何情况下从个人偏好次序达到社会偏好次序，这是不可能的。因此,阿罗定理在福利经济学中被称作"不可能定理"。

三、包容性创新对社会福利的影响

(一) 包容性创新提高社会生产力

在工业生产领域中,机械化与自动化技术的广泛应用已经成为推动生产力发展的关键力量。通过机器取代传统人工操作,不仅解放了大量的劳动力资源,还显著提高了工作效率。这种变革带来的产量的激增和质量的飞跃,不仅仅是数字上的简单增加,而是实实在在地改变了产品的生产流程和消费体验。步入数字时代,互联网技术和大数据分析的结合,更是将包容性创新推向了新高度。这些技术不仅增强了生产力的增长潜力,也为经济结构的转型升级提供了强大动力。它们促进了信息的快速流通,催生了各种创新企业,同时也为劳动者创造了更多的职业选择。随着就业机会的增多和收入水平的提升,社会整体的福利水平也得到了极大的改善,人民群众对美好生活的向往得以实现。

包容性创新强调社会资源的合理分配与高效利用。它超越了传统上基于地域和行业划分的资源配置模式,倡导打破这些界限,使资源能够更多地流向那些经济发展相对滞后的地区和社会群体;通过这种方式,包容性创新不仅激发了全社会的创新潜力,而且推动了技术革新和产业结构的升级,从而为贫困地区带来了新的就业机遇和增收渠道。这一过程有助于实现社会公平,并为经济持续健康发展奠定坚实基础。在实践中,引入包容性创新机制意味着对现有政策和制度框架进行改革与完善;它要求政府、企业以及其他利益相关者共同努力,以开放的态度接纳不同的意见和建议,不断调整和优化资源的配置和使用方式。这样的策略可以显著减少资源的浪费,推动产业向着更高的效率和质量迈进,同时也支持绿色发展和环境保护;最终,这将提升整个社会的生产力水平,增强其适应变化的能力,并且保障社会的长期稳定发展。

包容性创新这一概念超越了传统的市场竞争模式。它不仅仅是为了迎合消费者需求而创造产品或服务,更重要的是,它通过整合和利用不同背景、不同能力的资源，为企业带来了前所未有的增长机会。这种创新模式的推广，有助于促进企业与社会的和谐共生，推动整个经济体向着更加开放、包容和多元的方向发展。在实施包容性创新过程中，企业和政府不应仅关注经济层面的收益，更应该着眼于社会效益的提升。通过鼓励多样性和包容性，不仅可以增加社会成员的福祉，还能够激发他们对新技术、新产品的购买欲望。此外，这样的创新实践往往能有效地激活市场，为消费者提供更加丰富多样的选择，从而促进消费增长，带动经济的整体繁荣。

（二）包容性创新为社会带来便利和舒适

包容性创新作为一种积极的力量，通过不断引入创新思维、方法和技术来应对挑战、改进生活。它旨在提升民众的生活质量，并营造一个更加便利、高效且舒适的居住环境。在这个过程中，信息技术的迅猛发展扮演了至关重要的角色，它不仅极大地提高了日常生活的智能化水平，而且使得数字化成为了现代社会不可或缺的一部分。智能手机的广泛使用和互联网的飞速进步，使信息交流变得前所未有的便捷，人们能够随时随地轻松获取所需资讯，并与世界各地的人进行实时交流，从而大大缩短了地理上的距离。此外，科技的持续进步还深刻影响着交通方式的发展。高速铁路和新能源汽车的普及，让出行变得既快捷又舒适；这些交通工具以其高效性和低排放特性，为乘客提供了比传统汽车更为流畅和宁静的旅途体验，同时也有效节约了旅行时间，大幅提高了生活质量。无论是通勤还是休闲旅行，科技都在不断地推动我们走向更高效、更环保、更具前瞻性的生活方式。

在包容性创新的理念下，社会资源的分配不再是单向的、有偏向性的，它通过打破传统的地域和行业界限，实现了更加公平与合理的资源配置。这种创新模式鼓励将资源优先分配给那些在地理位置上较为偏远或经济条件较差的地区和社会群体中，从而促进了这些地区的发展和进步。包容性创新不仅激发了整个社会的创新潜力，而且推动了技术的持续进步和产业的升级换代，这种创新策略能够为贫困地区创造出更多的就业机会，同时也拓宽了他们增加收入的途径。例如，通过信息技术培训和其他形式的教育支持，人们可以学习新技能并找到新的就业岗位。此外，在包容性创新的背景下,人们被鼓励去探索和考虑各种不同的需求和视角,这一过程有助于提升创新成果的适应性,确保它们能够更好地满足不同群体的需求和期望。这种包容性不仅体现在对贫困社区的关注上,也体现在对多元文化和不同生活方式的尊重上。最终,这使得创新成为一个真正意义上的多维交流和共赢的过程,每个人都能从中受益。

（三）包容性创新关注社会底层群体

包容性创新这一理念源自对社会责任的深刻认识,即在经济增长的同时,必须关注那些最易受到市场变化影响的群体,特别是低收入和弱势群体。通过这种方式,创新不再仅仅是追求利润最大化的手段,而是成为了一个多方共赢的平台,让企业和消费者都能从中获益。在实践中,包容性创新鼓励企业采纳多样化的策略,以满足不同消费者的需求,从而跨越传统市场的界限;例如,通过定制化服务、社群参与或合作伙伴关系等模式,企业能够更好地与他们的客户建立联系,并提供更具针对性的产品和服务;这样的做法不仅有助于解决市场上存在的不平等现象,也促进了社会的整体进步。此外,包容性创新还涉及技术的广泛应用,比如利用数字工具和互联网平台来创造新的就业机会,提升教育水平,改善公共服务,以及加强健康保障;这些举措的实施,往往需要政府、企业和社会各界的共同努力和资源投入,而它们所带来的福祉是显著且深远的。因此,包容性创新不仅仅是一个商业趋势,更是一种社会责任的体现,它推动着我们朝着更加包容、可持续和公平的未来迈进。

包容性创新不仅是一个理念,更是一种实践行动。通过这种方式,我们可以为 BoP 群体提供他们可负担的高质量产品和服务。这些创新项目关注于解决他们在日常生产和生活中遭遇的具体问题,无论是健康保健、教育机会还是经济自立。更进一步,包容性创新还强调了让这些社会底层人民参与进来,使他们能够成为推动变革的力量。这不仅仅是为了创造就业机会或提高经济发展水平,更重要的是要激发他们的潜能,赋予他们新的创新思维和能力。通过这样的参与式设计和开发过程,"草根创新"得以实现。这些创新往往根植于社区之中,反映出对环境、社会和文化需求的深刻理解,以及对个人潜能的尊重。

包容性创新的并不局限于追求经济利润的最大化,它更深层次地通过一系列富有创意和创新精神的方式,去积极应对社会面临的各种挑战,改善人们的生活条件。这种创新活动不仅仅为企业带来了商业价值,更为关键的是,它们推动了消费者需求的满足,激发出对更高质量生活的渴望。这个过程在本质上促进了整个社会的进步与和谐,增进了全体人民的福祉,使每个人都能享受到科技发展带来的红利。通过这种方式,包容性创新成为了一种催化剂,不断推动着社会向更加包容、平等和可持续发展的方向前进。

(四)包容性创新在医疗领域的作用

随着全球人口的不断增长,人们对医疗服务的需求也随之增加,为了满足这一庞大而复杂的需求,医疗科技不断突破创新的界限。在这个领域内,包容性创新正发挥着关键的作用,它为社会福利的提升作出了巨大贡献。首先,随着医疗科技的飞速发展,我们见证了各种新的诊断方法和治疗手段的出现,这些创新极大地提高了诊疗的精准度和有效性;例如,人工智能、大数据分析等技术的引入,使得疾病诊断更加精准,治疗方案更为个性化,从而显著提升了患者的健康水平。其次,随着医疗设备的持续进步,诸如CT扫描、核磁共振成像(MRI)等先进的诊断手段已经普及到许多医院,这些设备可以快速准确地发现早期症状,并实现疾病的预防;通过早期诊断和预防措施,许多慢性病得以控制或逆转,从而有效保障人们的健康状况。包容性创新在医疗保健服务的设计、实施和管理过程中,体现了对不同人群特殊需求和偏好的重视。这种创新理念特别关注边缘人群和低收入群体,旨在通过提供更具包容性和多样化的服务,确保所有人的健康和福祉得到充分保障。

在现代社会中,随着互联网和移动通信技术的飞速发展和普及,包容性创新不仅仅局限于传统医疗服务的改进,更是扩展到了偏远或经济欠发达地区,为居住在那里的人们提供前所未有的医疗机会。通过这些创新技术,医生能够跨越地理界限,向患者提供远程医疗咨询和诊断服务,大大减少了因地理位置偏远而导致的医疗资源分配不均问题。此外,针对低收入群体,包容性创新同样发挥了巨大作用。低成本的医疗设备和药物的研发和生产,使得即使是收入水平不高的家庭也能负担得起基本的医疗费用;这些设备通常具有操作简单、易于理解的特点,有助于降低就医门槛,提高整体健康覆盖率。除了在改善基础医疗服务方面的贡献,包容性创新也促进了个性化医疗和文化敏感性医疗的发展。通过使用大数据和人工智能等先进技术,医生可以更准确地了解每个患者的独特需求和病史,从而提供更为个性化的治疗方案。同时,对不同文化背景下患者的敏感关注和尊重,体现在医疗服务中的各个环节,确保了医疗服务既专业又人性化,无歧视地惠及每一个人。因此,包容性创新对于提升社会的健康水平和福利产生了深远的影响。它不仅缩小了城乡之间、区域之间的医疗差距,还让医疗资源得到了更加合理的配置和利用。这种以人为本的医疗模式,强调了患者的权利和尊严,推动了全民健康覆盖的进程,最终实现了社会整体的健康福祉。

在医疗行业中,包容性创新的实施代表着一种深刻而全面的变化,旨在为各个不同背景和需求的医疗参与者提供个性化的关怀与支持。通过这种创新模式,医疗服务能够更好地适应广泛人群的实际需要,从而在提升服务质量的同时,确保每一个人都能得到恰当且高质量的医疗服务体验。这种方法强调的是一种平等和包容的精神,让每个人——无论他们的社会经济地位、年龄、种族、性别以及身体状况如何——都能感受到被重视和理解。这样的服务态度不仅增强了患者的满意度,而且显著提高了人们对医疗机构的信任程度。这种信任度的建立,对于医疗保健行业的持续发展至关重要,因为它鼓励了医生和其他专业人员更加积极主动地寻求解决方案,并以患者为中心进行治疗。

通过将包容性创新融入医疗实践中,我们可以看到更多患者受益于这些以人为本的策略。从智能健康管理到远程医疗咨询,从社区健康计划到残疾人士的无障碍医疗服务,包容性创新正在成为一股不可阻挡的力量,推动整个医疗保健系统向着更加公平、高效和可持续的方向发展。随着时间的推移,这种转变不仅可能提高医疗服务的整体质量,还可能改变人们对自身健康和福祉的看法,为所有人带来更加美好的生活。

（五）包容性创新在教育领域的作用

随着互联网技术的迅猛发展，在线教育逐渐成为了教育领域的一股不可忽视的力量。它不仅极大地丰富了人们的学习方式，还使得获取高质量的教育资源变得触手可及。从开放式在线课程到多样化的远程学习平台，这些平台和工具不断拓展着教育的边界，为全球的学习者提供了一个广阔的学习天地。特别是在那些传统教育体系难以触及的偏远和贫困地区，这种包容性创新带来的影响尤为显著。通过在线渠道，当地居民得以接触到更广泛的知识和技能培训，从而有效提升他们的整体素质和生活水平。

在这样的背景下，社会各界对于教育公平的追求也随之增强。在线教育作为实现这一目标的重要途径，正在以其独特的优势，促进人力资源的均衡分布，减少教育资源的不平等现象。通过这种模式，更多的人能够享受到优质的教育机会，无论是在城市还是乡村，都能获得同等的机会来学习和成长。因此，在线教育的发展对于推动社会的整体进步、提高国民素质以及实现社会公平具有不可估量的作用。

包容性创新模式通过采纳多元化的教育理念和课程体系，致力于为学生提供更为丰富和个性化的学习体验。这样的教育不仅能够激发学生的学习兴趣，还能帮助他们发掘自己的潜力，实现个人成长。包容性创新所倡导的另一个重要方面是对每个学生个体差异的尊重。这种尊重体现在课程内容的选择上，也体现在教学方法的设计中。教育者们不再追求标准化、一刀切的教学方式，而是更加注重根据不同学生的能力和需求，调整教学策略，提供针对性的支持和指导。这样做的结果是，学生们能够在一个充满包容性的环境中发展自己的才能，增强自信，并建立起与同伴之间的联系。更进一步，包容性创新在社会层面上具有深远意义。它有助于缓解社会经济不平等带来的教育差距问题，确保所有孩子无论出身如何，都有机会接受高质量的教育。通过促进资源的公平分配，包容性创新为那些处于不利地位的家庭提供了改变命运的可能，使他们的孩子能够享受到与富裕家庭孩子相同的学习机会。这不仅提升了整个社会的整体教育质量，还促进了社会的和谐与进步。

　　包容性创新的教育理念强调了对学生全面发展的重视,它不仅仅是关于知识的传授和技能的培养,更重要的是赋予学生应对社会变革的能力和思维。这种教育方式鼓励学生积极参与到各种社会活动中,通过实践来增强他们的社会责任感和使命感。在这样的环境中,学生被引导去关注并深入理解那些影响社会进步的问题,从而提升他们解决复杂问题的策略和技巧。此外,包容性创新还注重对传统思维模式的挑战和革新。它鼓励学生跳出既定框架,用批判性的眼光审视事物,激发他们的想象力和创造力。在这一过程中,学生的创新意识和能力得到了显著提升,而这种创新能力正是当今社会所迫切需要的宝贵财富。因此,包容性创新教育不仅是一种教育方法,更是一种塑造未来人才的方式,它为学生提供了一个充满活力、开放和包容的学习空间,让每个人都有机会发挥自己独特的潜能。

　　总而言之,包容性创新作为一种多维度、多层面的实践模式和发展策略,其核心在于整合社会各方面的力量与资源,通过开放的沟通与协作,构建起一个相互支持、相互促进的创新生态系统。它不是孤立存在的,而是需要各个利益相关者共同参与其中,以确保每个成员都能在这个过程中发挥作用,同时又能够相互学习和成长。这种综合战略致力于打破传统壁垒,消除歧视,倡导多样性,鼓励不同背景和技能水平的人平等地参与到创新活动中来。其最终目的是利用创新思维以及有效的执行手段,达到提升社会整体福祉的目标,让所有人都能共享科技进步带来的成果,从而实现真正意义上的社会公平与和谐。

第二节　包容性增长与长尾效应

一、长尾效应

　　长尾效应是一个经济学和商业上的概念,它不仅是一个理论上的创新概念,更是对现代市场趋势的深刻洞察。追溯到 2004 年 10 月,当时美国《连线》杂志的主编克里斯·安德森(Chris Anderson)在他的文章中第一次提出了这一理论。安德森通过深入分析指出，商业和文化的发展方向并非局限于那些畅销产品或热门产品所占据的市场空间，而是在于隐藏在需求曲线中、看似不起眼的那条长长的尾巴。这条尾巴代表着需求的多样性和个性化，它们或许不像主流市场那样显眼，但却具有巨大的潜力和价值。安德森强调，在数字化时代和互联网革命的推动下，这些被传统营销忽略的小众或个性化需求，正逐渐汇聚成为一个不容忽视的市场份额（Anderson，2004）。

对一条正态曲线来说，中间的凸起部分叫"头"，两边相对平缓的部分叫"尾"。在正态分布曲线中，长尾效应表明大部分需求集中在"头部"，即流行或热门的产品和服务；而分布在"尾部"的则是个性化、零散且小量的需求，这部分差异化的、少量的需求会在需求曲线上面形成一条长长的"尾巴"，这些看似不显眼的需求虽然单个市场份额小，但总体加起来可以形成一个与主流市场相匹敌甚至更大的市场。

长尾效应的核心理念在于，即使是最微小的需求也能创造出巨大的价值。长尾效应的理论数学基础十分简单，它基于这样一个原理：如果能够将那些规模较大但销售量却相对较小的长尾商品汇总起来，通过适当的销售渠道和策略，就能够创造出可观的利润空间。这个理论揭示了一种颠覆传统商业逻辑的模式，即不再是少数几个热门商品决定了整个企业或市场的成败，而是那些鲜为人知但需求量巨大的利基商品，成为推动企业发展的关键力量。从实践角度来看，长尾理论的影响已经渗透到了各个行业，亚马逊（Amazon）、网飞（Netflix）以及 Real.com/Rhapsody 等正是利用了长尾效应来吸引顾客，并取得了成功。这些公司通过分析用户数据，发现了那些未被充分挖掘的长尾需求，并将其转化为收入来源。再如谷歌（Google）引擎和易贝（eBay）网络拍卖等网络型企业，同样依靠着长尾商品的优势，实现了业务的多样化增长。此外，个性化旅游网站、定制化服装设计工作室以及各类小型音乐厂牌等，都是长尾效应的生动例证。网络选择客制化的兴起也让实体市场产品逐渐零碎化，例如名不见经传的餐厅在网络市场爆红；即便是那些看似微不足道的便利超商，也能借助此理论，通过增加商品种类和销售点位来提升盈利能力。

以亚马逊为例，它作为长尾理论的杰出实践者之一，很好地阐释了长尾效应的深层含义。有学者用指数曲线研究了亚马逊网站的书本销售量和销售排名的关系，并发现亚马逊40％的书本销售来自本地书店里不卖的书本，它利用长尾效应成功颠覆了传统零售模式，将数百万本曾经滞销的书籍转化为畅销书，从而实现了巨大的利润增长。该公司一半的销售来自那些众所周知的畅销产品，而另一半则来源于那些不太热门的冷门商品。这种现象与传统的"二八定律"形成鲜明对比，后者通常认为80％的销售额来自20％的热销产品，因此长尾效应在Web2.0时代背景下显得尤为重要，因为它挑战了长期以来的消费习惯和市场认知。

帕累托法则，也被称为二八定律，向来被视为商业界的铁律，它指出在许多情况下大约20％的原因会导致80％的结果。如图3.2所示，在一个x—y的坐标系里面，y对应销售量，x对应同一产业中不同品牌的产品或服务。一般会出现名列前茅的几个品牌占据大部分的部分，而其他无数的小品牌占据小部分。于是，几个主导市场的品牌占据了图中大面积的白色部分，而其余的品牌占据了长长的斜线填充的尾部。这也就是帕累托法则所说的，20％的品牌占据了80％的市场。这一法则最早由意大利经济学家和社会学家维尔弗雷多·帕累托（Vilfredo Pareto）在19世纪末提出，他通过观察英国人的财富和收益模式，发现大部分财富流向小部分人一边，还发现某一部分人口占总人口的比例与这一部分人所拥有的财富的份额具有比较确定的不平衡的数量关系。管理学家从帕累托的研究中归纳出了一个简单的结果：如果20％的人占有80％的社会财富，由此可以预测，10％的人所占有的财富为65％，5％的人占有的财富为50％。管理学家看重的是这一结果体现的思想，即那些不均衡现象背后的确定性与可预测性。正是基于这一点，帕累托法则被广泛地应用于各个企业之中，成为指导管理决策和战略规划的基石。以"80％的销售额来自20％的客户"为例，许多企业的高层管理者将其奉若圭臬，认为这是一种能够帮助他们最大限度提高业务效率的有效工具。通过识别和利用这一规律，公司能够优化资源配置、提高市场响应速度以及增强客户满意度，从而在激烈的竞争中脱颖而出。这种思维方式已成为企业文化的一部分，引导着决策者们在面对复杂多变的商业环境时作出更为明智的选择。

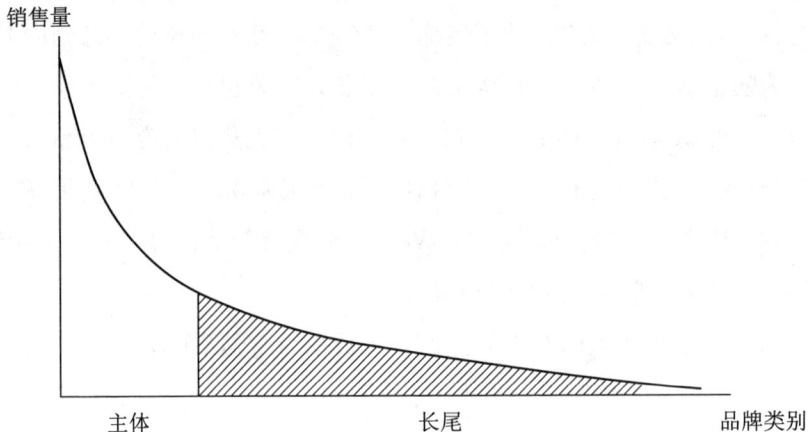

资料来源：www.jamowoo.com。

图 3.2　帕累托定律示意图

安德森关于长尾效应的提出是基于对现代娱乐市场的深刻洞察。通过对比传统娱乐业与网络娱乐业的运作模式，安德森发现由于传统娱乐行业受限于成本、组织结构和规模等因素，往往只能服务于市场上大约20％的主流消费群体，而那些被边缘化的消费者需求则因为种种原因被忽略。然而，随着互联网技术的兴起，这种状况发生了根本性的改变。网络平台提供了一个无限扩展的可能性，它不仅降低了进入门槛，还允许商家以前所未有的方式触及更广泛的受众。在这个新的商业环境中，安德森观察到了一个现象：尽管大多数娱乐内容仍然集中在主流文化中，但人们对于那些不那么大众化的选择却有着强烈的需求。这些非主流的需求可能仅占总市场份额的一小部分，但它们代表着庞大的潜在消费群体。人们对主流的关注一方面是由传统娱乐业自身经营的限制所决定的——它们不可能提供所有的选择；另一方面，更重要的是，许多人并不清楚自己真正想要什么。安德森认为，每个人的品位都有其独特性，不会与主流趋势完全相同，而且我们往往需要通过探索不同的选项来发现自己真正渴望的东西。当我们接触到更多种类的内容时,我们的认知会变得更加开放,也更容易理解到自己的偏好。因此,我们可以看到,现实世界充满了多样化的需求和多元化的可能。通过互联网,即使是那些被认为是"长尾"的消费者,也能够找到属于自己的一席之地,实现个性化的体验。

在这个基础上,安德森发现亚马逊、范-阿迪布(Vann-Adibé)等网络书店和影像店的出现推翻了传统的认知,它们可以以较低的成本提供更多的选择,这样,当人们越来越多地关注那些被忽略的需求,他们就会发现自己可以有更多的选择。在互联网的广阔天地中,那些以往被忽视的角落如今成了商家们眼中的金矿。这些角落通常是指那些不为人所关注,或者因为各种原因而未能得到充分挖掘的市场空间,一旦商家能够打破传统市场的界限,将这些看似不起眼的需求转化为实际的商机,他们便能创造出一个比主流市场还要庞大的消费群体。这便是长尾理论的核心所在——它挑战了帕累托法则,即只有少数商品或服务能够占据大多数市场份额的观点。并且在数字时代的背景下,这条尾部可能不仅仅占据 20％ 的市场份额,而是可能达到甚至超过 50％。因此,长尾理论不仅仅是一种理论上的预测,它还具有实践意义,对于那些寻求在竞争激烈的市场中找到新生机的商家来说,它提供了一种全新的商业模式和视角,这种模式的转变也促进了市场上不同规模和类型企业的公平竞争。

随着时间的推移,长尾效应已经被越来越多的企业和创业者所接受和应用。它成为了一种新的思维方式,帮助他们重新思考如何满足消费者多样化的需求,并从中发掘新的商机。在数字技术不断进步和消费习惯持续演变的未来,长尾效应预计将继续扩大其影响力,塑造我们生活和工作的新的经济文化图景。

总的来说,长尾理论提醒我们,要从新的视角审视市场需求的多样性和潜在的商业机会,并意识到随着技术的发展,这些机遇正在迅速演变。在数字化时代,市场竞争的格局正在发生根本性变化,企业要想在激烈的市场中脱颖而出,必须学会倾听和满足消费者的不同需求,无论是热门还是冷门,都有可能成为推动业绩增长的强大动力。通过这种前瞻性的视角,企业可以更好地适应不断变化的市场环境,把握住那些曾经被忽视的价值点,从而实现业务增长和盈利的最大化。我们可以预见的是,更多的创新型公司会受益于这一理论的启示,它们将继续探索如何在资源有限的情况下,通过发现并服务于广大的长尾市场,从而实现可持续的成长和繁荣。

二、长尾效应对包容性增长的影响

(一) 满足更多消费者需求

在长尾效应的驱动下,消费者需求展现出前所未有的多样化与个性化。随着互联网技术的迅猛发展,以及数字技术的不断演进,市场细分程度日益加深。长尾市场不仅仅局限于传统的产品类型,更是延伸至了各个角落,满足了那些长期以来被忽视或遗忘的消费者需求。这一现象打破了原有的市场界限,使得消费者能够在一个更加广阔的平台上找到他们所需的商品和服务。通过网络连接,这些独特的需求得以释放,从而形成了一个具有深度和广度的细分市场生态系统。这个系统不仅服务于常规市场,还覆盖了特定人群、特殊兴趣或是新兴趋势。随着时间的推移,这些细分市场逐渐累积,形成一个巨大的长尾产业集群,对于推动社会经济的多元化发展起到了至关重要的作用。长尾市场的发展不仅反映了现代消费文化的转变,也揭示了技术进步如何重塑我们的生活方式。这种趋势对企业而言是机遇也是挑战,它代表着一种新的商业模式,其中产品和服务不再仅限于大规模生产和销售,而是通过精准定位和个性化服务来满足个别消费者的需求。在这样的背景下,满足多元化和个性化需求成为企业成功的关键因素。

在信息化时代,互联网技术的迅猛发展不仅彻底改变了制造业和零售业的面貌,还极大地缩减了市场营销的门槛。现在,即便是那些小众或不那么受欢迎的产品,也能借助互联网的浪潮获得新的生命和活力。首先,互联网降低了创业的门槛。从前,要想生产出满足消费者多样化需求的产品可能需要高昂的前期投资和复杂的供应链管理。而如今,随着云计算、大数据分析和物联网技术的应用,个体创业者可以轻松地通过网络连接到全球市场,利用网络资源进行产品研发和销售。他们不再依赖于大型制造商的资源,而是能够根据自己的定位和消费者的需求,直接参与到生产和营销中来。这样的转变使得无数创意和创新得以实现,并且迅速推向市场。其次,互联网极大降低了信息传播的成本。传统上,信息传递通常是通过电视广告、报纸杂志或者面对面交流等方式。但在互联网时代,每一个人都有机会成为传播信息的节点,企业只需投入少量资金在搜索引擎优化、社交媒体推广和内容营销等方面,就能快速提升品牌知名度和曝光率;这种低成本高效率的信息传播模式,为长尾市场的拓展提供了强大的动力。此外,互联网平台对消费者行为数据的深入挖掘与分析,使个性化产品推荐变得前所未有地精准。借助算法技术,平台能够准确捕捉用户的浏览习惯、购买历史以及搜索行为,然后基于这些数据向用户推荐最适合他们的个性化产品。这样一来,即使是冷门商品也能够找到自己的目标受众,并通过合适的渠道触达潜在客户。这不仅增加了销售额,更重要的是提高了顾客满意度,因为每个人都能找到最符合自己偏好的产品。电子商务网站的出现,更是将这种长尾效应推向了极致。这些平台不仅提供了一个展示长尾产品的平台,而且通过持续的数据跟踪和分析,帮助商家了解消费者群体的动态变化,从而不断调整策略以适应市场。同时,它们还通过高效的物流服务和便捷的支付系统,确保长尾产品的顺畅交付,让消费者能够轻松下单,享受即时满足感。

在金融服务领域,长尾效应也发挥出显著的作用。在当前数字化浪潮的推动下,银行和其他金融机构有机会利用先进技术手段提供更为丰富多样的产品与服务,这些创新举措不仅能够满足那些尚未被传统银行触及或重视的客户需求,而且还能拓宽服务边界。尤其值得一提的是,这种趋势为低收入家庭、中小企业以及其他受到传统金融服务排斥的群体带来了福音。这些群体往往因为财务状况不佳而无法获得所需的金融支持,然而,借助数字普惠金融的力量,金融机构可以有效地解决这一问题。通过降低成本、优化流程和增强用户体验,金融机构能够扩大其服务覆盖面,让长尾市场中的每一个角落都能享受到便捷的金融服务。这样的包容性增长不仅有助于缩小贫富差距,也促进了整个金融市场的健康发展。随着时间的推移,更多人将从中受益，实现财富的自由流动和社会的全面进步。

总之，在数字时代，每个人都能在这个数字化的大环境下找到属于自己的一席之地，无论是追求小众的爱好，还是独特的生活体验，其需求都能够被满足。随着时间的推移，我们可以预见，一个由长尾市场组成的庞大且充满活力的消费市场正在形成，其所带来的影响力和价值将远远超出人们的想象。

（二）驱动创新

长尾效应的兴起，深刻地揭示了市场需求多样性和个性化的重要性。这种效应不仅仅是对传统市场细分理论的一种挑战，更是一种对创新驱动的包容性增长的追求。在这样的市场环境中，不存在所谓的"大而全"或"小而精"之分，所有产品都有其生存的空间，因为它们都能找到自己独特的消费者群体。长尾市场为那些致力于提供非主流但具有特色产品和服务的企业打开了大门。这些企业能够通过精准的市场定位，针对特定的目标消费群体设计和生产产品。它们不再需要将资源投入那些占主导地位、利润丰厚的产品上，而是可以专注于开发那些可能并不广为人知却拥有广泛潜在客户群的产品。在这个趋势中，小型企业和创业者成为了主要的创新推动者。他们利用数字技术和互联网平台，通过社交媒体、在线市场和定制化服务等方式来接触和吸引消费者。这些创新不仅改变了消费者的购物习惯，也催生出全新的商业模式和服务。随着时间的推移，这些被边缘化的产品和服务逐渐被大众接受和喜爱，形成了一个庞大的长尾市场。这不仅促进了市场多样性的发展，还增强了消费者的选择自由，提升了整个社会的包容性。在长尾市场中，每一个参与者都能感受到创新带来的活力与机遇，共同推动着社会经济向更加多元化和平衡的方向发展。因此，长尾效应无疑成为推动包容性增长进程中的重要力量，它告诉我们：只有当所有的企业和个人都能够参与其中，创造和分享价值时，包容性增长才能够真正实现。

在经济增长方面，长尾效应通过推动数字基础设施的蓬勃发展和广泛应用，成为了推动经济多样化与创新的催化剂。这一效应不仅仅带来了技术层面的革新，更在生产过程中实现了效率的显著提升。当这些数字工具被广泛采纳后,它们能够促使企业打破传统业务模式的界限,探索新的市场需求和服务模式,从而激发出前所未有的创造力和生产力。此外,长尾效应对于产业结构的转型升级起到了关键作用。随着数字化转型的深入,众多行业开始从劳动密集型向技术密集型转变,这不仅减少了对低技能劳动力的依赖,而且还提高了经济体的整体竞争力。这种转变为那些处于产业链低端、从事简单劳动的人群提供了更多的就业机会和更高的工资水平,尤其是在信息技术、互联网和相关服务业等领域。更为重要的是,长尾效应能够有效地缩小收入差距。通过增强低收入人群获取数字服务的能力,他们有机会参与到经济增长的红利之中;这意味着,即使在当前经济形势下,人们也能享受到更加公平的利益分配。最终,这样的经济包容性增长策略将有助于构建一个更加均衡、和谐的社会,让每一个人都能感受到经济增长的成果,并从中受益。

长尾效应是技术创新的催化剂和强大推动力。互联网技术的不断发展和普及让信息的传播成本大幅降低,从而使得长尾产品得以在市场中广泛传播,迅速触及这些产品的目标受众。这一现象极大地加速了产品从研发到上市的整个过程,使得创新产品能够更快地响应市场变化,及时调整策略以满足消费者需求。长尾效应还深刻影响了企业的商业模式。面对长尾市场的巨大潜力,企业不再将重点放在单一产品的大规模销售上,而是转向了通过多个小规模、低成本的产品来覆盖尽可能多的消费者群体。这种模式要求企业通过数字化手段来提升运营效率,利用数据分析技术来优化产品和服务,以便在众多潜在客户中找到最有价值的市场份额;同时,企业可以利用长尾市场销售销量不高的产品,通过提供订阅服务、在线广告等新型盈利模式,为自身创新活动提供财务支持和有效的激励机制。

在社会和文化层面,长尾效应也发挥了重要作用。它促进了社会的多元化,创造了一个更加包容和创新的环境。人们开始意识到,只有当不同背景、不同需求的人都能参与到创新过程中时,才能真正推动社会进步。因此,无论是个人还是企业,都变得更加开放,愿意尝试新事物,接受挑战。创新文化的形成和发展,正是在这样的社会氛围中茁壮成长,为各类创新提供了肥沃的土壤。

（三）改变商业模式和市场结构

长尾效应的应用不仅改变了企业的商业模式，也影响了市场的整体结构。当企业开始挖掘并利用那些长期以来被忽视的边缘产品时，它们能够吸引到更广泛的潜在顾客群体，从而打破了传统市场的界限。这种现象对于整个市场结构产生了深远的影响，使得一些曾经不起眼的需求变得至关重要。在数字时代的浪潮中，长尾效应尤其显得重要。随着数字化和网络化的普及，基于互联网的营销模式已经彻底颠覆了企业与消费者之间的互动方式。

第一，互联网时代的营销活动受到的时空限制要比传统方式小得多。在这个时代，企业和消费者都能轻松地通过互联网进行互动，而互联网边界几乎是不可见的。同时，互联网的存储空间也呈现出了一种前所未有的无限性，它几乎可以容纳所有的信息和数据，这意味着无论身处何地，只要有一台联网的电脑或移动设备，就能够访问到海量的信息，从而避免了因时空距离而导致信息错过的可能性。相比于传统的营销渠道，如电视广告、印刷媒体或者直接销售，互联网为中小企业提供了一个更为灵活且成本效益更高的平台，使他们能够以较低的价格触及更广大的潜在客户群。此外，在互联网上增加信息的成本也变得微不足道。与传统营销模式中昂贵的宣传费用相比，互联网营销的成本效益更为显著。例如，展览会作为一个典型的传统营销手段，其独特之处在于它建立在确切的时空概念之上：只有在特定的时间内，观众才能目睹参展商品；对于参展商来说，展位面积是它们展示产品的关键限制因素，每增加一件展品，展位面积就必须相应扩大，这直接导致参展费用的大幅上升；而互联网营销则完全没有这些烦恼，因为信息的传递和获取都是以最高效、最经济的方式进行的。因此，在互联网时代，营销活动不再受限于地理位置和时间的约束，而是通过无处不在的互联网平台，实现了无限的可能性；企业和个人能够随时随地发布和更新信息，吸引潜在客户，并通过精准的市场定位和个性化的营销策略来接触目标受众。在这样的环境下，营销效率得到了极大提升，成本效益也大大提高，为企业带来了更大的发展机遇。

第二,互联网上销售机会更多来自消费者的"拉"而非销售商的"推"。在传统的市场营销中,商家的策略往往是通过各种渠道进行广泛而全面的"推",在这种模式下,销售商首先需要找到最有效的方式来最大化利用它们所拥有的时空资源。为了实现这一目标,它们将大约20%的产品作为主要推广对象,这些产品通常是市场上最畅销或者最受欢迎的商品;同时,20%的关键客户群体则被视为关键的推销对象。于是,各类营销活动如展览、卖场的物品陈列、定向推广以及平面广告等都应运而生,旨在吸引并保持这些关键客户的兴趣和注意力。但是,随着互联网技术的发展,情况发生了显著的变化。在互联网时代,消费者成为信息访问的主导力量。他们不再被动地接受销售商提供的信息,而是主动搜寻自己所需的内容。在这样一个个性化需求日益凸显的市场环境中,销售商要想成功地推广商品,就必须提供更精确的信息量,由于消费者的个性差异,销售商提供的信息量越大,每一条信息被访问到的概率就越趋于相等了。因此,互联网营销模式强调精准营销,即根据消费者的具体需求和偏好,提供相应的、定制化的产品或服务信息。

第三,互联网营销的发展也带来了新的营销理念——基于互联网的"推"。与传统营销相比,这种新型的营销方式更加注重目标客户的精确度和市场的细分程度。通过分析大量数据,可以识别出具有特定购买意向和行为特征的关键客户群,进而针对这些客户群制定更加个性化的推广方案。这样不仅能够提高营销效果,还能使企业对市场动态的反应更加迅速,从而在竞争激烈的市场中占据有利地位。

总之,长尾效应驱动着这种以消费者为中心的营销模式,逐渐改变着市场营销的格局,引领着行业向着更高效、更精准的方向发展,从而推动经济的包容性增长。

（四）推动医疗保健包容性

在现代医疗保健体系中,除了那些广为人知的疾病及其治疗方案,我们还必须应对许多罕见疾病以及对特殊治疗的迫切需求。这些罕见病可能仅占患者总数的一小部分，但它们在整体上构成了一个庞大且不可或缺的医疗市场。事实上，这类需求往往与一些具有独特性和罕见性的疾病相关，例如某些遗传疾病、神经系统疾病或者是其他类型的罕见病症。尽管这些需求在主流医疗资源中并不常见，但它们对于满足个体患者的健康和福祉至关重要。长尾效应在医疗保健领域扮演了一个关键角色，它推动了医疗保健服务的包容性发展。通过认识到广泛患者群体的需求，医疗保健行业开始将重点放在提供多样化、个性化的医疗服务和产品上。这种包容性的提升不仅仅体现在治疗技术和治疗方法上，还体现在为不同人群提供定制化关怀和支持上。从为患有慢性疾病或精神健康问题的患者提供心理咨询，到针对老年人进行定期的健康检查和维护，再到为残疾人士提供更多无障碍设施和辅助设备，医疗保健机构正努力超越传统的临床治疗范畴，扩展至更为广泛的生活护理领域。这种包容性的实现意味着整个社会的健康水平得到了提升，人们生活质量也随之改善。随着越来越多的医疗服务被整合进公共卫生政策和私营部门的实践中，我们可以预见，每个人都能享受到更全面、更精准的医疗保健服务。无论是罕见病患者还是普通大众，他们的利益都能得到充分的重视和保护。医疗保健的长尾现象正在成为构建更加公平和可持续的医疗体系的一个强有力的工具，帮助我们应对现代社会中不断变化的健康挑战。

长尾效应在医疗保健领域的作用还体现在远程医疗服务和网络化医疗应用的蓬勃发展对提升医疗服务公平性的推动上。通过这些新兴技术，医生可以跨越地理位置的限制，为那些居住偏远地区或是行动不便的患者提供个性化的医疗服务。这一过程不仅拓宽了医疗服务的覆盖范围，还使得医疗资源能够更加公平地分配给需要它们的人群。无论是在家还是在旅途中，人们都可以通过网络平台获取到专业的医疗信息，咨询各种健康问题。这种新型的就医模式打破了传统医院的时间和空间限制，让每一个人都有机会接触到优质的医疗资源。更值得一提的是，这种包容性增长不仅仅体现在服务提供上，也反映在患者的参与度上。患者不再被隔绝于医疗信息之外，而是能通过各种互联网平台，如社交媒体、论坛等，与其他患者进行交流和分享经验；他们可以匿名表达自己的困惑或寻求帮助，而得到的答案往往来自众多同样处境的人。这种互动极大地增强了患者之间的包容性，同时也提高了对医疗服务的满意度和忠诚度。

　　总的来说，长尾效应在医疗保健领域的应用，已经并将继续推动医疗服务从中心化向分散化的转变。它不仅使医疗服务变得更加普及，而且使得每个人都能够根据自身情况获得合适的医疗服务，从而实现了医疗服务的均等化和包容性增长。随着技术的进一步发展和用户需求的不断演变，我们有理由相信，未来的医疗服务将会变得更加人性化、个性化和便捷。

　　（五）推动教育包容性

　　教育的本质远不止于书本知识和技能的传授，它更是一种全面发展的过程，旨在培育学生的个人素质、创新精神以及适应未来挑战的综合能力。然而在当今的教育体系中，这种全人教育理念往往被忽视。传统的教育模式过分强调成绩和标准化考试，导致教育资源和教师资源往往集中在那少数尖子学生身上，他们因此获得了更多的关注与支持；而那些未能达到这些标准的学生则可能因为缺乏这样的机会而感到失落，甚至被边缘化。长尾效应作为一种新兴的教育理念应运而生，它主张重新审视并平衡教育中的教育资源分配。这意味着我们应该关注到每一个学生的独特之处和个性化学习需求，为他们提供量身定制的教学方案。通过实施多样化的教学方法和引进新技术手段，我们可以打破传统教育模式中的"二八定律"，让所有学生都能享受到足够的教育资源，引导他们在自己擅长的领域里展现才华，使其潜能得到充分地挖掘和释放。这样的教育理念不仅能提升学生的学业成绩，更重要的是能够帮助他们建立起自信和自我价值感。每个学生都有自己的闪光点，他们的差异化需求应该成为教育过程中的重点，教育者应当鼓励学生发现自己的兴趣所在，引导他们探索未知，挑战自我，最终实现自我超越。这不仅仅是对个体潜能的挖掘，更是对整个社会创新活力的推动。因此，采用长尾效应理念的教育系统，将为学生们开启一个更加丰富多彩、充满可能性的学习世界。

　　教育的包容性不仅是对学生个体差异的尊重，也是教育本身不断进化的动力。它要求教育者在设计课程和教学方法时,考虑到学生之间学习能力、兴趣爱好以及文化背景等方面的差异。这样的包容性使得教育不再是一种整齐划一的教学模式,而是一种能够适应多元化需求的灵活机制。在长尾效应的推动下,教育界开始认识到每个学生都有其独特的潜能和兴趣点,而这些往往是传统教学所忽视的。通过个性化教学,教育者可以根据学生的具体情况,提供量身定制的学习材料和互动方式,使他们能够在最适合自己的节奏和环境中成长。这种差异化的教育策略,不仅有助于激发学生的内在潜力,还能促进他们全面发展,实现真正意义上的公平性与效率的提升。此外,教育的包容性还包括了为所有人创造一个平等的学习机会。这意味着不应该将某些学生边缘化或排斥在外,相反,应该确保每一个学生都能享受到公平的教育资源,不论其家庭背景、经济状况或是社会地位如何。通过实施包容性教育,我们可以构建一个更加多元、和谐的学习社区,让每一个孩子都能在尊重和理解中,找到属于自己的光芒。

在实践的过程中,教育工作者可以通过多种方式来实现长尾效应。例如利用在线教育平台提供丰富多样的课程选择,让学生可以根据自己的兴趣和需求选择课程内容,从而在有限的资源中找到适合自己的学习路径,这些平台通常具有极高的灵活性,能够迅速响应学生的多样化需求。另外,教育工作者还可以在学校内部创建不同的兴趣小组或学习小组,鼓励学生自发组织活动,并根据个人兴趣发展技能。这种模式允许每个学生都能参与到最适合自己的小组中,从而最大化地发挥其潜力,实现个性化教育的目标。通过这样的方式,即使在教育资源相对有限的情况下,教育工作者也能提供一个包容多样的教育环境,使每个孩子的才能和潜力得到充分挖掘。这不仅是对个体差异的尊重,更是一种教育包容性的体现。同时,长尾效应强调了在线教育和远程教育的巨大潜能。通过网络平台,优质教育资源得以跨越地理界限被广泛传播。这意味着更多来自农村地区和贫困地区的孩子能够接触并利用这些资源,这显著提高了他们的数字素养和信息获取能力。这种教育资源的普及和平等化,对于缩小城乡之间、地区之间的教育差距有着至关重要的作用,有助于推动教育的包容性增长。

第三节　创新推动包容性增长的机制

一、创新的扩散

（一）创新扩散理论

创新的扩散是传播效果研究的经典理论之一。这个理论最初由美国学者埃弗雷特·罗杰斯所提出，罗杰斯深入研究了大量有关创新扩散的案例，于 1962 年出版了《创新的扩散》一书，在书中他考察了创新扩散的进程和各种影响因素，总结出创新事物在一个社会系统中扩散的基本规律，提出了著名的创新扩散 S—曲线理论。

创新的扩散理论探讨了如何利用各种媒介手段去引导、说服人们接纳新的观念、事物和产品，这种理论主要关注的是大众文化在社会及文化层面所产生的深远影响。它强调了创新扩散过程中，不同人群对新兴信息和技术的接受程度和速度可能存在显著差异。创新扩散模型则是深入研究个体或集体对创新采纳行为的一种框架。这个模型也被称为创新扩散理论（diffusion of innovations theory），或多步创新流动理论（multi—step flow theory），或创新采用曲线（innovation adoption curve）。罗杰斯在书中提到创新扩散过程的描述，认为创新的传播包含五个步骤：即认知（knowledge）、说服（persuasion）、决定（decision）、实施（implementation）以及确认（confirmation）。而创新的扩散包括五个阶段：了解阶段、兴趣阶段、评估阶段、试验阶段和采纳阶段，每个阶段都有自己特定的特点和行为模式，从而构成了创新扩散过程中的关键环节。创新扩散的受众也分为五类：创新者（innovator）、早期采纳者（early adopters）、早期大众（early majority）、晚期大众（late majority）和落后者（laggards）。创新扩散的规模和速度一般以采用率来衡量，它是指一定时间内某项创新的采用者占社会系统所有成员的百分率。在创新扩散的初期，采用率通常很低；后来随着时间推移，采用者的数量逐渐增加，采用率逐渐提高；在采用者达到一定数量（即"临界数量"）后，扩散过程突然加快（即起飞阶段）。这个过程一直延续，直到系统中有可能采纳创新的人大部分都已采纳创新，到达饱和点，扩散速度又逐渐放慢，采用率会再度下降直到终结。因此，采纳创新者的数量随时间而呈现出S形的变化轨迹，如图3.3所示。创新扩散理论是多级传播模式在创新领域的具体运用，创新扩散总是借助一定的社会网络进行的，在创新向社会推广和扩散的过程中，信息技术能够有效地提供相关的知识和信息；但在说服人们接受和使用创新方面，人际交流则显得更为直接、有效。因此，罗杰斯提出创新推广的最佳途径是将信息技术和人际传播结合起来，双管齐下加以应用。这一观点已得到大部分人的认可。

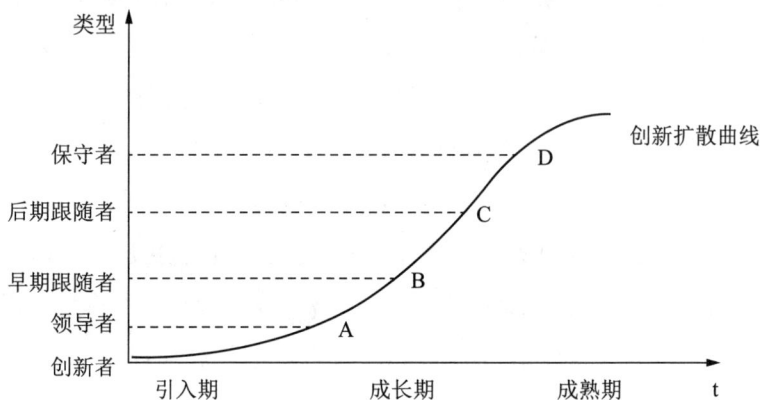

图3.3 创新扩散S—曲线

通过将创新视作一种变化，模型旨在识别出那些倾向于更加开放思维、更愿意尝试新鲜事物的人，并将这些个体归类为具有更高采纳率的群体。该模型认为，对于那些面对创新时能够保持好奇心和开放性的人来说，他们更有可能被说服，从而更愿意采纳新的想法和解决方案。反之，如果人们被固有的偏见或恐惧所阻碍，那么他们就不太可能愿意去尝试新事物或改变自己的习惯。因此，这一模型试图揭示影响人们接受创新的内在心理机制，以便更好地理解和预测不同人群在创新扩散过程中的表现。

罗杰斯在书中指出，创新的成功扩散依赖于多种因素，包括但不限于文化背景、市场需求、政治环境等。他强调了个体在其中扮演的角色，特别是他们如何利用信息资源来作出是否采纳创新的决定。此外,他也讨论了组织和制度因素如何影响创新的扩散速度和范围。罗杰斯的著作为后来的创新管理和扩散研究提供了重要的理论框架,同时也为企业战略规划和政策制定者提供了实用的指导原则。

(二) 影响创新扩散的因素

第一,创新特征和采纳者特征。

创新本身的特征会影响其扩散,例如创新的相对优势、相容性、复杂性和可实验性等特征会影响人们对创新的接受程度和采纳速度。在技术和商业领域,创新往往被视为推动发展的关键驱动力,具有显著的相对优势,能够为市场带来新的价值和效率提升,这种优势会吸引人们注意并愿意采纳该创新行为。同时,创新的相容性意味着它与现有系统或流程的整合程度越高,人们对其接受程度就越高。此外,创新所包含的复杂性和可实验性特点,也为人们提供了探索、理解和实践的机会,从而加速了创新的传播。

然而,这些特征并非唯一决定因素。创新采用者的个人特质同样不容忽视。他们对创新的认知态度直接影响着对新想法的接纳程度。那些更加开放、愿意接受变革的人更可能积极地采纳新的技术和方法;相反,那些对风险持保守态度或是过于谨慎的个人,则可能会因为担心失败而延迟采纳创新。个人的风险偏好也会受到社会网络的影响,在一个紧密相连的社会环境中,个人往往倾向采纳那些他们认为安全且受欢迎的创新方式。综合来看,创新特征与采纳者个人特性相互作用,共同影响着创新扩散的过程。

第二,传播渠道。

传播渠道是指通过某种方式,将创新信息从发出者传递到接收者的途径。这些渠道包括个人交流、大众媒体、社交媒体等多种形式,每种传播渠道会以其独特的方式影响着创新在整个社会中的传播速度和范围。在传统媒体的时代,大众媒体无疑是创新理念和技术传播的快车道,它们以快速、广泛和高效的传播方式,迅速将创新信息传遍世界各地。然而,随着科技的不断进步,特别是移动互联网技术的迅猛发展,新媒体逐渐崛起并成为了推动创新扩散的重要途径。在新媒体环境中,信息传播突破了地理和时间的限制，使得创新思想能够跨越国界和文化差异迅速传播。新媒体不仅提高了传播的速度，更在内容呈现上实现了多样化；它通过文字、图片、音频、视频等多种形式，为用户提供了丰富多样的信息消费体验。此外，新媒体还具有双向互动性，用户可以直接参与到信息的交流与讨论中来，这种互动式的传播方式极大地增强了信息的接受度和影响力（Nilakanta and Scamell，1990）。随着新媒体逐渐成为新思想和新技术传播的强力助推器，它不仅帮助创新者跨越了地域和文化的界限，也使潜在接收者能够更加便捷地接触和理解这些创新思想，特别是在那些具备媒介使用能力的人群中，新媒体的作用尤为显著。无论是学生、专业人士还是普通大众，都能在这个平台上找到自己感兴趣的内容，并且通过互动参与到知识的创造与分享中。

第三，社会系统。

创新扩散理论认为，社会系统对创新传播起着重要作用。社会系统包括文化、社会结构、组织和传播网络等因素，这些因素会影响创新在社会中的接受和采纳程度。

首先，社会系统的结构与传播结构对于创新的扩散具有重要影响。社会网络作为联系个体和组织的桥梁，其复杂程度直接影响信息的扩散速度和范围；组织在这一过程中扮演着至关重要的角色，它们通过制定策略、协调资源来推动创新的传播；政策环境也是一个不容忽视的因素，它不仅塑造了市场竞争的格局，还间接地影响了技术创新能否顺利转化为生产力。因此，从宏观到微观多个层面上，这些因素都可能对创新的扩散速度和范围产生深远的影响。

其次，社会系统并非静态的实体，它们能够敏锐地感知并响应外部环境的微妙变化，进而不断进行自我调适和优化，这种适应性的演化过程在很大程度上影响了创新的传播速度和传播模式。举例来说，当新媒体技术如社交媒体、数字广告和在线内容平台等日益普及时，社会系统就必须重新评估和调整自己的结构，包括信息流通的渠道、节点的互动方式以及公众参与的形式；这些调整旨在确保新技术和创新理念能够以最有效的方式被人们接受和采纳，从而促进社会整体的进步与发展。因此可以看出，社会系统对于创新扩散的适应性演化是一个复杂而动态的过程,它涉及对新兴科技的理解、对市场趋势的反应、对人际网络的整合,以及对公共政策和监管框架的适应。

此外,社会交互,包括消费者之间的互动、市场互动以及政府与市场的互动,也是影响创新扩散的一个关键因素。消费者之间的交流互动可能是通过口碑传播、社交媒体讨论或是通过共同的兴趣群体形成的社区,这些互动不仅加速了创新的认知过程,而且还促进了创新产品或服务的接受度和采用率。市场主体通过竞争、合作和相互学习来推动创新产品和服务的开发,政府通过制定政策法规来引导市场的健康发展,确保创新能够在有序的环境中得到推广。这些社会交互不仅促进了信息的自由流通,还有助于形成一种积极的创新意识文化,激发人们对新事物的好奇心和探索欲,从而为创新的扩散创造一个有利的社会氛围。因此,这些互动构成了创新扩散过程中不可或缺的一环,它们共同影响并塑造着创新产品或技术从诞生到普及的全过程。

第四,政策干预。

政府的宏观调控手段和政策干预是影响创新扩散速度和广度的关键因素。在技术创新扩散的过程中,政府可以采取多种方式激励企业和研究机构投身于技术研发和扩散活动。例如,通过财政补贴或税收减免等财政激励手段,政府能够有效地鼓励企业进行创新投资;同时,政府还可以通过允许企业自主进行研发活动,以及在基础研究领域与研究机构合作等方式,促进知识溢出和创新扩散。以政府导向型的政策式扩散模式为例,该模式主要通过兴建科技园区并提供优惠政策来吸引高新技术企业入驻。政府不仅提供物理空间,而且还通过设立孵化器、加速器等机构,营造出一个有利于创业的孵化环境。这些举措旨在引导高新技术企业形成区域技术优势,最终实现技术的广泛扩散。

此外,政府还可以通过采取多种措施完善相关市场体系来加速创新的扩散,如设立专门的创新孵化中心、增强信息共享机制,以及提供财政支持和税收优惠等激励手段。这些举措旨在降低技术进入市场、被广泛采纳所面临的门槛，从而加快科技成果转化为实际生产力的步伐。例如，政府部门可以大力投资建设具有示范性的科技园区，并通过高效运营管理，打造出一个集研发、展示和交易于一体的综合平台。这样的平台不仅能够吸引风险资本和创业团队的关注，还可以促进技术与产业的深度融合，使创新者能够更直观地了解市场需求，提高他们将新产品推向市场的能力。通过这种方式，政府不仅能够帮助创新者解决短期内可能遇到的资金和资源问题，还能够培养出更加成熟和有竞争力的企业，进一步推动经济结构的优化和升级。

在法规制定方面，政府通过积极制定和不断完善一系列相关法律法规，有效地规范了创新技术的传播过程。这不仅包括保护创新成果所必需的知识产权，如专利权、商标权等；同时还包括打击侵权行为，以确保市场上的每一项创新都能得到尊重和公正的对待。此外，政府还力图构建一个公平竞争的市场环境，防止不正当竞争行为对市场秩序造成破坏。这些法规的制定与完善，不仅促进了技术进步和创新产生，同时也保障了消费者的利益和社会的整体福祉。

（三）创新的扩散对包容性增长的影响

创新扩散理论在市场营销、广告推广、产品代谢以及媒介生命周期的研究方面都得到了承认，有着广阔的应用前景，它的包容性增长的推动作用可以从以下五个方面来分析。

第一，创新扩散理论有助于推动技术创新。

在创新的扩散过程中，创新扩散理论可以帮助企业深入理解消费者对新兴技术的态度和反应。这种理论透过市场中的各种反馈信息，为技术开发者揭示了创新所带来的实际影响以及潜在的提升空间；通过对这些数据的分析，企业可以精确地调整其产品设计和用户体验，以更好地满足用户需求，进而增强用户对产品或服务的接受度。此外，它还有助于推动技术的普及率，因为通过不断地迭代和完善，创新成果能够更加广泛地被大众所接受和使用，从而提高整体的包容性。创新扩散理论强调一种互动的过程，其中每个参与者都在这个过程中扮演着至关重要的角色，从创新者到用户，再到整个市场，每个环节都是相互关联、相互作用的。

在当今快速变化的商业环境中,企业通过知识共享和创新扩散来提升竞争力成为了一种趋势。这不仅有助于它们减少在采纳新技术或创新产品时遇到的障碍与成本,而且也降低了创新的门槛,使得更多的企业能够进入到这一领域。这种包容性的提高意味着每一个公司都有机会利用最新的科技成果,从而加速自身的发展和市场的扩张。随着创新的扩散,企业间形成的网络结构变得越来越紧密,这种网络效应在推动整个行业向前发展方面起到了关键作用。通过建立合作伙伴关系和促进交流,企业能够共同分享最佳实践、解决方案和新的知识,这些都是从单一企业内部无法实现的资源。例如,在软件开发领域,开源社区的建立让更多的开发者可以自由地访问和使用已有的代码库,从而加快创新速度并降低成本。此外,创新扩散还催生了新的业务模式和商业策略,因为企业开始意识到通过协作可以创造出比单独行动更为强大的力量。这种以协同效应为基础的合作方式,不仅加强了原有的供应链,还可能拓展到新的市场和客户群体,进一步扩大了企业的影响力和盈利能力。

创新扩散的过程不仅仅是技术本身的传播,它还涉及对这一理念在社会各个层面的普及与推广。媒体通过对创新事件的深入报道,为公众提供了解前沿科技动态的窗口。同时,公众的广泛参与和热烈讨论,使得技术创新的概念深入人心,激发了人们对于新技术的好奇与追求。这种双向互动不仅加强了社会对创新的认识,而且营造出一个积极向上、鼓励创新的文化环境。在这样的氛围中,包容性创新得以推进,各种背景的人群都能从中受益,享受到创新带来的便利与益处。无论是创业者、投资者还是普通民众,都能在这个过程中找到自己的位置并发挥作用,共同推动着社会向前发展。

第二,创新扩散理论有助于企业和个人设定营销策略。

在当今竞争激烈的市场环境中,企业必须采取前瞻性的营销手段来保持竞争力。创新扩散理论提供了一个强大的工具,帮助企业深入理解消费者对于新兴产品或服务的接纳程度及其采纳的速度。通过研究不同类型采纳者的特点和行为模式,企业可以定制化地设计营销策略,从而更精准地吸引目标受众,促进新产品的广泛传播和销售。具体而言,根据不同采纳者的偏好,企业可以调整广告宣传的内容、渠道选择、定价策略等,以适应不同群体的需求和消费习惯。例如,对于那些追求创新和独特性的用户,企业可能会强调产品的新颖特性和技术优势;而对于价格敏感型消费者,则可能需要更多地展示成本效益分析和折扣优惠。这种针对性的策略不仅能够拓宽市场覆盖范围,还能提高潜在客户的购买意愿,最终实现销售量的稳步增长。

此外,实施个性化营销也是提升用户满意度的关键。通过收集和分析用户的反馈信息,企业可以不断优化产品和服务,确保它们符合目标受众的需求。例如,如果发现某些用户对新功能表现出浓厚兴趣,企业可以迅速响应,推出相关的教育或培训材料,帮助这些用户更好地了解和使用产品。这种持续的互动和支持将进一步增强用户对品牌的忠诚度,并推动口碑效应的形成,从而实现长期的用户关系维护和业务的可持续发展。

在社交媒体营销方面,深入探究不同采纳者的类型及其所偏爱的传播渠道,对于个人和企业来说至关重要。这不仅能帮助他们更精准地定位目标市场和受众群体,还能有效提升信息的传播效率和影响力。通过这样的营销策略,无论是推广新产品还是宣传品牌理念,都能够达到事半功倍的效果。此外,社交媒体也为个体提供了前所未有的机遇,在数字时代,每个人都有可能成为创新者,而社交网络则提供了这样的舞台。通过这些平台,个人可以与志同道合者交流想法、分享创意,甚至参与到那些由大企业主导的创新项目之中。这种广泛的参与感和参与度,正是包容性创新的精髓所在。它鼓励了不同背景、不同经历的人们共同协作,创造出更加多元和包容的创新成果。

第三,创新扩散理论有助于推动政策变革。

在社会政策制定和社会变革的过程中,创新扩散理论提供了一种独特的视角,它帮助政府和组织深入理解政策如何传播、被接受和实施。通过这种理论,政策制定者可以构建出更为精准和高效的政策模型,从而更有效地推动社会进步。创新扩散理论强调创新概念从小众走向大众的过程,并探讨了不同个体或群体对于新信息的接受程度及其背后的动机,它通过分析不同路径上的关键环节、影响因素以及公众的支付意愿,揭示了政策传播的复杂动态。政府可以将其应用于规划目标、制定补贴策略以及解决政策实施中遇到的障碍等方面，利用这一理论，政府不仅能够预见未来可能出现的变革趋势，而且还能洞悉各群体对政策变革响应的差异。通过对这些关键因素的深入分析，政府能够更加明智地设计政策措施，使之更加贴合公众的实际需求和接受能力。例如，通过目标规划来明确政策想要达到的具体效果；采用补贴策略来降低公众对政策成本的感知负担；或者通过消除实施过程中可能遇到的各种障碍，确保政策的顺利推行。

此外，创新扩散理论还可以用于政策实施的动态监控。通过深入分析政策受众的反馈数据，以及他们行为模式的细微变化，可以有效地预测政策可能带来的影响。这种方法不仅能帮助政府及时发现政策执行过程中存在的问题，还可以据此对政策内容进行必要的调整与完善，确保政策更加贴合公众需求，更好地发挥其应有的作用。因此，将创新扩散理论应用于政策实施的监控之中，不仅有助于提升政策的执行力，也是推动公共管理创新和科学决策的重要手段。

总之，创新扩散理论在政策制定与变革的过程中发挥了重要作用。它不仅有助于识别和优化政策传播过程，而且能够指导政策设计和实施，最终促进社会整体的进步与发展。通过这种方式，政府能够更好地应对时代挑战，实现社会公平与效率的双重提升（杨代福，2016）。

第四，创新扩散理论在医疗健康领域的作用。

在健康领域，诸如疾病预防的宣传教育以及医疗服务的推广等活动，创新扩散理论为我们提供了一个框架，用以制定出有效的传播策略，提高人们对于新的医疗知识、服务和实践的认识，进而鼓励他们采取健康行为。在社区健康管理服务方面，创新扩散理论能够帮助研究社区居民如何采纳新的健康服务。通过对社区健康管理服务政策的扩散过程进行分析，我们可以了解到哪些因素影响了政策的实施和推广效果，从而为相关的政策决策提供依据。此外，通过分析创新扩散过程，我们能够评估各种健康干预措施的传播效果，以及受众对这些干预措施的接受程度，为进一步优化健康传播活动的干预措施提供数据支持。

在医疗领域，创新扩散理论为新技术的传播与应用提供了有效的框架，帮助人们理解和预测其扩散过程。以智慧医疗系统为例，随着该系统的广泛推广，医疗服务的质量和效率得到了显著提升，患者就医体验也因此而改善。此外，基于创新扩散理论的循证医学模式在促进护理创新方面显示出显著效果。这些模式强调根据现有证据来提供护理服务，这不仅降低了心脏手术患者术后并发症的发生率，而且有效地改善了患者的心理状态，提升患者对生活质量的满意度和护理过程中的满意度（孙军平等，2023）。总而言之，将创新扩散理论应用于医疗健康领域不仅能够有效提升医疗服务质量，还能大幅扩展其普及程度。通过这种方式，我们可以更好地实现社会各界在健康问题上的公平参与和共享成果，进而促进包容性增长目标的实现。

第五，创新扩散理论在教育领域的作用。

创新扩散理论为我们提供了一个洞察和理解教育技术创新传播过程的新视角。通过细致地识别和剖析采纳者群体以及这些采纳者在采纳创新时所面临的各种影响因素，该理论使得教育机构与政策制定者能够更深入地把握教育信息化进程中的关键要素，从而针对性地制定策略，有效应对各种挑战。此外，该理论还指出了影响教育技术采纳和应用的各种渠道，包括政策、经济、社会文化等多个层面。同时，它也强调了参与者在整个采纳过程中的作用，比如教师、学生、家长以及企业等不同角色对创新的态度和行为模式。因此，创新扩散理论不仅帮助我们认识到了教育技术应用推广的复杂性，而且也促使我们更加有效地推动教育技术的进步和普及。通过这种方式，教育机构和政策制定者可以更好地协调资源，设计出适合当前环境的战略和措施，以促进教育技术的广泛应用和持续发展。在这个过程中，我们可以看到，每一个细节都可能成为推动技术创新扩散的关键因素，而这些因素又相互作用，共同塑造着教育技术的未来。

创新扩散理论还可以用来分析影响教师实施信息化教学的因素。该理论强调创新信息传播的速度和广度，同时考虑到个体差异对学习效果的影响；在此基础上构建的分析模式，特别是将相对优势、复杂性、个体惯性以及创新性等关键因素纳入考量，能够帮助教育者更全面地了解自身教学实践中的动态变化。通过这种方式,教师可以更准确地识别自己所处的教学阶段,把握不同环境下的教学策略,从而在不断变化的教育生态系统中保持竞争力和适应性。此外,这一模型还能促进教师之间的经验交流,激发新的教学理念和方法,进一步推动教育信息化的发展。

二、创新的规模效应

创新的规模是指在特定的运营规模下,随着创新活动规模的不断扩大,所产生的效益将呈现出递增趋势。这种效应不仅仅局限于单一层面的提升,而是一种全方位的正向改变,涵盖了从提高效率到降低生产成本乃至促进经济整体增长的多个方面。

在经济的发展历程中,技术创新与规模效应之间存在着密切的联系。技术进步为企业带来了前所未有的生产力提升机会,使它们能够更加有效地利用资源,同时也显著降低了生产过程中的成本;这些成本的节约,不仅直接增加了企业的利润空间,还增强了其市场竞争能力,使企业在激烈的市场环境中更具竞争力。此外,技术创新还可以帮助企业摆脱对外部供应商的依赖,可以实现自主创新、快速迭代,从而在市场中保持竞争力。因此,创新规模效应的核心在于通过规模化的手段来放大创新的效益。它要求企业建立起一套系统的机制,以确保创新成果能够迅速地被实施和转化为实际生产力;这一机制可能包括跨部门合作、灵活的组织结构以及对知识产权的保护等。只有这样,企业才能在快速变化的市场中保持领先地位,持续推动经济向前发展。

(一) 创新规模效应的影响因素

在经济发展中,创新的规模效应通常与人口规模、市场需求、技术进步等多个因素相关。

第一,人口规模与创新动力。人口规模是衡量一个社会经济规模的重要指标,它不仅仅反映了一个国家或地区的活力和潜力,而且直接关系到该国的创新能力与市场规模的大小。当人口数量稳步上升时,市场的容量也会随之扩张,从而为企业和创新者提供了更为广阔的发展空间;人口的增加意味着更多的消费需求和需求的多样性,这些都成为促进市场繁荣和创新活动的强大动力。因此可以说,人口规模是支撑现代经济的关键因素,它在很大程度上塑造着一个社会的未来面貌。例如,中国作为一个拥有庞大人口的国家,其劳动力规模和受高等教育人口数量位居世界首位。这一显著的优势为中国提供了强大而稳定的创新潜力和动力,成为推动科技进步和产业升级的重要力量。这种人口结构的多样性和教育水平的高度集中,无疑是中国创新能力得以持续提升的关键所在。

第二,市场需求与创新激励。市场需求作为驱动创新发展的核心力量,其影响力不容忽视。在拥有庞大人口基数和广阔市场空间的国家,例如中国,创新型企业往往能借助丰富的市场资源,扩大产品和服务的应用范围,进而促进技术的广泛传播和产业升级。这种规模效应不仅能够加速新产品的研发进程,还能帮助企业在竞争激烈的市场环境中占据有利位置,为企业带来持续增长的动力。因此,洞悉并把握市场需求的动态变化,对于推动我国经济高质量发展具有至关重要的意义。举例来说,中国在新能源汽车行业的迅猛发展就离不开其庞大且不断增长的市场需求,以及国家层面上的政策扶持。这些因素共同作用,推动了新能源汽车产业的集群效应和持续进步,使得该产业在国内迅速壮大并成为经济发展中的一个亮点。

第三,技术进步与规模效应。技术的持续进步无疑是促进企业实现规模化效应的核心动力。在当下的创新浪潮中,众多企业通过不断地开发和应用新技术,不仅大幅降低了生产过程中的成本,而且显著提升了产品质量。这一系列的变化使得它们能够在激烈的市场竞争中占据有利地位,从而获得更大的市场份额和更强的盈利能力。例如,上汽集团将其对技术创新的不懈追求和对规模效应的深刻理解有效结合,成功地构建了一个具有强大竞争力的产业集群。通过这一策略,集团不仅在市场上树立了自己的品牌形象,还促进了整个产业链的协同发展,为行业的可持续增长贡献了重要力量。

第四,绿色转型与规模经济。绿色转型作为全球经济新的发展浪潮,不仅仅是对能源结构进行深层次的革新与优化,更是一场涉及产业结构全面而深远调整的变革。在这样一个转型进程中,由于规模经济效应的推动作用,新能源产业、绿色技术以及相关服务业得以迅速扩张和增长,从而为实现可持续发展目标提供了坚实的经济基础和动力源泉。以中国为例,光伏和风电行业的快速发展得益于规模化生产的实现;这种规模化经营模式不仅有效降低了单个项目所需的成本,而且通过规模经济效应极大地提高了效率,进而促使整个行业呈现出迅猛的增长势头。

综上所述,创新的规模效应是由众多复杂因素共同作用的结果,它依赖人口规模、市场需求的广阔度以及技术进步的速度等。在当前的经济发展背景下,中国等世界大国凭借其巨大的市场容量和广泛的人口基数,自然而然地在创新发展策略中占据了得天独厚的规模优势。这种规模优势不仅能够促进国内经济的增长和繁荣,还能推动国家在全球经济舞台上扮演更加积极的角色,进而增强其全球影响力;通过整合资源、优化创新链条、加强知识产权保护、提高科研投入等措施,这些国家能够利用自身的规模优势,推动技术革新和产业升级,从而为全球经济注入新动力,同时也为本国居民创造更多的就业机会,提升生活质量。总之,规模效应对创新活动具有重要的推动作用,而在全球化的大背景下,这一效应显得尤为关键和显著。

(二) 创新的规模效应对包容性增长的影响

创新能够在多个层面上带来潜在的规模效应,主要可以从四个方面进行分析。

第一,提高成本降低和效率。

在企业生产经营的过程中,随着规模的不断扩大,每一单位产品所需的成本也会随之减少,这正是规模效应的核心所在。这种现象表明,随着生产体系的完善和生产效率的提高,单个企业的产出可以远远超出其初始成本。在创新驱动的商业模式下,通过对技术进行升级改进、对生产流程进行优化、对管理策略进行革新,企业不仅能够提升自身的生产效能,还能有效地降低单位成本,从而实现利润最大化。

此外,创新能够促使企业不断地开发新的产品和服务,开辟新的市场空间,从而在激烈的竞争中脱颖而出;这样的竞争力提升,往往以市场份额的扩张为标志,为企业创造了丰厚的收入来源和利润增长机会。在全球化的浪潮中,创新更是企业把握国际市场脉搏、适应全球商业环境变化的利器。特别是在贸易保护主义盛行的今天,创新能够帮助企业打破壁垒,跨越国界,拓展业务范围,最终增强自身的国际竞争力;通过不断地革新技术、创新模式和优化管理,企业可以更好地捕捉市场的每一个细微变化,从而在国际舞台上稳固自己的地位,甚至引领行业趋势,赢得更大的市场份额。这种对创新的不懈追求和实践,不仅能帮助它们在国内市场保持领先优势,还能在全球市场中建立起强大的品牌影响力,实现可持续发展。

第二,带来技术和知识的扩散。

创新不仅仅是单个企业的行为,更是整个商业生态系统中不可或缺的驱动力。它通过创造新的技术和解决方案,不仅推动了单个企业的成长,还促进了一个行业的整体进步。这种跨界的影响力可以涉及与该行业密切相关的上下游产业链,从而在全球范围内加速知识的流通和技术的扩散。

首先,创新的规模效应对规模较大的企业来说尤为重要,因为它能够带来固定成本和变动成本的大幅下降。当企业的固定成本,如厂房、设备等固定开支减少时;变动成本,如人力资源、原材料等成本也随之降低。这些成本的节约最终反映到产品价格上来,使得产品变得更加物美价廉。因此,这种成本优势不仅仅对单个企业有利,更能激发整个行业乃至全社会的竞争活力。更为深远的影响是,这种成本上的规模经济效应为企业引入新技术提供了强大的动力。企业在面对这样的成本优势时,往往会有强烈的动机去尝试和应用那些能够提升效率、降低成本的技术革新。随着越来越多的企业采纳新技术,新的生产方式和管理理念得以广泛传播,技术的扩散过程也就自然而然地加速进行。这种正向反馈循环不仅促进了经济发展,也推动了社会进步。

其次,随着企业规模的不断扩张,企业的创新能力也随之增强。这种增长不仅体现在资本投资上,更重要的是它赋予了企业更多的灵活性和资源来应对创新过程中的风险与挑战。大型企业由于其庞大的体量,通常能够吸引更多专家、技术人员和知识共享者,从而形成一个有利于创新思想交流和技术应用的生态系统。这一点对于促进新技术的开发和应用至关重要,因为只有当技术和知识得到广泛传播时,它们才能被有效地融入现有的业务流程和市场中去,从而推动整个行业乃至社会经济的进步。因此,企业越大,其对创新的投入就越多,这不仅加速了技术的更迭,而且提高了新知识的扩散速度,从而有助于创造出更加繁荣和充满活力的商业环境。

此外,随着企业的规模扩大,它们在行业内的影响力和竞争力也随之增强。这种规模的增长不仅使企业更有能力获得关键性的市场信息和稀缺资源,而且还使得大型企业能够更迅速地接触并适应不断涌现的技术创新。这些强大的企业通常拥有更广泛的人脉网络和专业知识储备,这使得它们能够更快地捕捉到新兴技术的信号,并将其整合进自身的运营流程中去。这种快速响应的能力,对于推动技术革新、加速新技术普及具有至关重要的作用。通过这种方式,规模较大的企业不仅可以巩固其在现有市场的领导地位,还能有效地拓展到新的市场领域,从而实现业务的多元化发展,进一步提升整体的竞争优势。

第三,促进产业升级和优化经济结构。

技术创新能够为产业转型升级和经济增长注入新活力,当技术创新发展到一个足够成熟和深入的阶段时,它就能触发产业结构的根本性变革,进而促进整个经济体向更高层次发展。这种变革不是零星的、局部的变化,而是深层次、系统性的革新。创新的规模效益显著地推动企业向产业链上游攀升,实现从低端制造业向高端制造业;与此同时,服务业也因为技术进步而得到提升,尤其是那些以信息技术为基础的服务领域,如云计算、大数据处理等新兴服务业,它们正成为经济增长的新引擎。这样的转变不仅有助于优化经济结构,还能够确保产业的可持续高质量发展,使之更加符合现代社会对效率和质量的双重需求。因此,通过不断地进行技术创新,我们不仅能够维持甚至增加现有产业的竞争力,而且还能够开辟新的增长点,创造出新的就业机会,同时提高人们的生活水平。只有持续不断地推进技术创新,我们才能确保经济的健康稳定发展,实现长久繁荣。

此外,创新的规模效益还能够推动区域经济增长。当一个地区积极构建产业集群与创新基地时,该区域便能充分利用其在知识创新、生产网络以及空间集聚方面所具备的优势;这些优势不仅促进了知识和技术的交流与合作,而且还吸引了一批具有远见卓识的高端人才和创新资源汇聚于此,形成了强大的创新资源磁场。这样的聚集效应极大地激发了产业组织的活力,为产业结构的优化提供了动力。这些新兴产业的发展往往能够带动相关产业链的完善,进而推动整个地方经济的快速发展和繁荣。这种以创新为核心的规模经济效应,是实现区域经济持续增长的关键所在。通过不断深化改革、扩大开放、提升创新能力,并将这些创新成果转化为实际生产力,可以有效地推动地方经济向更高层次迈进,增强区域竞争力,最终实现可持续发展目标。

在不断深化的产业升级与经济增长过程中,创新的规模效应正以其显著的推动力,逐步提升社会生产效率和市场竞争力。这种强大的规模效益不仅增强了企业的核心能力,也使得整个经济体的整体生产力得到了质的飞跃。它为经济发展注入了新的活力,激发了更多的创新潜能,从而推动了社会结构的优化和经济实力的持续增长。这一动态机制保障了经济的包容性增长,即通过充分利用每一个参与者的资源和智慧,实现了均衡且公平的增长路径。

第四,增进社会福利。

首先,创新能够克服规模报酬递减的限制。通过不断地引入和开发创新知识和技术,我们可以将这些新技术或知识作为对传统生产要素的有力补充或者替代,从而实现规模报酬递增的效果,推动经济增长。这样的增长不仅带来了经济效益上的显著提升,也意味着国民收入水平的提高。随着生产力的增强和效率的提升,国民能够以更少的劳动投入创造出更多的价值,从而提高他们的收入。从长远来看,经济增长还能直接推动社会福利的改善。当一个国家或地区的人均收入上升,生活成本下降时,人们的实际生活水平也会相应提高。最终,这将促进社会的和谐与稳定,为每个人带来更好的生活质量和更高的幸福感。因此,创新的规模效益不仅有助于解决当下的经济问题,也为未来的发展奠定了坚实的基础。

其次,创新的规模效益不仅能显著提升生产流程中的效率和效果,还有助于在激烈的市场竞争中降低生产成本,进而促使商品价格的下降。这一点对于广大消费者来说意义重大,因为他们将因此享受到更为实惠的商品和服务,提高消费者福利。与此同时,创新还具有深远的社会影响,它创造了大量新的就业岗位和经济活动机会。这些新机遇不仅吸引了更多的劳动力加入到经济活动之中,而且通过提高就业的质量,如工作环境、薪酬福利等方面,为工人带来了实质性的收益增长。随着新技术和新产品的不断涌现,社会成员的收入水平也得以稳步提高,从而推动了整个社会经济地位的整体上升。

此外,创新的规模效益还能在节约社会成本方面发挥重要作用。通过不断地优化生产流程,我们可以减少不必要的资源浪费,例如节约原材料、降低能耗等,这些措施都有助于大幅降低社会成本。同时,创新的规模效益也促进了环保技术和工艺的发展,这不仅保护了环境,还提高了资源的利用效率。这种对成本的有效控制和对环境的积极贡献,最终也将转化为社会福利的增加。

综上所述,创新不仅能在企业层面带来显著的规模效应,激发其发展潜力,增强市场竞争力;更进一步还有助于提升产业结构,促进新业态的出现,从而对整个社会经济的良性循环起到至关重要的推动作用。

三、创新的正反馈机制

(一) 经济发展与创新之间的正反馈循环机制

随着社会的进步和科技的发展,经济发展与创新之间形成了一种相互促进的正反馈循环。创新可以推动经济的发展,而经济的蓬勃发展也会为创新提供更加良好的环境和条件。这样的正反馈循环不仅加速了技术的扩散和应用,而且也促进了经济结构的优化升级,形成了一个生生不息、充满活力的发展模式。

一方面,经济发展为创新提供了广阔的市场需求和资源条件。随着经济规模的日益壮大,市场对于各种新型、高效的创新产品和服务的需求也在急剧增长。这种趋势不仅激发了企业内部研发团队的活力,而且也激励着他们加大对新技术、新产品的研发投入,以满足消费者日益变化的消费需求。与此同时,经济发展还为创新活动提供了源源不断的资源支持,从先进的研究设施到充足的资金保障,再到开放的政策环境,这些都为科研人员和企业实施创新项目提供了有力的支撑。科研机构能够借助政府的资助和私人投资,开展前沿科学研究;而企业则能够利用资本市场的力量,将创新成果快速转化为现实生产力。

另一方面,创新对经济发展也具有重要的推动作用。首先,创新提高了生产力水平,不仅改变了传统产业的面貌,而且加速了经济结构的重大变革。在这个过程中,更加高效的生产方式和流程得以实现,劳动生产率大幅提高,资源利用效率显著改善,从而为经济的高速增长提供了强大动力。其次,创新拓展了新的产业领域,开拓了无限的市场空间。随着科技进步和技术革新,新兴产业如信息技术、生物技术、新能源等迅速崛起,成为推动经济增长的新生力量。这些产业不仅创造了新的增长点,还培育了一批批创新型企业,它们在市场竞争中崭露头角,成为了引领未来经济走向的关键力量。同时这些新兴产业和企业还创造了大量的就业机会,通过它们的发展带来巨大的经济效益。此外,创新还是驱动经济结构优化和升级的核心力量。通过对传统产业结构的调整和优化,国家能够更好地适应全球化的经济格局,增强在全球经济竞争中的竞争力。

由此可见,经济发展与创新之间形成了一种正反馈循环机制,这种机制的核心在于,它能够有效地提升系统的某些关键功能,使之得到加强和优化。经济发展与创新之间的正反馈循环可以通过以下几个机制进行解释。首先,经济发展提供了强大的市场需求,激励企业加大研发投入和创新力度,推动了创新的不断发展。其次,创新提高了生产力水平和市场竞争力,进一步促使经济发展壮大。最后,经济发展和创新相互借力,形成了技术积累和经验积累的良性循环,进一步提升了创新能力和竞争力。这些机制共同作用,构成了经济发展与创新之间的正反馈循环。这个不断循环、螺旋上升的过程,通过自我强化来推动整个经济体向前发展,为社会进步和发展提供了持续的动力。在创新活动中,正反馈机制可以帮助企业和个人从成功的创新实践中获得积极信号,从而激发出更强烈的创新意愿和行为。这种机制能够确保企业在面对市场竞争和环境变化时保持活力和竞争力。

在实际应用中,正反馈机制通常涉及三个方面。

第一,体验创新。企业将用户的体验反馈与评价视为改进自身产品与服务的资源。通过精心设计的用户体验反馈机制,企业能够迅速而准确地捕捉到客户在实际使用过程中遇到的问题和需求,并据此进行产品优化或服务升级。这种以客户为中心的创新模式确保了产品和服务始终紧贴市场趋势和消费者期望,从而实现了对客户的深层次满足,建立了品牌与客户之间稳固而持久的关系。

第二,开放合作。通过携手其他行业的企业和组织,企业能够实现资源的共享和知识的交流。这种合作不仅可以帮助拓宽创新的边界和深度,还能增强企业在市场中的竞争力和影响力。这样的开放合作可以共同推动创新浪潮、应对挑战,并最终实现共赢。

第三,继续创新。这意味着在目前已经取得的创新成果的基础上,我们需要进一步推进和完善。通过对现有技术的深度挖掘和前瞻性思考,不断地进行调整和优化,确保产品、服务乃至整个商业模式能够跟上时代发展的步伐,适应日益变化的市场环境和技术趋势。只有这样,企业才能在激烈的市场竞争中保持领先地位,并最终实现可持续发展。

总体而言,正反馈机制作为一种强大的动力引擎,不仅能够激励个体和组织在不断探索中寻求创新,而且还能促进持续性的进步与改善。这种机制通过正面的反馈循环,有效地将个体或团队的努力转化为实际成果,从而在组织内部营造出一种充满活力、开放包容的氛围。这样的环境鼓励每一位成员都积极参与进来,贡献自己的智慧和创造力,共同致力于解决问题、实现目标。随着时间的推移,这种正向的互动不仅能够提升整个组织的运作效率,更能够在社会层面上推动科技发展、教育革新以及公共服务的优化。

（二）创新的正反馈机制对包容性增长的推动

第一，创新的正反馈机制是一个关键的动力引擎，它不仅能够激发创新，更能够加速推进技术的发展。通过这种机制，企业能够显著降低服务成本，提升效率。这意味着，那些因为资金或其他资源限制而难以获取基本服务的人群现在也能接触到这些基础的产品和服务，从而极大地改善了他们的生活质量和社会福祉。例如，多功能健康检查床的价格仅为 5 000 美元，这个价格水平远低于市场上同类医疗设备的普遍价位。这一显著的价格优势无疑将极大地促进医疗资源的均衡分配，使更多的医疗服务得以触及那些经济条件受限的人群。这种创新的解决方案不仅降低了医疗服务的门槛，而且还有助于提高全民健康水平，确保每位需要帮助的人都能够获得必要的医疗支持，从而推动更加公平和全面的医疗保健体系的形成。

第二，创新的正反馈机制不仅能够激发学习的热情，更是推动教育与培训方式不断演变和丰富的强大动力。它通过构建线上学习平台以及模拟真实环境的体验活动，使得各类学员不论在专业知识背景、技能水平或是学习习惯上存在何种差异，都能获得量身定制的学习路径，从而提升整体的学习效果和效率。这种方法为终身学习者提供了一个灵活而广阔的舞台，使他们能够根据自己的节奏和需求，选择最适合自己的学习模式，实现个人成长和职业发展的双赢局面。例如，在技术的前沿领域，实践实验室（Praxis Labs）所推出的关键实践（Pivotal Practice）平台以其创新的方式整合了生成式人工智能和沉浸式体验技术，为组织提供了一个全面的反馈机制，以便于在广泛的范围内进行改进；关键实践平台的核心优势在于它能够协助员工在跨越多个团队甚至不同部门间进行那些可能充满挑战的对话和协作活动；通过这样的过程，员工们不仅能提升自己的工作效率，还能增强整个团队之间的合作精神和整体的工作成效；关键实践平台不仅提升了个人的生产力，更促进了团队之间的深度协作，共同推动企业向着更加繁荣和高效的方向发展。

第三，创新的正反馈机制能够建立起一种更加开放和透明的沟通桥梁，这种机制不仅促进了信息的流通和知识的广泛传播，而且对于弥合数字鸿沟具有至关重要的作用。它为所有人提供了一个平等获取信息和交流见解的平台，有助于推动包容性增长的实现，让每个个体都能在这个数字化的时代中发挥自己的潜力。例如，尼泊尔无线公司在偏远地区建立远程无线网络。它不是简单地将网络服务延伸至这些地区，而是采用了一系列创新的技术手段和先进的正反馈机制来确保每一份资源都得到有效利用。通过这种方式，公司不仅为村民们提供了电子教育课程、便捷的卫生咨询以及日常通信服务，还成功地推动了整个社区的数字化转型。这些努力显著提高了偏远村落的生活质量，让知识的传递不再局限于纸张，健康信息也能实时共享，通信方式也更加多样化。尼泊尔无线公司的这一举措证明了创新技术与正反馈机制相结合，能够有效促进社会经济发展，特别是在那些地理位置偏远、基础设施薄弱的地区。

第四，创新的正反馈机制可以通过为小微企业及创业项目提供必要的资金、技能培训以及市场渠道的广泛支持，促进这些新兴企业的蓬勃发展。这种支持方式使得小微企业能够在竞争激烈的市场中站稳脚跟，并逐渐发展成为创新驱动型的企业。随着时间的推移，它们不仅能创造出大量的就业机会，还能够推动整个社会经济向前发展，提高生产力水平并创造更多的商业机会。因此，正反馈机制对于推动经济增长、增加就业岗位以及激发社会活力都具有不可忽视的重要作用。

综上所述，创新的正反馈机制在推动社会各层面的包容性增长方面发挥着至关重要的作用，如降低服务提供成本，让更多的人享受到高质量的服务；提供定制化的教育，使每个个体都能根据自己的兴趣和需求获得最适合他们的学习资源；促进信息共享，打破信息壁垒，使得知识的传播更加迅速和广泛；以及创造新的就业机会，为社会注入活力。通过这种方式，正反馈机制成为实现公平、开放、共享发展的有力工具，其影响力遍及经济、教育和就业等多个领域，极大地丰富了人们的生活，提升了社会整体的繁荣程度。这些机制共同作用，不仅促进了经济的增长，还增强了社会的包容性，使更多人有机会参与其中，共享经济增长的成果，最终推动整个社会朝着更加繁荣和发展的方向前进。

第四节　包容性创新与信息经济学

一、信息经济学与创新

信息经济学是一门研究信息和知识在经济中作用和影响的学科，它通过对信息技术的创新和应用，推动了科技的发展和经济的增长。信息经济学是以信息为核心，研究信息在经济中的生产、分配和利用方式的学科，包括信息产业、信息技术和信息经济三个方面。信息产业涵盖了从硬件制造到软件开发的所有相关活动；而信息技术则包括网络通信、数据库管理、数据分析等一系列先进技术。信息经济着眼于利用这些技术和产业成果来创造价值，它探讨了信息资源如何在经济体系中转化为生产力，促进财富增长和社会福利提升。信息经济学的研究不仅为理解数字时代经济的运行规律提供了全新视角，也为解决当代经济中的诸多挑战提供了切实可行的策略。随着数字化转型步伐的加快，信息经济学的重要性日益凸显，它将引领我们探索知识与信息如何塑造未来经济的新模式。

信息经济具有以下三个特征。第一，它是一种重要的资源。当今世界，信息已经成为现代经济发展的一个重要组成部分，不仅是经济活动的基础，也是推动经济增长和社会进步的关键。第二，信息技术发展迅速。互联网和信息技术的飞速发展，极大地降低了人们获取、传播和利用信息的成本，使人们可以更方便地获得和使用信息。第三，信息经济具有高效性。信息经济以其传播速度快、处理速度快、使用范围广等特点，促进了经济生产力和效率的提高。

从信息经济的角度来看，创新可以被理解为一种信息熵的变化。信息熵是由美国著名数学家克劳德·香农所提出的一个概念，它主要指的是一条信息蕴含的信息量（Shannon，1948）。在这个框架下，信息的经济价值并非简单地取决于其本身，而是更多地取决于该信息能够给人带来多少意外和惊喜。换言之，一条有价值的信息应当能激发人们新的思考和行动，这种潜在的意外效果才构成了信息的价值所在。例如,抛掷硬币由于可能的结果较少,信息熵较低,因此带来的惊喜程度较小,而抛掷骰子由于可能的结果较多,信息熵较高,因此带来的惊喜程度较大。正如物理学中熵代表混乱度一样,信息熵也体现了信息的不确定性和无序程度。每当市场上涌现出一款新颖独特的产品或技术时,这股新的力量便会打破既有的供求平衡,创造出全新的供给模式;这种供给的变化不仅仅是数量上的增加,更重要的是它对产品本身的供需关系产生了深远影响。同时,这样的变化还深刻地塑造了市场的结构形态,并改变了消费者群体的行为习惯与消费偏好。因此,创新活动通过改变信息熵,不仅优化了资源配置,增强了生产效率,而且促进了经济体系向着更加繁荣和多元化的方向发展。

此外,信息经济学的视角进一步深化了我们对于经济活动本质的理解。这种观点认为,人类社会的经济体系实际上是一个由信息构成的复杂网络,其中创新作为这一系统中的核心元素,其本质可以被视为信息熵的动态变化。在这个理论框架下,信息价值被定义为一条信息给人带来的意外和惊喜的程度。因此,每当我们目睹一个新产品、新技术或是某种全新的商业模式出现时,就可以将其视作是信息熵发生变化的一个例证。在这个意义上,创新就像信息一样,是在既定的规则与不确定性的共同作用之下,随机涌现出的惊喜和出乎意料之物。而这种随机性正是现代经济结构中最为核心的驱动力之一,它推动着市场不断进化,以适应新的需求和挑战。这种思想不仅揭示了创新的基本性质,也为经济政策制定者提供了一种全新的分析工具。通过观察信息熵的变化,他们可以更好地预测和引导经济趋势,从而促进社会整体福祉的提升。在这个过程中,信息经济学帮助我们认识到,即使是最微小的信息变化,也能在经济系统中产生深远的影响。因此,理解并利用这些信息,对于整个经济领域的成功至关重要。

从信息经济学的角度,创新不是来自供求平衡,而是来自供给侧单方面的创新。这种供给侧创新体现在对现有产品或服务的彻底变革上,它打破了传统的供需平衡法则,从而使信息的复杂性和不确定性显著提高。大众市场由于遵循着高度确定性的供求关系,其信息熵相对较低,这意味着市场参与者对市场动态有着明确的预期，并且能够以较高的准确度进行预测。因此，尽管市场竞争激烈，但整体上市场秩序较为稳定，消费者可以较为准确地评估各种商品和服务的价值。相反，创新市场则挑战了供需平衡的传统原则，采纳了信息论中的随机性理论，市场上充斥着大量不确定因素，信息传递速度快且效率高。由于这些特性，创新市场的信息熵极高，使得市场参与者必须不断调整策略以适应快速变化的市场环境。供给侧的创新过程实际上是一个从高信息熵向低信息熵转变的过程。在这个过程中，高信息熵的创新市场为低信息熵的大众市场提供了新的供应选择和动力来源；同时低信息熵的大众市场又为高信息熵的创新市场提供了必要的养分，支持其持续的创新活动。这样的双向循环不仅促进了市场的多样化发展，还推动了整个经济体系的进步。在这个双向循环中，每个市场角色都发挥着重要作用。对于大众市场而言，他们提供了基本需求和消费场景，而创新市场则通过提供新产品、新技术等，引领市场进入更高层次的发展。而当创新的成果被吸收并转化为大众市场的供给时，整个经济生态系统就会受益，形成一个互利共赢的良性循环。最终，这种基于信息和知识的双向流动，不仅加强了市场的活力，也为经济的长期增长奠定了坚实的基础。

二、信息经济推动包容性创新

信息熵的变化不仅影响了产品供应和需求平衡，还深刻地改变了市场的形态和行为模式。随着信息量的激增和处理速度的加快，市场动态也随之发生了变化。消费者在这样的环境中，越来越倾向于获取和分享信息，这促使市场结构向更加扁平化、透明化的方向发展。商家们为了吸引顾客，不断创新服务和产品，以适应这种新的商业逻辑。信息经济的兴起，远远超越了传统信息技术的范畴，它更是一种思维方式的转变，即从单纯依赖技术到认识到信息作为资源的价值。在这个经济体系中，信息不再仅仅被视为一种工具或手段，而是被看作促进经济增长的关键要素之一。无论是制造业、农业还是服务业，信息化都已经渗透到社会的每一个角落，成为推动生产力提升的重要力量，同时，信息经济也推动着创新能力得以加强，因为在快速迭代的市场中,只有那些能够及时捕捉并利用信息的企业才能立于不败之地。

信息经济与包容性创新之间存在着密切的联系。一方面,在经济发展的过程中,信息经济为包容性创新提供了强大的动力和坚实的基础;信息经济作为一个研究领域,深入探究信息的生产、传播以及利用等各个方面,为创新提供了丰富的理论依据和宝贵的经验指导。另一方面,创新则不断推动技术进步和知识更新,致力于提升信息的获取、处理和分析能力,从而催生了信息产业的快速发展。这种相互促进的互动关系不仅促进了经济的增长,还推动了社会的进步,使得信息产业得到了进一步壮大,经济创新能力也随之增强。具体来说,信息经济对包容性创新的推动主要体现在四个方面。

（一）提供创新工具和方法

信息经济可以为创新提供更多的资源和工具。信息经济的发展不仅仅是技术革新的象征,还为创意产业注入了新的活力,在这个经济体系中,数据分析、云计算等技术成为了推动创新的重要力量。借助这些先进的信息基础设施,创新者能够高效地处理海量数据,利用大数据分析洞察市场趋势,并通过云服务来实现资源共享,减少重复建设的成本。这不仅降低创新的门槛,也显著提升了创新活动的整体效率和成功率。通过这样的资源整合与技术赋能,信息经济正成为引领未来发展的强大动力。例如,在信息与通信技术(ICT)的迅猛发展推动下,信息经济已经开始迈向更高维度的智能化新境界;这种趋势体现在自动驾驶汽车的普及、家居设备的智能升级以及制造业的自动化转型等方面。这些进步不仅革新了技术,还改变了人们日常生活和工作的方式,使得整个社会的运作变得更加高效、安全和便捷。通过智能化改造,传统产业正逐渐摆脱劳动密集型的标签,转而以技术驱动的创新为核心竞争力,为经济增长注入了新的活力。

信息产业的自主创新是信息经济提供创新工具的另一个体现。它不仅仅是对现有技术的简单应用或模仿,而是涉及一系列复杂而深入的过程。这包括原始创新——在基础研究领域提出全新的概念和理论;集成创新——将这些原始技术与实际需求紧密结合,开发出更为高效、实用的产品或服务;以及引进消化吸收再创新(IT—BT),即通过引进国外先进技术,结合自身的优势进行消化吸收,并在此基础上实现创新发展。为了推动自主创新,需要政策制定者与市场参与者共同努力,形成一个有利的环境。政策引导可以为企业提供明确的方向和支持,例如税收优惠、资金投入、知识产权保护等,从而降低创新的风险和成本。市场导向则强调以市场需求为导向,促进资源的合理配置和高效利用,鼓励企业根据市场变化不断调整策略,增强自主创新的动力和活力。这种相互作用和相互补充的关系,共同构建了一个既能激励创新又能保障创新成果快速转化的良性循环体系。

(二) 促进知识和技能的传播

信息技术的进步,尤其是互联网的发展,极大地降低了信息传输的成本。网络平台与社交媒体的出现,使得信息交流不再受地理位置的限制,信息的传播速度和质量都得到提高,而且成本也大幅下降。此外,互联网提供的信息更加公开透明,这一点对于消除信息不对称问题起到了至关重要的作用。以前由于信息不完全和不对称,人们很难获取所有相关信息,而现在人们可以轻松访问到几乎所有他们所需的数据和知识。这些进步不仅极大地减少了信息获取的成本,还为每个人打开了一个充满无限可能的知识库。人们可以通过网络接触到各种来源的信息和知识,无论是学术研究、市场分析还是日常生活经验,都能够帮助他们拓宽视野,增长知识,从而激发他们的创新思维和创新能力。例如万维网(World Wide Web)为人们提供了一个开放的平台,无论是专业人士还是业余爱好者,都有机会将自己的见解、研究成果以及独特的生活智慧分享给其他人。通过这种方式,信息和技能的分享变得前所未有地容易和快捷,从而极大地促进了知识的流动与扩散,使得个人智慧得以汇聚成更广泛的知识网络,推动了社会整体进步。

在信息经济时代,数字技术的飞速发展改变了知识与技能传播的方式。曾经书籍和报纸是获取信息的主要途径,而随着电子书籍和在线学习平台的兴起,人们可以随时随地通过手机或电脑访问到丰富的教育资源。社交媒体的普及更是进一步加速了知识的传播速度,通过社交网络,新的思想、见解和创新理念能够迅速地在全球范围内被分享和讨论。在线教育的兴起,也为广大学习者提供了前所未有的便利,它不仅提供了更加灵活的学习时间,而且还打破了地域的限制,让世界各地的学习者都能接受到优质的教育,获得专业的知识和技能。这些转变大大降低了人才培养的成本,提升了个人的职业技能,为创新活动打下了坚实的基础。与此同时,企业和组织也意识到,拥有多元化的人才库变得越来越重要,因为不同背景的人才可以带来独特的视角和解决问题的方法。众多科技公司和组织机构投入巨资,致力于研发各式辅助学习的软件工具,这极大地提升了专业人士在工作中的学习效率。

此外,信息经济时代的知识传播不再受限于传统的地域界限和时间障碍,优质的教育资源现在可以跨越时空限制,通过网络平台广泛地分享给世界各地的学习者,为更多人所共享。这一变革极大地促进了教育公平,使得那些曾经遥不可及的教育机会变得触手可及。它不仅缩小了不同地区之间教育水平的差距,而且实现了教育资源的最优分配,让每个人都有机会接受到高质量的教育,从而推动了社会整体文明的进步。信息经济还可以借助教育和培训来提高个人和组织的信息处理能力,包括学习如何有效搜索、评估和利用信息,从而跨越数字鸿沟,让信息成为推动社会进步的强大力量。这种教育模式鼓励更广泛的参与和互动,促进了知识共享与思想碰撞,为创新创造提供了肥沃的土壤。它有助于构建一个更加开放和包容的创新环境,使所有人都有机会接触到前沿技术,并将其转化为实际的生产力和价值。这样的环境不仅能激发个人潜能,还能推动整个社会向前发展,实现真正意义上的包容性创新。

信息经济利用信息技术和经济学理论相结合,从海量的经济数据中获取有用的信息和知识。在这个过程中,企业能够借助全球化的信息网络,实时掌握市场动态和行业趋势;这种前瞻性的情报收集能力使它们能够在激烈的市场竞争中迅速调整战略,优化资源配置,从而在制定长期发展规划时更加从容不迫。而管理者利用这些数据可以推动业务创新,探索新的商业模式和服务方式,以适应不断变化的市场需求;他们还能通过信息的集成管理来促进组织结构的转型，实现从传统运营模式向高效、灵活、创新的新型企业形态的转变。这种转型升级不仅提高了企业的竞争力，而且也为其赢得了更多的客户信任和市场份额，使得企业能够在日益激烈的商业环境中稳固自身地位，并保持持续增长的动力。

（三）增强企业创新能力

在当今这个信息化的时代，各个领域都在积极地推进数字化转型。随着信息经济的兴起，数据已经成为了推动社会进步的关键生产要素，它不仅彻底改变了企业运作的模式，也重塑了企业的决策过程。企业现在可以利用大量的数据来作出更加明智和准确的决策，这些数据不仅是制定战略计划时不可或缺的参考信息，而且还被广泛应用于优化供应链管理、精准预测市场趋势以及提供高度个性化的产品和服务等方面。通过对这些数据的深入分析和利用，企业能够更好地适应市场变化，满足消费者需求，从而在竞争激烈的商业环境中获得优势。

在数字经济的浪潮中，企业得以借助其海量的信息和尖端的分析技术，实现了对市场动态和消费者需求的深刻洞察。随着互联网技术的不断进步和普及，各种新型的营销渠道如社交媒体平台、电子商务平台以及搜索引擎营销等成为了企业与顾客之间沟通交流的桥梁。它们不仅提供了一个广阔的网络空间，让企业能够直接触达消费者，还能够实时监控市场动态，调整营销策略，从而更有效地吸引潜在客户、促进销售增长。企业利用这些现代营销工具不仅能够更加精准地把握消费者的偏好与行为模式，还有助于激发创新思维，引领产品和服务的前沿发展。

信息技术的应用可以帮助企业优化和自动化业务流程，提高工作效率和生产力；例如，通过企业资源计划系统、供应链管理系统和客户关系管理系统等，企业能够实现更好的资源配置和协同合作，降低成本，提高响应速度。此外，通过跨行业、跨地域的合作网络和信息交换平台，企业间可以共享资源、知识和洞察，从而显著减少不必要的重复信息收集过程，有效降低经营活动中的成本。这一趋势加速了企业间的合作，推动了整个产业链条上的效率革命，使得数字经济成为驱动经济增长的新引擎。

综合来看,信息技术为企业带来的不仅仅是生产力的提升,更重要的是它塑造了一种新的商业模式,使企业能够在快速变化的市场中保持领先地位,最终实现可持续发展。

(四) 形成新的经济模式

在信息技术的浪潮下,信息经济不仅催生出了众多新兴企业,更对传统行业产生了深远的影响。这些创新模式的涌现,如同一股强大的压力推动着传统企业不断地进行自我革新,促使它们打破常规,寻求新的发展路径。同时,这也成为了企业持续成长和保持竞争力的重要驱动力,为它们提供了前所未有的机遇和挑战,从而激发了整个商业世界的活力和创造力。

信息经济强调信息生产力的重要性,这种生产力不仅仅是技术的运用,更是一种思维方式和工作方法。在信息时代的浪潮中,信息技术已经成为推动社会经济发展的重要力量。通过将这些技术与各行各业相融合,实现了应用层面的深度渗透和创新突破;正是这样的融合与创新,才真正地引领了生产方式从传统向现代化、智能化的转变。这场变革不仅体现在生产效率上的显著提升,更为关键的是它对经济结构的深刻影响。随着信息技术的广泛应用,产业链得到了重塑,企业运营模式也随之发生了翻天覆地的变化;工业生产过程变得更加精细和高效,资源配置得以优化,市场响应速度加快,从而极大地促进了整个经济体系的活力和竞争力。此外,信息经济还催生出新的服务业态和商业模式,为经济增长提供了源源不断的动力,进一步丰富了经济活动的内涵,使得经济结构向着更加合理化、高效化、服务化的方向迈进。

信息经济有助于推动创新的社会化。随着网络技术的进步,人们得以跨越地理界限进行合作和交流。在这个过程中,不同背景、专业知识和想法的人才被连接起来,形成了一个充满活力的创新社区;这样的社区不仅能够促进知识的共享和思想的碰撞,还能激发出前所未有的创意火花。通过这种方式,我们能够共同努力,创造一个互相交流、互相启发的创新环境,从而推动整个社会朝着更加开放和包容的创新方向发展。此外,信息经济的发展进一步推动了社会治理现代化的进程。借助云计算、物联网等先进信息技术,社会治理的效率得到了显著提升。这些技术不仅简化了复杂的社会管理流程,而且通过数据驱动的决策模式,实现了公共服务的个性化与精准化。例如,利用智能分析,政府可以实时监控城市交通流量,优化道路规划;通过建立电子健康档案系统,医生能够更快地获取患者的健康状况信息,从而提供更为精准的医疗服务。随着人工智能技术的不断进步,其在社会治理中的应用也日益增多。这类技术可以处理大量的数据并进行深入分析,帮助政府洞察社会趋势,预测潜在问题,进而采取预防性措施;同时,它还能为公民提供更加便捷、个性化的服务体验,例如通过智能客服解决日常咨询,或通过在线平台预约公共资源等。这些创新举措无疑将推动社会治理体系的现代化建设,使之向着更加高效、透明、智能和人性化的方向迈进。

信息经济的兴起也为传统文化产业注入了新的活力,开辟出一个全新的平台,使得文化创意产业得以更加广泛地融入社会生活之中,并与世界各地的文化交流融合。这一趋势促使文化产业的边界不断扩大,从单一的本土市场扩展到全球范围内的消费者。数字媒体和网络文化作为信息时代的重要组成部分,它们的快速发展不仅反映了文化形态的多样性和创新性,也极大地丰富和提升了人们的娱乐方式和审美体验。这些新兴文化形态通过互联网技术实现了即时传播,打破了时间和空间的限制,使得文化产品能够迅速覆盖广大受众群体,从而在全球化背景下推动着文化软实力的提升和文化包容性的增强。

第五节　案例:招商银行整合长尾市场

2006年4月,招商银行因信用卡发卡量突破500万大关而欢庆胜利,这标志着该行历经三年不懈努力,成功占据了国内信用卡市场三分之一的份额。时任招行行长公开宣布,其信用卡业务已步入盈利轨道,且盈利水平"已超过国际平均水平",这无疑打破了业界对"信用卡业务前五年难见盈利"的固有认知。

此成就在很大程度上归功于该行在信用卡业务上的一次客户结构重塑。在这次革新中，招行摒弃了传统的简单客户分层方式，转而依据持卡人的产品生命周期进行更为精细化的客户分层管理，推出了包括学生卡（Young卡）、普卡、金卡及白金卡在内的多元化产品线。

以往，商业银行在客户定位上往往沿袭传统商业的套路，习惯性地以高低等级划分客户群体，并深受"二八法则"的影响。而招商银行信用卡的独到之处在于，它将"客户"视为个体而非群体，坚信每个客户那些曾被忽视的需求一旦汇聚起来，便构成了一个庞大的长尾市场。而强调"个性化""客户力量"以及"小利润大市场"，正是长尾理论的精髓所在。随着社会零售化趋势的日益显著，"客户力量"的潜力正逐渐显现。而"小利润大市场"的理念，不仅是对传统工业社会商业法则的挑战，也是传统商业在意识层面向长尾市场迈出的重要一步。

对于众多传统企业而言，在感知客户力量方面，或许尚缺乏互联网公司的敏锐度。然而，变革的号角已然吹响，长尾理论的影响力正逐步扩展，不仅是对于音乐和数字媒体产业，它将深刻影响整个传统商业领域，引领一场深刻的转型与升级。

第四章
包容性创新与包容性社会

　　社会发展的目标不仅仅是经济指标的增长,更内涵人的全面发展、社会的包容、可持续性等多元目标,因此,本章从包容性增长延伸至更广的范畴——包容性社会,来讨论包容性创新对社会包容性的影响。具体而言,主要是从性别鸿沟、数字鸿沟、可持续发展三个层面,分析相关领域缺乏包容性的具体表现,并在此基础上探究包容性创新促进包容性社会的路径。

第一节　性别包容

一、性别鸿沟

　　性别是一个跨越国度、文化、历史的话题,它不仅是生物学上的划分,更蕴含着丰富的意义和价值体系,塑造着人们对于自身和他人的认知。然而,这种划分往往呈现出一种不均衡的态势:男性占据主导地位,女性则常处于边缘或被边缘化的位置。这种现象在很多社会结构中都清晰可见,由此导致了一个问题——性别鸿沟。

　　性别鸿沟指的是在社会生活的各个层面,如政治、经济、教育、健康等领域,由于对男性与女性之间差异性的认识和实践,所引发的各种不平等现象。这些不平等包括但不限于权力的分配、机会的获得、资源的获取等方面,它们可能源于复杂的生物学因素,例如男女在体能、生育能力上的天然差异;也可能受到社会文化的深刻影响,比如传统观念中对性别角色的刻板定位,以及由此衍生的职业选择和晋升路径的限制。在这个由性别界限划定的社会中,性别身份成为了一道难以逾越的鸿沟,它无处不在,深植于生活的方方面面:从发型、衣着、行为,到职业、生育和权利。这条鸿沟不仅阻碍了性别之间的平等交流,也在无形中加深了社会的分裂,也正是这条鸿沟塑造了一个需要我们共同努力去跨越的社会现实,以确保每个人都能在自由和尊重的环境中成长和发展。在一个几乎所有人都默认性别划分明确的世界中,要想打破这种根深蒂固的偏见,实现对女性更加全面和平等的包容,无疑是一项艰巨的任务。

在人类文明的发展进程中,性别鸿沟的形成有其深刻的历史根源。由远古时代采集狩猎的简单生活方式向农业社会的转变不仅标志着人类社会结构和生产方式的变化,也是性别角色分工发生根本变化的重要转折点。在农业经济模式下,由于体力劳动所需的肌肉力量、耐力以及对自然环境的适应能力,男性相对于女性拥有更明显的比较优势,因此在传统农业活动中,男性通常负责户外的耕作劳作,而女性则主要承担起家中的家务和生产活动。随着时间的推移,这种性别分工模式在社会文化层面逐渐得到了固化,它不仅仅是一种职业选择,更成为了一种社会规范,深深影响着人们的社会认知与行为。这种现象不仅强化了男性的社会权威,而且塑造了男性和女性在经济社会中的不同地位和角色:男性因其在户外劳作的能力而获得较高的社会地位,他们往往是土地和资源的管理者,掌握着生产资料的控制权。相反,女性则被限制在家庭和社区内部的生产领域,她们的劳动成果虽然重要,但往往不能转化为同等的经济收益和社会地位。这种性别角色的差异不仅仅体现在体力劳动上,还反映在教育机会、政治参与以及其他社会活动等方面。男女之间的这种不平等在很大程度上限制了个人潜能的发挥,并在代际之间形成了深远的影响。随着时间的流逝,这些性别偏见和歧视在各个社会角落累积起来,进一步加剧了性别之间的鸿沟。尽管我们今天看到了许多挑战性别不平等的努力,但历史上形成的性别鸿沟仍是一个复杂且多维的社会问题,需要我们持续关注与反思。

随着人类社会的演进和发展,女性不断展现出其独特的力量和智慧,她们在诸多领域中突破传统界限,取得了令人瞩目的成绩和成就。从科学研究到艺术创作,再到政治舞台上,女性正逐步打破性别刻板印象,成为了推动社会进步的重要力量。然而,尽管这些进步不容忽视,我们仍然不能否定性别鸿沟的存在。这种差距不仅体现在经济收入、教育机会等基本生活条件上,更广泛地渗透于社会结构与文化价值观之中。在全球的各个角落,女性在政治、经济、法律和文化等多个领域依然面临着种种挑战和限制,她们的声音和贡献被边缘化或低估,这是需要我们深入反思和努力解决的社会问题。这些问题主要表现在四个方面。

一是政治方面。在政治领域,我们面临一个亟待改变的局面:尽管世界各地的女性已经取得了前所未有的进步和选举权的广泛普及,但在许多关键决策岗位上,她们依然处于较低的参与度和影响力中。在多数国家,虽然女性的投票权利已经得到法律上的确认,但在政府最高层的领导职位上,女性所占比例仍然极小;即便在那些已经开始出现女性领袖身影的国家,如美国、英国和德国,情况也并不乐观。在大多数国家,女性在公共政策制定过程中的声音和立场常常被忽视或受到限制,她们在推动性别平等和促进社会公正方面面临着诸多挑战和障碍;这种现象不仅影响了政治进程的质量,而且对整个社会的包容性和多样性构成了严重威胁。因此,要想构建真正包容的社会、实现真正意义上的性别平等,就必须从根本上改变这一现状,为女性提供更多参与政治的机会和空间,使她们能够在政治舞台上发出自己的声音。

二是经济方面。在经济领域,女性的状况更加不容乐观:她们在全球范围内的就业率普遍低于男性,这一现象在低收入国家尤其严重。许多女性在寻找工作时往往面临薪资较低的困境,这种情况在那些急需提升家庭经济水平、力图消除贫困的新兴经济体中尤为明显。此外,女性在获取公共服务方面也存在障碍,尤其是在金融和其他关键的商业服务领域;这些障碍不仅限制了她们的职业发展,也严重影响了她们参与创业和商业活动的能力和机会。在这样的背景下,女性往往需要承担更多的家务和育儿责任,进一步加剧了性别不平等问题。因此,解决这类经济问题对于提高女性生活质量和社会包容性至关重要。

三是文化方面。许多国家和地区对女性施加了种种限制，这些限制往往是隐性的且难以察觉，却深深植根于文化之中。例如，某些国家存在着严格的法律规定，禁止女性接受教育或从事工作；更有甚者，一些社会规范限制了女性参与社会活动、政治活动乃至个人自由的空间；这些行为不仅剥夺了女性实现自身潜能的机会，也严重损害了她们的尊严和自主性。同样地，科技创新和科学研究领域长期以来被视为男性的专属领地，尽管近年来这种情况有所改观，但仍然普遍存在着性别不平等的现象。在这些领域，男性往往占据主导地位，而女性则常常作为助手或者是成果的记录者出现，这种"相对缺席"的状况无疑加剧了女性在专业领域中的边缘化，使得女性在推动科技进步和发展时往往扮演着次要角色（李睿婕和何光喜，2023）。此外，媒体和文化领域也是性别歧视的重灾区。媒体经常通过物化女性形象，制造各种刻板印象和负面标签，如"女强人""女汉子"等词汇，来强化性别对立；这些负面刻画不仅损害了女性的自我认同，更让年轻女性在成长过程中面临自我价值的质疑和动摇，从而影响到她们未来的职业选择和生活规划。

四是家庭方面。在我们的日常家庭生活场景中，性别角色和分工的不平等现象尤为明显。尤其是在家务劳动和家庭育儿任务这两个领域，女性往往面临更大的压力和责任。多数家庭内部的决策过程中，诸如洗衣、烹饪、照料孩子等基本生活事务通常被视为妻子或母亲的责任，而男性则被期望承担更多赚钱养家的重任。这种性别化的分工不仅导致了社会对女性角色的刻板印象，而且还限制了她们在职业发展以及参与其他社会活动上的潜力和时间投入。这不仅影响了女性个人的职业生涯，也在一定程度上阻碍了整个社会的生产力和创造力。因此，打破这种局面，促进性别平等和工作机会的公平分配，对于提升整体的社会福祉和经济活力至关重要。

在当今世界，性别鸿沟仍旧是一个普遍存在的问题，其影响深远而复杂。联合国的一项权威研究报告揭示了这一现象的残酷现实：女性在就业市场上面临着比男性更为严峻的挑战。在全球范围内，女性比男性更难找到工作，工作条件和薪酬方面的性别鸿沟在长时间内几乎没有变化。特别是在低收入国家,这种就业鸿沟显得尤为突出。统计数据显示,近四分之一的女性在寻找工作时遭遇重重困难,无法找到合适的职位;这些女性往往因为缺乏必要的教育背景、技能培训或者社会资本而处于不利地位。更糟糕的是,即便是在拥有一定工作经验和资历的女性中,她们也经常遭受工资歧视和福利偏见的困扰,晋升之路异常艰难。不仅如此,女性在领导岗位上的能见度也远远低于男性;研究表明,女性在领导层中所占比例较小,且往往不被认为是具备权威和领导能力的人选。这种偏见与性别歧视紧密相关,它不仅限制了女性在领导力发展方面的潜能,也使得女性在整个职场生态系统中处于边缘化的位置(European Commission,2021)。图4.1和图4.2分别展示了2011—2020年间中国女性就业人员在全社会就业人员中的占比和中国男/女性就业人员在全国男/女性中的占比。图4.1的数据表明,近十年来中国女性就业人员在全社会就业人员中的占比始终不足50%,且整体呈现下降趋势;图4.2的数据表明,近十年来中国女性中处于就业状态的不足一半,且这个占比呈明显下降趋势。这反映出中国女性在就业方面面临的严峻形势和不平等的现状。除了就业市场中的性别鸿沟外,教育资源的分配不均、医疗服务的性别歧视等问题也加剧了女性在社会各领域的

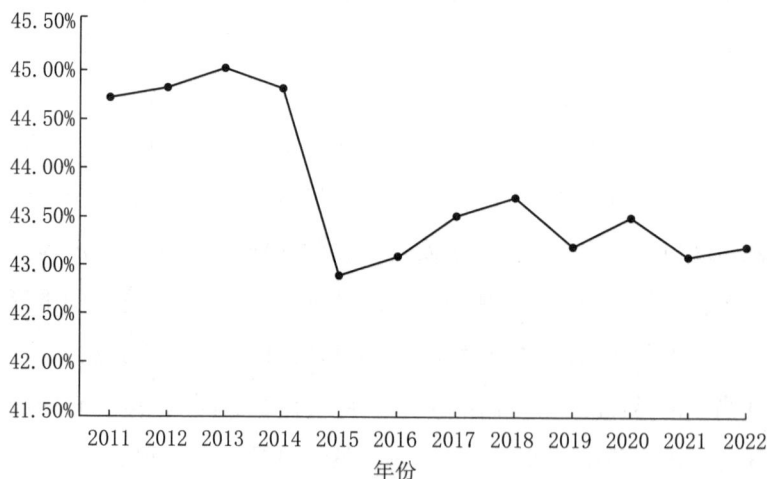

资料来源:国家统计局人口和就业统计司,2023。

图4.1 2011—2022年中国女性就业人员在全社会就业人员中的占比

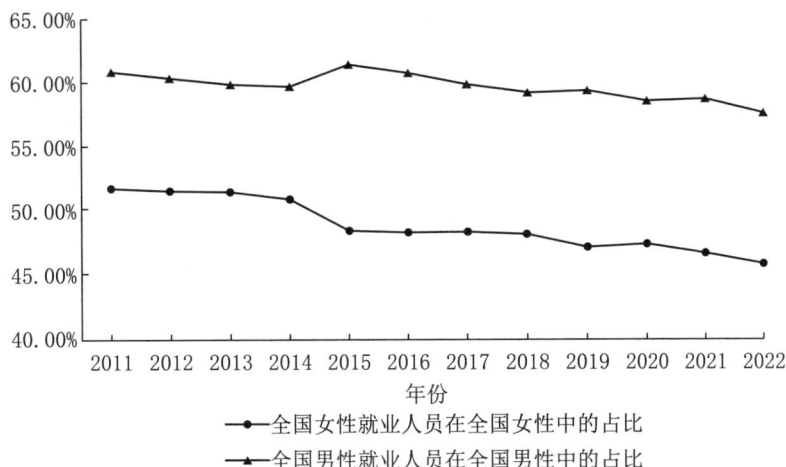

资料来源：国家统计局人口和就业统计司，2023。

图 4.2 2011—2022 年中国男/女性就业人员在全国男/女性中的占比

不利处境。在许多国家，女孩接受教育的机会明显少于男孩，这导致了性别间在知识水平和技能发展上的巨大差距。同样地，医疗服务中普遍存在的性别歧视现象，如医疗资源集中于男性医生手中，或在医疗决策过程中忽略女性患者的需求，进一步扩大了性别之间的健康差异。表 4.1 展示了 2020—2024 年间中国的全球性别差距指数得分情况。从数据上可以发现，我国的全球性别差距指数得分和排名总体变化不大；在经济参与和机会方面，整体得分和排名有所上升；但在受教育程度方面，近两年的得分和排名较之前有所下降。综合各方面的得分和排名情况，我国性别差距仍然较为明显，还需在各个相关领域持续进行突破。

表 4.1 2020—2024 年中国的全球性别差距指数得分

	2020 年		2021 年		2022 年		2023 年		2024 年	
	得分	排名	得分	排名	得分	排名	得分	排名	得分	排名
全球性别差距指数	0.676	106	0.682	107	0.682	102	0.678	107	0.684	106
经济参与和机会	0.651	91	0.701	69	0.741	37	0.727	45	0.738	39
受教育程度	0.973	100	0.973	103	0.936	120	0.935	123	0.934	127
健康与生存	0.926	153	0.935	156	0.94	145	0.937	145	0.94	145
政治赋权	0.154	95	0.118	118	0.113	120	0.114	114	0.123	111

资料来源：世界经济论坛，2024。

而随着数字经济的蓬勃发展,社会生活变得更加快捷与便利的同时,其对性别平等的挑战也日益凸显。现如今,世界各地的人们都在被数字化技术所塑造,但这种塑造并非均匀或平等地惠及所有人。在许多国家,女性往往面临更多的障碍,她们在获取信息、参与决策和实现职业发展时受到了不成比例的限制。不同的地区和社会阶层之间,甚至是同一社群内部成员之间,对于数字技能的掌握程度和利用情况也呈现出显著差异。这些差异不仅影响到个人的发展机会,也对整个社会的包容性和公平性构成了挑战。全球移动通信系统协会发布的《2022年性别移动鸿沟报告》提出,低收入和中等收入国家的移动互联网接入正在快速扩张,但这有可能让女性进一步落后。调查显示,到2021年,低收入和中等收入国家的女性使用移动互联网的可能性比男性低16%,相当于使用移动互联网的女性比男性少2.64亿人。在数字时代的今天,数字性别鸿沟所产生的差异正在逐渐凸显。这些差异不仅体现在日常生活中使用数字设备的能力上,而且还包括了个人数字技能的高低以及数字技术在社会中的投入和收益(张秀,2022)。例如,不同性别之间对于新技术的接受程度、对数字资源的获取能力以及在数字教育领域的参与度都存在显著差距;这些因素共同作用,形成了一道无形的性别鸿沟,使得男性群体更容易接触并利用数字技术,而女性则可能因为技术知识的缺乏或资源的不足而被边缘化。不仅如此,数字环境中隐含的性别歧视也是一个不容忽视的问题;女性往往被期望展现出更高水平的耐心、细心和责任心,这在一定程度上限制了她们在数字化职业生涯中的发展机会。此外,数字空间中的性别暴力问题同样值得关注;无论是网络霸凌还是职场性别不公正,这些现象都反映了数字信息发展过程中的性别不平等。

近年来,性别鸿沟问题已经成为全球关注的焦点,并且这种关注度正逐渐上升至一个新的高度。从学者到政治家,再到普通公众,越来越多人开始深入地探究这一问题的成因及其带来的深远影响。随着对性别差异认识的深化,国际组织如联合国妇女署和世界卫生组织纷纷加大力度推动性别平等政策,而各国政府也相继推出了各种旨在消除性别鸿沟的措施和计划。性别鸿沟在本质上属于社会包容问题,因此从这个角度出发,包容性创新作为解决这一复杂社会问题的有效手段,其重要性日益凸显。通过创造包容性环境,鼓励不同背景和经历的个体参与创新过程,可以促进性别平等和多样性。包容性创新不仅能够为女性提供更多参与经济活动的机会,还能为她们提供更广阔的职业发展空间,从而缩小性别鸿沟。因此,包容性创新已被视为一种强大的工具,能够在全球范围内推动性别平等和消除性别歧视。

二、包容性创新弥合性别鸿沟

一直以来,女性在男性主导的世界中承受着各种偏见和不平等,诸如"男尊女卑"等根深蒂固的传统观念在历史的长河里不断地塑造着女性的角色与地位。这些观念不仅限制了女性的经济独立性,还影响了她们在政治领域的参与机会,使她们往往被边缘化或排斥在决策过程之外。此外,年轻女性受教育的权利也遇到很多阻碍,导致其在知识水平、技术能力上与男性相比处于劣势地位。在大多数情况下,女性被迫从事那些需要较低技能的工作,或者不得不待在家中负责家务劳动。这些束缚严重削弱了女性的自我实现,剥夺了她们追求职业成功和个人成长的可能。这不仅仅是对女性的一种打击,更是一种系统性的不公。它们使得女性难以充分发挥自己的潜力,无法满足其基本需求和权利。从长远来看,改变这一现状需要全社会共同努力,提高性别包容性。

包容性创新认为,创新应当是一个包容所有人的过程,尤其是那些在历史上曾被边缘化或被忽视的群体,它提倡在创新活动中不仅要关注科技的进步和经济增长,还要将社会各界的需求、观点和能力纳入考量。从这个角度来看,女性成为了包容性创新的重要目标群体。她们的智慧、经验和独特视角对于解决性别不平等问题、推动社会进步具有不可替代的作用。可以说这样的创新模式有助于打破性别的界限、帮助弥合性别鸿沟、实现性别平等。通过支持和利用女性的力量,我们能够实现更加公平和多元的社会环境,从而促进社会整体的和谐与繁荣发展。

具体分析,包容性创新对性别鸿沟的弥合作用主要体现在以下四点。

（一）为女性创造就业机会和发展空间

数字经济以其创新的思维、强大的渗透能力以及广泛的覆盖范围，为女性开辟了一个更加广阔的事业发展空间和平台。数字化平台的出现打破了传统的地理界限和时间限制，女性因此获得了更大程度上的灵活性，从而能够更好地平衡工作与生活。在数字化贸易、电子商务、在线直播、内容创作等领域，女性展示出了出色的沟通和创意技能，女性的能力越发受到认可，这不仅提升了她们的职业形象，也为她们带来了丰厚的收入。互联网和在线平台的崛起，更是为女性提供了丰富的就业和创新机会。这些平台不再局限于特定的地理位置或时间，而是实现了全球性的包容性，无论身处何地，只要有互联网连接，就能开展业务。这种包容性极大地降低了女性创业的门槛，让她们可以轻松进入自由职业市场，创造出属于自己的品牌和产品；女性可以通过这些在线平台发布原创内容、参与在线营销活动或者建立个人网站来展示自己的专业知识和创造力。据统计，数字经济已创造近6 000万个女性就业机会，这些新业态中就业女性约占三分之一，互联网领域创业者中女性已占55%。长期来看，数字经济的灵活就业方式是女性职业发展的优势所在，中国女性在数字经济方面的参与率预计将继续增长，到2025年女性数字经济创业和就业人数可能达到1.2亿。

包容性创新借助信息技术的发展重塑了我们的工作和生活方式，并为女性打开了市场的大门。在这一背景下诞生的创新产品，凭借门槛条件低、操作方式简单等特性以及受到政策支持的优势，显著提高了女性参与市场竞争的能力。例如，电子商务平台的兴起，为那些受教育程度较低、缺乏专业劳动技能的农村女性，提供了一个全新的发展机会；她们可以通过这些平台将自己的手工制品、手工艺品或是当地特产进行在线销售，以此赚取收入，改善家庭经济状况。这种新形式的劳动与赚钱途径，不仅促进了农村地区的经济增长，也为女性创造了更多自我实现和社会地位提升的可能性。

在不断演进的科技浪潮中，包容性创新推动人工智能、大数据、云计算等新兴产业产生了大量对女性更具包容性的就业机会。这些新兴产业提供了多样化的职业路径，打破了传统职业偏见的桎梏，为女性创造出一个充满活力和挑战的工作环境。如今,无论是在软件开发、数据分析还是在网络安全等领域,都可以看到女性以其独特的视角和方法,在各自的岗位上发光发热,展现出了非凡的创造力。此外,包容性创新认识到,女性的独有见解与丰富经验是激发创意思维、开拓技术创新的宝贵资源。因此,它倡导在科技行业中赋予女性更多角色和机会,鼓励她们在科研、工程以及其他科技相关领域展现领导力,从而增强女性在科技界的代表性。这种做法不仅提升了女性的社会地位,还为推动科技的进步和应用打开了新的思路。例如,一些组织通过设立奖学金、举办研讨会和工作坊等方式,致力于支持女性在计算机科学、信息技术、工程等关键领域的深入研究与实践活动;这些组织和项目的努力旨在打破性别偏见,消除职业发展中的障碍,确保女性在科技创新的各个环节都能得到公平的认可和相应的回报。通过这样的举措,包容性创新通过实际行动支持那些曾经或正在面临性别歧视和不平等待遇的女性,帮助她们实现自身潜力,同时也为整个科技界带来了全新的视角与灵感。这一理念不仅体现了对女性能力的认可,也反映出对创新成果和社会进步重要性的深刻理解。

(二) 帮助女性接受教育和技术培训

包容性创新作为一种致力于提升社会整体福祉的理念和实践,不仅关注教育和培训过程中知识的传授,更强调教育过程的性别平等与性别包容;通过打破性别标签,包容性创新有助于改善根深蒂固的性别刻板印象。具体而言,包容性创新要求教育机构采取积极行动,确保每个学生都能享有平等的学习机会,无论是男孩还是女孩都应该被视为独立个体,平等地接受教育。包容性创新还强调消除性别偏见和刻板印象,消除那些将个人定义为特定性别角色或标签的现象,鼓励学生不受传统性别角色的限制,去自由表达自己的兴趣和才能,从而促进更加全面真实的成长和发展。此外,包容性创新能够帮助提供性别平等的教育资源。通过策划并组织一系列以性别平等为核心的主题活动,例如研讨会和讲座,教育者可以直接向学生传达性别平等的重要性。这些活动不仅仅是对理论知识的学习,更是对现实问题的深入探讨,使学生们能够从不同角度理解性别不平等的重要性及其带来的影响。

包容性创新通过提供接受教育和培训的机会提高了女性的质疑能力、对自身所处社会地位的深刻洞察以及相应的行动能力、对信息进行有效获取和处理的能力,这大大拓宽了女性的自由边界。在这个基础上,受过教育的女性通常能获得更为满意的工作,并拥有更多的决策自主权。她们得以参与到一个更广阔的劳动力市场之中,与男性站在同一起跑线上进行竞争,寻求创业就业、同工同酬、参与管理和决策的机会。这些改变不仅促进了女性个体的发展,也推动了整个社会向更加平等和谐的方向迈进。包容性创新的实践表明,通过提升女性的教育和技能水平,我们可以实现一个更多元化、更具包容性的未来,让每个人都能享有平等的机遇和尊重。

在数字化时代,女性在数字技术领域内的学习与应用正面临着不成比例的挑战。这一现象源于长期以来传统观念对女性角色的限定以及对于数字技术的偏见。然而,包容性创新能够通过教育机构、培训中心乃至整个社会的共同努力打破这些障碍,推动男女群体在学习和运用数字技术上的平衡发展。为了解决这一问题,包容性创新提倡在教育和培训过程中采取更加包容和细致的方法。通过提供量身定制的课程,专注于提高女性的技术素养和技能水平,使她们能够更好地理解复杂的技术概念并熟练掌握所需技能;这样的课程设计旨在消除性别刻板印象,鼓励女性自信地探索信息技术领域的无限可能性。包容性创新还关注于为女性提供一个支持性的学习环境。这不仅包括物理空间的优化,如增设针对女性的技术实验室和工作站,也包括政策层面的支持,例如提供税收减免、奖学金机会等激励措施,以降低女性的参与门槛,鼓励她们积极投身于数字化转型之中。此外,包容性创新强调为女性提供平等的学习和发展机会;例如编程女孩(Girls Who Code)组织通过创造技术学习机会来帮助更多的女性发现她们的兴趣和才能,国家妇女与信息技术中心(National Center for Women & Information Technology)组织致力于推广女性在计算机科学、信息技术和工程等领域的研究和创新工作。

包容性创新重视数字技术中内隐性的性别歧视,致力于消除性别歧视和性别暴力。具体来说,这意味着开发者们和设计师们需要接受有关如何识别和减少无意识中的性别偏见的教育;这样的培训能够帮助他们认识到这些潜在问题的存在,并学会如何有效地避免它们。通过这种方式,他们可以成为促进性别公平的推动者,设计出既符合用户需求又体现性别包容的数字产品。此外,包容性创新还倡导通过对现有产品和服务进行改进来实现更加平等和包容的环境。这包括对工具和平台进行重新设计,以确保所有用户,不论性别、年龄或背景,都能获得一致且无歧视的体验。根据联合国国际电信联盟报告《衡量数字化发展:2022 年事实与数字》,全球互联网的获取和使用中仍然存在 6% 的性别差距,要想改变这样的状况,不仅需要更好的数字基础设施,更需要解决由性别决定的诸如经济负担能力、用电机会、在线隐私和安全、社会规范、数字技能和识字能力等方面的问题,而包容性创新能够凭借其包容性帮助女性更好地参与到科技创新和经济活动中,从而提升女性的社会地位和经济独立性,去缓解这些问题。

(三) 设计和推广适合女性的产品和服务

企业可以通过包容性创新在产品设计时考虑到女性的生理特征和心理需求,提供更符合女性用户需求的产品和服务。女性作为消费市场的重要组成部分,占据了相当大的比例。因此,专注于满足女性消费者的特定需求和偏好,对企业而言至关重要。通过深入研究女性的生活模式、消费习惯以及价值观,企业可以开发出符合这些特征的产品和服务,进而吸引并留住更多的女性用户。这不仅可以增强企业的市场竞争力,而且也是品牌形象和社会责任感提升的表现。为了实现这一目标,企业可以采用设计思维方法,从设计者的角度或产品本身出发,认真倾听用户的声音、理解他们的需求和期望,然后根据这些信息来设计功能。这意味着企业必须克服传统思维的局限,摒弃那些可能导致性别歧视或者忽略女性在生理和心理层面上的细微差别的设计选择。例如,一些产品可能专为女性设计,其功能旨在减轻家务负担,如易于使用的清洁用品、高效节能的家电等;宝洁公司根据女性用户的多样化需求推出的各种不同的产品线;专为女性设计的移动应用、网站界面等。这样的产品和服务不仅能够赢得女性消费者的青睐,还能够帮助企业扩大市场份额,提高品牌知名度。

在数字化时代,企业可以运用数据分析来深入了解不同性别群体在使用其产品或服务时的具体行为和潜在需求。通过系统性地收集和分析一系列数据,比如网站访问数据、消费者购买历史记录以及各种在线活动中的性别比例,企业可以得到其中的性别差异。利用这些数据,企业可以更精准地调整其产品设计和服务策略。此外,企业还可以通过比较不同地区或不同年龄层之间的性别差异,发现潜在的增长机会或需要改进的领域。借助数据分析的结果,企业不仅能提升现有产品的吸引力和服务的个性化程度,也能够开发出更加贴合性别需求的新产品和服务,满足日益多样化的性别消费群体的需求,进而实现可持续发展和业务增长。

(四) 推动制定和执行有利于性别平等的政策

政府可以制定和执行一系列包容性政策和法规,如提供平等的薪酬、灵活的工作时间和远程办公选项;鼓励和支持女性参与科技创新和经济活动。这样的做法不仅有助于缩小性别之间的经济差距,还能够推动整个社会向着更加公平、多元和进步的方向发展。首先,政府可以通过包容性创新采取一些措施来保障女性的权益和待遇;例如建立免费教育项目、提供两性平等方面的培训、制定公平的就业政策、加大对教育和性别平等方面的支持,以及提供适当的公共服务(如托儿所)来促进女性的职业发展和经济地位。其次,政府有责任采取积极的措施,通过推动包容性创新来创造一个更加包容和多元的创新环境来促进性别平等。这包括但不限于提供必要的资金支持,确保女性创业者能够获得所需资源以实现她们的创意。同时,还应实施一系列旨在提升女性就业能力和技能培训的政策,以帮助她们在职场中取得更大的成功。此外,政府还应该制定专门针对支持女性创业的具体政策措施,如税收优惠、创业指导服务等,这些都是推动女性参与科技创新和创业的关键因素。通过这些综合举措,可以激励和支持女性打破传统界限,在科技领域发挥其独特才能,并为经济发展贡献力量。政府还可以利用数字技术,如社交媒体、在线教育平台等,来扩大女性的影响力,提高她们的可见度,并帮助她们获得更多的资源和机会;通过收集和分析数据,了解性别平等状况的改善程度以及包容性创新措施的有效性和可持续性,在此基础上不断调整和优化创新策略,确保性别歧视问题得到有效解决。

企业通过包容性创新,可以更好地理解和满足男性和女性的不同需求,从而在产品设计、服务提供、人力资源管理等方面实现性别平等,进一步弥合性别鸿沟。企业可以通过关注女性在组织内的平等和多样性,提供平等的薪酬和晋升机会,以及支持工作家庭平衡的措施,从而吸引和保留女性员工,将女性纳入管理层,创造更好的工作环境。企业也可以采取更为灵活和多元的策略,以适应男女员工在工作节奏、时间分配等方面的差异,从而逐步实现性别平等。企业还可以支持女性的参与和发展,例如提供职业培训和工作机会,帮助她们提升技能。这些举措不仅有助于缩小性别鸿沟,还能促进企业内部的和谐氛围,提升整体的工作效率和创新能力。

社区层面的举措包括建立相关课程、开设性别平等主题讲座、组织研讨会和辩论活动等,以此来培养人们对性别平等的认识。媒体作为信息传播的重要渠道,可以利用其广泛的影响力,通过广告、电视节目、电影等多种形式,普及性别平等理念,倡导性别尊重和平等的生活方式。此外,我们还应当加强不同领域之间的合作,通过有效整合各个层面的资源和智慧,形成合力来推进性别平等这一重要议题。例如,企业、政府、学术界以及民间组织可以携手开展性别平等研究项目;这些项目不仅能够汇集来自不同行业和专业的知识与经验,而且还能促进信息的交流和共享,参与者们可以在此过程中分享研究结果、分析数据以及应对策略等宝贵的经验教训,从而为推动社会整体进步提供强有力的支持。同时,还可以建立性别平等合作网络来强化信息交流和资源共享,形成合力。通过这种方式,我们能够共同面对并解决性别歧视和性别暴力等一系列社会问题,这个过程不仅能够提升公众对性别平等重要性的认识,还能为女性争取更多平等权利提供坚实的支持基础。通过这些方式,我们不仅能够推动性别平等的发展,还能促进社会整体和谐与进步。

总之,性别鸿沟是一个复杂而深远的社会问题。它源于刻板印象、偏见和不平等的权力结构,其内涵涉及男性和女性在生理结构、资源分配、社会文化和法律制度等多个层面的差异和隔阂,这种鸿沟的实质是社会包容性不足。通过推行包容性创新,我们能够推动社会变革,有效打破那些根深蒂固的性别歧视。这种方式倡导在各个层面上建立起更加公平和多元的交流与合作机制,从而营造一个真正意义上平等和包容的环境。在这个过程中,我们能够深入探究性别鸿沟产生的原因和后果、推动全社会认真关注和解决这一问题,在政府和社会各界的共同参与和不懈努力下,携手推动女性在政治、经济、文化等各个领域中获得与男性同等的机会和权利。如此,我们有望实现性别平等的目标,构建和谐包容的社会。

第二节　数字包容

一、数字鸿沟

当下,数字信息技术已成为人们生活中必不可少的一部分,它不仅极大地丰富了我们的生活方式,更推动着经济和社会快速发展。然而,这种技术的双刃剑特性也日益显现出来。当人们享受着数字世界带来的便利时,也不得不面对诸多挑战,尤其是那些被边缘化群体所面临的差异化问题。不同群体在数字信息技术发展进程中所处位置和获益的差异与不平等问题成为备受关注的热点议题,被称为"数字/信息鸿沟"。数字鸿沟描述了这样一种现象:由于信息技术和网络技术的掌握程度参差不齐,这些技术并没有成为所有人共享的资源。这种差距导致了不同群体之间的信息获取不平等,进而影响到他们的生活质量和经济发展;同时,这一鸿沟还可能加剧贫富差距,使得富裕阶层与贫困阶层之间的数字能力差异进一步扩大,形成新的社会断层线。

1999 年,美国国家远程通信和信息管理局(NTIA)在名为《在网络中落伍:数字鸿沟的界定》的报告中首次提出数字鸿沟这一概念。最初这一概念用于指代不同阶层在使用信息中的差异与不平等,指的是富人和穷人在数字/信息使用上的差距,能获得通信设备并具备较强信息获取和使用能力的人能更多获益，但"数字穷人"却没有这样的物质基础和能力。在数字经济发展初期，是否接入互联网能够区分出两个不同的群体，因此以这一因素来衡量数字不平等，即一级数字鸿沟（Katz 和 Aspden，1997；Dewan 和 Riggins，2005）；随着数字基础设施的不断完善，一级数字鸿沟已不再是制约数字经济发展的最主要因素。尽管如此，一个国家和地区内的数字鸿沟问题仍然在扩大，主要是受到互联网技能的影响（Deursen 和 Dijk，2019），因此互联网技能差异被用以衡量数字不平等，即二级数字鸿沟（van Dijk，2005）；数字经济发展至今，对个人生活已产生重要影响，如在线教育、线上娱乐、个人直播等免费服务。人们可以从这些服务中获取收益，例如通过在线教育获取知识、通过更广大平台降低搜索信息的成本、通过个人直播直接获取现金收益等等，但有一部分群体仍然只能通过这些服务进行娱乐、交友。这些都使得通过互联网技能转化收益的能力受到更多关注，并以此判断数字不平等，即三级数字鸿沟（Wei 等，2011）。数字不平等对社会、个人的各个方面都会产生影响。在互联网接入维度，van Dijk（2005）指出，对互联网的访问和使用将会影响公民的生存机会，并对社会包容性（Warshauer，2004）、收入包容性（张勋等，2021）等方面产生积极的影响；而在互联网技能维度，其提升不仅深化了互联网接入的包容性，也体现在人力资本培养（Kirschner 和 Bruyckere，2017）、农村居民消费（祝仲坤，2020）等其他方面。

　　中国存在各级数字鸿沟并存的问题。中国互联网络信息中心发布的第51次《中国互联网络发展状况统计报告》数据显示，在一级数字鸿沟方面，尽管互联网普及率从本世纪以来不断提升，但 2022 年互联网普及率仅为75.6%，仍然不及北美地区的 93.9%或欧洲的 88.2%。而在二级、三级数字鸿沟方面，尽管即时通信、网络视频的使用率达到 97.5%与 94.5%，搜索引擎、网络购物的使用率也超过 70%，但对于转化收益的能力方面，如在线医疗、远程办公、互联网理财等技能的使用率仍然较低，仅为 28.9%、45.4%、18.8%。随着数字化进程的加快，我国的数字鸿沟已从最初的接入鸿沟逐渐转向更深层、更新型的使用鸿沟和能力鸿沟；即数字鸿沟不仅涉及网络接入的问题，更重要的是开始深入到用户使用数字技术时所面临的各种障碍，以及他们获取、处理和利用信息的能力差异。尤其是近年来,大数据、区块链技术、人工智能等新兴信息技术被越来越多地应用于各个领域,带来了快速而深刻的变革,同时也暴露出了一些不容忽视的问题。这些新技术的普及和应用在给我们的生活带来巨大便利的同时,也使得那些对这些技术不够了解或无法熟练运用的人群成为了被边缘化的群体。因此,这种新型的数字鸿沟不仅仅体现在技术层面上,更反映在社会结构和经济地位的变化中。在产业数字化方面,尽管农村电商和数字农业等发展亮点体现了数字技术在农业生产、销售和管理方面的应用潜力,然而由于"三农"领域内基础数据资源体系的不完善、涉农信息技术工具缺乏多样性而无法满足农民在不同场景下的需求、数字技术的农业应用范围有限等限制,这一领域的数字化转型并没有达到预期的深度和广度。诸如数据分析能力不足、自动化程度低等问题使得数字技术在农业领域的应用存在局限性,从而限制了农业生产力的进一步提升。因此,尽管我们见证了一些积极的进展,但总体上看,农业的数字化程度依然滞后于其他产业。《中国数字经济发展研究报告(2023年)》显示,2022年我国服务业数字经济渗透率为44.7%,工业渗透率为24.0%,而农业领域的数字经济渗透率只有10.5%,作为第一产业的农业生产的数字化水平比工业、服务业都要低得多,数字经济在农业领域的发展滞后已经成为建设数字中国的一个突出短板。在公共服务数字化方面,尽管数字技术在城市中已被广泛应用,提高了治理效率和居民生活质量,但这些技术并未充分渗透到乡村地区,乡村地区提供数字化公共服务的能力相较于城市显得较为薄弱,尤其是在高科技含量的数字平台和服务体系方面,城乡之间存在着巨大差距。具体而言,数字教育、在线医疗服务、数字普惠金融等关键领域的发展滞后尤为明显。这种不均衡的发展现状不仅妨碍了数字时代农村基层治理模式的创新,还削弱了村民利用数字技术参政议政的积极性,城市居民能够通过数字平台参与政治生活,他们享受到的数字化治理和公共服务所带来的便利和益处对于农村居民来说却遥不可及。这种差异导致农村居民在获取信息、参与决策方面处于不利地位,无法充分利用数字化带来的机遇和红利,从而限制了他们的社会经济发展潜力。在数字素养方面,随着高新技术产业的迅猛发展,相关专业人才纷纷涌向经济发达的城市地区,形成了强烈的人才虹吸效应,这种趋势导致乡村地区面临着数字领域人才严重流失与匮乏的挑战,这一问题已经逐渐成为阻碍乡村数字经济发展、农业数字化转型升级的一个显著障碍。农村居民在深入利用网络资源,尤其是如何有效运用信息资源和数字技术来实现就业和增加收入等方面,与城镇居民相比也存在明显的差距,这对促进农村经济社会的全面发展构成了制约。随着以人工智能和区块链为代表的新一代信息技术的迅猛发展,技术运用门槛再次提高,这样的发展趋势很可能使得缺乏数字技能及相应培训的农村劳动者处于不利地位。更为严重的是,这种差距正在加剧农村居民在享有教育、医疗服务乃至获取经济机遇等方面的困难,由于数字技能的缺乏,他们往往难以参与到数字经济中去,享受到高质量教育资源、医疗保障以及投资于未来的机会,这种状况不仅限制了个人的发展潜力,也反映出农村与城市在数字化转型过程中存在的巨大鸿沟。

近年来,随着全球范围内数字化转型的浪潮不断推进,众多国家和地区不仅致力于构建更加强大的数字基础设施,同时也开始深入探讨并采取措施以应对数字技术应用带来的不平等问题。随着时间的推移,数字技术的影响力已经不仅仅局限于提高效率或娱乐生活,而是深入到了社会的各个层面,包括教育、健康、工作等多个领域;在数字技术影响的广度和深度不断提升的背景下,原有对数字鸿沟概念的"有/无"二元划分已不再适用,它忽视了现实中更为复杂和多元的数字不平等、数字排斥等问题。由此,数字包容作为弥合数字鸿沟的动态过程被提出,它的核心思想在于创造一个更加公平和包容的数字环境,确保所有人都能充分利用数字工具来提高生活质量从而享受到数字技术带来的便利和益处,不管他们的社会经济地位如何。虽然关于数字包容的理解在不同地区和国家之间存在一定的差异,但普遍共识是它与数字鸿沟密切相关,人们越来越认识到除了关注数字技术的获取和使用外,更应该重视如何采取有效的行动来影响技术的应用效果,从而真正实现技术进步的广泛受益。中国信通院发布的《中国数字包容发展研究报告(2024 年)》指出,相较于数字鸿沟的概念,数字包容强调的是一种实际的行动方案,它关注的是人们如何运用数字技术,参与到数字生活之中。在这个过程中既有应对数字技术不利影响的一面,更有利用数字技术提升社会包容性的一面,其目的是提升数字时代经济社会发展的公平性、均等性与包容性。数字包容既具有"目的性作用"——实现数字包容发展,本身就是"消除新型不平等,实现经济社会包容"的重要目标;也具有"工具性作用"——以数字化的手段推动经济社会的机会平等、普惠共享,是实现包容性发展的重要路径。这一概念在政策层面也得到了广泛的讨论和支持,很多政府机构和国际组织已经将其作为促进社会公正和包容性发展的关键目标,相关研究人员和政策制定者通过研究不同国家和地区的成功案例,探索如何通过教育培训、技术援助、法律保障等手段缩小数字差距。学术研究领域对此也给予了高度关注,学者们从不同角度分析了数字包容的内涵和实践策略,寻求创新的方法来推动包容性的数字政策。社会团体和企业也积极响应,通过创新服务模式、提供免费或低成本的数字服务等方式,为边缘化社区提供支持,帮助他们融入数字世界,努力缩小数字鸿沟。总而言之,数字包容已经从最初的提议转变为一种普遍接受的概念,并成为全球范围内政策制定和行动计划的重要组成部分。通过确保所有人都能享受到数字技术带来的好处,我们可以朝着构建一个更加平等和可持续的数字未来迈进。

二、包容性创新弥合数字鸿沟

(一) 提高数字接入和数字服务的水平

包容性创新的一个核心要素就是提供适合所有人的数字服务,每个人都有权利和能力获取数字技术带来的便利,而这种权利不应因年龄、性别、职业或地域差异而有所不同。因此,设计产品和服务时,我们应该超越传统的用户画像,采取更加多元化的方式来识别和满足他们的独特需求。例如,针对老年人群体,可以开发更为直观易用的智能手机应用程序、设计更加友好的界面、简化操作流程,帮助他们更好地理解和运用数字技术;对于残障人士,可以设计有针对性的无障碍信息交流工具和服务,以便他们能够顺利进行在线学习、工作或社交。在数字时代,数字资本维度已经远远超出了简单的经济条件,它包括了教育水平、健康状况、居住环境等多种因素,因此包容性创新的目标群体不应再局限于农村和欠发达地区,而应当增加基于数字资本维度来定义的群体。

基础设施的建设是弥合数字鸿沟的基础。这不仅包括扩大网络覆盖范围,还涉及改善网络的稳定性和速度,确保每一个角落的居民都能享受到便捷、高效的互联网服务;在这个过程中,政府、企业以及社会各界都应该共同努力,加大对信息通信技术基础设施的投资力度,提高宽带覆盖率和 5G 用户覆盖率,从而消除城乡之间的数字鸿沟。同时,我们必须投资于数据中心和云计算平台的扩建,这些是数字化转型的心脏地带;通过加强这些基础设施,我们能够为各种数字化应用程序提供可靠、强大的后台支撑,从而加速科技成果的转化和创新能力的提升。只有当每个人都能够接触并充分利用这些先进技术时,数字鸿沟的问题才有可能得到实质性的解决。因此,政府、企业以及社会各界都应共同努力,加大对基础设施建设的投入,以构建一个互联互通、充满活力的数字未来。

包容性创新不仅有助于提供技术上的便利,更在提升社会整体数字化水平方面发挥了重要作用。在改善数字接入环境的方面,可以通过建设更多覆盖广泛的公共 Wi-Fi 热点,大大降低人们使用数字网络时所需承担的成本,让更多的人能够享受到高速、便捷的数字生活体验。同时,降低上网费用也有助于减轻贫困地区和低收入群体的经济压力,使得他们有更多的机会接触并融入数字经济。在数字经济蓬勃发展的今天,包容性创新也必须关注商业模式的革新。企业可以通过开发免费或低成本的数字服务,来吸引用户的注意力,进而带动其他服务或产品的销售。这种模式不仅能扩大数字服务的受众基础,还能促进整个市场对于数字技术和创新服务的投资与研发,从而推动整个行业向着更加包容、可持续的方向发展。

（二）提高公众的数字素养

弥合数字鸿沟的一个重要环节是提高公众的数字素养,使之具备能够有效使用数字技术进行交流、获取信息和参与社会活动的能力。数字素养不仅包括了解和掌握基本的数字技能,如电脑或手机的基本操作,更重视数字能力的培养,如利用网络资源进行学习、工作和生活的能力。在具有广泛的数字接入的条件下,应当更加重视数字能力的培养,尤其是对于农村、低学历群体,而包容性创新能够从多个层面入手实现这一目标。首先,包容性创新能够推动对公众尤其是农村地区居民的数字技能培训,如线下指导如何使用智能手机、如何提高网络安全意识,等等,这些人群往往因为地理位置偏远或教育资源匮乏,难以接触到先进的数字工具和技术。其次,政府和社会各界能够借助包容性创新的力量为那些可能没有足够的教育背景或者资源来学习新技术的低学历和低收入群体提供必要的支持,帮助他们接入新技术、了解和掌握数字技能,确保他们也能享受到数字时代带来的便利和机遇,从而让他们更好地融入数字化社会中。在推广数字能力培养的过程中,包容性创新还考虑到个体差异,通过个性化的教学方法来满足不同人群的需求。例如,对于老年人,可以通过简化的界面设计和直观的教学材料来降低学习门槛;对于儿童,则可以通过有趣的游戏和互动课程来激发他们对数字世界的兴趣。此外,建立社区中心、图书馆等公共设施,提供免费的上网设备和技术指导,也是提高数字素养的一个有效途径。

在应用软件的便利性方面,有必要制定相应的政策,引导和鼓励应用软件厂商将其服务和产品向农村市场倾斜。通过这种方式,可以确保那些居住在偏远地区、信息获取相对滞后的人群能够更容易地接触到现代化的技术和工具,从而缩小城乡数字鸿沟。政府可以通过提供财政补贴、税收优惠或者是培训计划等多种手段来支持这一战略目标,帮助应用软件开发者更好地理解农村用户的需求,并开发出适合他们使用习惯的应用程序。这样不仅可以增加应用软件的使用率,还能促进农村经济的数字化转型,让农村居民也能享受到与城市居民同等的便利生活。

在就业方面,提升劳动者的数字素养显得尤为重要。我们必须认识到数字资源不仅仅是信息获取的工具,更是知识和技能传播的渠道,通过充分利用这些资源,我们可以让农村居民以及低收入群体接触到更深层次的知识领域。这不仅能帮助他们在已有的就业领域中提升专业水平,还能够使他们发掘更多的、更有潜力的工作机会。要实现这一目标,关键在于教育与培训系统的改革。通过接受既符合实际又具有前瞻性的课程,农村居民和低收入群体能够掌握适应现代经济需求的技能,这包括但不限于数字技术、数据分析、云计算等前沿技术领域的学习;通过学习,他们不仅能够从简单体力劳动者转变为技术工人,而且还能逐渐向高收入职业迈进,从而显著提高收入水平。此外,政府和社会各界也应创造一个鼓励创业和投资的环境。对于那些处于社会边缘的群体,如失业人员、残疾人、少数族裔等,提供创业指导和财务咨询服务;同时,通过普及相关知识来帮助人们理解市场动态,评估投资风险,并合理规划个人或企业发展路径。

在社会参与方面,包容性创新强调社区的参与和支持对于提高公众数字素养至关重要的作用。为了促进这种意识,社区可以策划并组织一系列富有成效的活动,例如数字技能挑战大赛、数字创意交流工作坊等。通过这些活动,参与者不仅能够学习到新的数字工具和技术,还能培养创新思维和解决问题的能力,从而激发他们对数字技术的兴趣。此外,这样的活动也有助于加强不同年龄、性别和背景人群之间的相互理解和支持,使数字化转型成为一个包容和普惠的过程。

（三）推动数字化转型升级

数字技术的迅猛发展正在深刻地改变着传统的三大产业——农业、制造业和服务业——以及它们所依存的市场格局和组织制度,这种融合带来了前所未有的技术机遇、市场机会和制度空间。然而,不平衡、不充分的发展现状依然存在,比如数字鸿沟的扩大、中小企业的数字化进程缓慢、高端人才短缺等问题。因此,如何通过有效的数字创新体系来解决这些问题,成为我们必须面对和解决的重大挑战。包容性创新不仅是一种创新的理念,更是推动数字经济迈向高质量发展的关键动力。它通过整合多元观点和资源,为政策制定者提供了一个宽广的视角,去构建能够激发创新活力、促进经济增长的政策体系。这种创新不仅仅局限于技术层面的革新,还包括对传统产业模式的深刻理解和改造,使得数字技术与实体经济实现深度融合,进而催生出全新的应用场景和商业模式。为了实现包容性的数字创新,我们不仅需要关注技术本身,更要着眼于技术应用所带来的社会影响。例如,如何利用数字技术改善农村地区的生活条件、如何通过数据驱动的决策提高政府服务的效率,以及如何利用大数据分析提升医疗健康服务水平。这些都是当前数字创新工作中亟待解决的问题,也是构建包容性数字创新体系的重要组成部分。

包容性创新能够推动数字化融入产业链的各个环节,无论是上游的原材料供应链、中游的制造环节,还是下游的销售网络和服务平台,都能获得相应的发展机遇。云计算、大数据、区块链和物联网这些现代信息技术的广泛应用,不仅优化了生产流程,提高了产品质量,而且还极大地简化了交易流程,降低了运营成本,成为推动生产、管理、营销等各个环节效率提升的重要工具。通过包容性创新,数字化产品的研发和生产也随之蓬勃发展。在这样的背景下,"互联网+"战略应运而生,各地根据自身的实际情况,发掘并发展"互联网+"相关的特色产业,以电子商务为抓手,加速整个生产、加工、销售以及物流等环节的数字化升级。

在缩小城乡差距方面,包容性创新不仅可以加速数字乡村创新创业基地的建设步伐、拓宽农村产品和服务的销售途径,还能促进资金的有效循环与配置;通过推动数字乡村发展中的投融资模式创新,激发企业对乡村振兴事业的投资热情,实现社会资本与公共投资的有机融合。这一过程不仅是资源整合的策略,也是战略布局的优化。为了进一步促进城乡间要素的双向流动,包容性创新推动构建一个更加开放的数字生态系统。这一系统应当以信息流为核心驱动力,推动技术、人才、资金、商品等关键要素流向农村地区,实现要素集聚效应。通过这种方式,可以形成一种新的经济发展模式,即以城市经济为主导,带动乡村经济的发展,同时城市与乡村在数字经济的融合中相互促进,共同发展。这样的发展模式有助于实现城乡均衡发展,缩小甚至消除城乡差距,最终实现共同富裕的宏伟目标。

(四) 推动相关政策制定

包容性创新不仅促进数字技术的普及,更助力相关政策和法规的精准制定与有效执行。在数字技术的浪潮中,确保每个人都能公平地享受其带来的红利,是我们共同的追求。为此,我们首先需要关注的是用户的隐私和安全;包容性创新鼓励我们设计更为严密的保护措施,确保每一位用户在享受服务的同时,其个人信息和权益都能得到充分的保障。此外,包容性创新也强调了数字产品和服务的普遍可访问性;这意味着无论年龄、性别、地域、经济状况,每个人都应该有机会使用到这些先进的数字工具。为此,政府需要出台一系列的政策和措施,以推动各种应用的普及。例如,通过政策引导,鼓励社交媒体、在线购物、在线银行等服务的下沉,让更多的人能够真正感受到互联网带来的便利。

政策的制定和执行对于弥合数字鸿沟具有至关重要的作用,为了实现这一目标,我们需要制定一系列的策略。例如,政府可以通过提供数字技术的补贴来降低使用门槛,使更多的人能够接触到这些技术;政府应当鼓励数字技术的研发和应用,推动相关产业的快速发展;政府可以通过提供税收优惠或补贴来鼓励和支持私营企业参与解决数字鸿沟问题等,以推动数字技术的普及和应用。此外,政府还可以投资于基础设施建设,例如增加对宽带互联网建设的投入,特别是针对偏远地区和低收入家庭,确保他们能够更容易地接入互联网;在推动数字基础设施的均衡分布方面,政府通过实施"东数西算"工程、云网强基行动等计划,确保数字资源在全国范围内的均衡分配,创造公平的竞争环境。

提供负担得起的设备和网络服务也是弥合数字鸿沟的重要手段。在这方面,包容性创新发挥了关键作用。通过政策支持和市场引导,我们可以降低设备的成本和网络服务的费用,使更多的人能够承担得起。这不仅可以提高数字技术的普及率,还可以进一步推动相关产业的发展。

第三节 可持续发展

一、可持续发展理念

当今世界正面临着一系列重大的社会和环境问题。人口的爆炸性增长给资源带来了巨大压力，同时也对生态系统造成了破坏。环境污染问题日益严重，空气、水和土地的污染程度不断加深，不仅威胁人类的健康，还威胁到动植物的生存。粮食安全方面的问题同样严峻，全球范围内饥荒频发，部分地区甚至出现了食物短缺的情况。随着全球经济的发展和科技进步，对能源的需求急剧增加，而传统化石燃料的使用引发破坏环境以及气候变化的风险；资源破坏和过度开采导致的枯竭也正在加剧。这些问题相互交织，直接关系到社会经济的发展模式，进而影响着每个人的生活质量。因此，解决这些问题已经不仅仅是国家层面的责任，而是需要国际社会共同努力，采取行动以实现可持续发展的目标。梅多斯早在 1972 年的《增长的极限》中就提出：经济增长已临近自然生态极限，单纯注重经济增长将无可避免地导致贫富差距悬殊、人际关系失衡和生态无序等全球性问题。迈尔斯在《人的发展与社会指标》一书中指出：以人为中心的社会发展是有利于社会各成员的发展，强调社会平等、国际平等、关系未来和注重现在四个方面。随着工业化和城市化进程的加速发展，全球生态危机悄然而至。曾经，土地耕种、资源挖掘被视为推动社会进步和满足人类需求的基石，然而随着环境的持续恶化和自然资源的枯竭，地球上的生态平衡正面临前所未有的威胁，这一做法已不再适用。面对这样的现实，我们开始重新审视人类的生存哲学和发展策略。一种新的发展观——可持续发展观应运而生，它倡导人与自然和谐共生，强调通过生态保护和可持续利用来实现经济社会的全面协调发展。这种发展观不仅提供了解决当前生态危机问题的思路，而且为未来的全球治理和政策制定提供了新的方向。

可持续发展观自提出以来，就引起了世界各地政府和民众的广泛关注和热烈讨论，已经成为各国政府和国际组织制定政策的重要参考。这一概念最早出现于 1980 年由国际资源和自然保护联合会（IUCN）、联合国环境计划委员会（UNEP）和世界野生生物基金会（WWF）共同发表的《世界自然资源保护大纲》。1981 年，美国布朗（Lester R. Brown）在《建设一个可持续发展的社会》中，提出以控制人口增长、保护资源基础和开发再生能源来实现可持续发展。1987 年，以布伦特兰夫人为首的世界环境与发展委员会

（WCED）在报告《我们共同的未来》中对可持续发展进行了系统性的阐述，并给出了被广泛接受且影响深远的定义：可持续发展是指既满足当代人的需求又不对后代人满足其需求的能力构成危害的发展。1992 年 6 月，联合国在里约热内卢召开的"环境与发展大会"，通过了以可持续发展为核心的《里约环境与发展宣言》《21 世纪议程》等文件。

在可持续发展的目标层面，戴利认为，持续发展的基本目标是尽可能长的人类生存时间内保证最多人数的生活，达到目标的途径是零人口增长和对不可再生资源使用速度和人均消费的控制（Daly，1980）。巴伯在其著作中把可持续发展定义为"在保护自然资源的质量和其所提供的服务的前提下，使经济发展的净利益增加到最大限度，以保证维持最多人数的生存"（Barbier，1989）。在可持续发展的本质层面，雷德利夫特指出，当经济行为导致的环境污染使生态差异量和种类量减少、环境质量下降时，生产和经济系统在遭受环境和其他条件恶化影响下的恢复性就低，长期来看，系统就难以保持持续发展（Redelift，1987）；因此可持续发展的本质在于维持生产和经济系统的恢复性，即寻求经济与环境之间的动态平衡。在可持续发展的核心层面，蒂坦伯格指出，可持续发展的核心在于公平性，使后代的经济福利至少不低于现一代（Tietenberg，1988）；皮尔斯等认为，可持续发展是追求代际公平的问题，当发展能够保证当代人的福利增加时，也不会使后代人的福利减少（D. Pearcc，1989）。可持续发展具有经济、社会和环境三个维度。在经济层面上，可持续发展旨在实现经济效益和资源利用之间的平衡，这一理念倡导通过发展绿色产业、推广循环经济模式以及减少浪费来创造更高效、更具弹性的经济体系，确保经济的长期稳定增长。在社会层面上，可持续发展强调平等和社会福祉的提升，这意味着在教育、医疗、养老、住房等方面，需要提供优质且负担得起的服务，同时也要加强社会保障体系，以保障每个人都能获得基本的生存和发展机会。在环境层面上，可持续发展关注如何维持生态系统的健康和平衡。它要求采取积极措施来保护和恢复环境资源，防止环境退化和生态破坏，倡导降低碳排放、节约能源、使用环保的产品和服务等，共同推动建设一个更加绿色、宜居的环境。

　　如今，可持续发展观已不再只是一项理论上的倡议，而是转化为实践行动的重要指导。各国政府纷纷将其纳入国家发展战略，国际机构如联合国也将其作为制定政策和议程的核心考量因素。中国政府高度重视可持续发展，并将其纳入了国家发展战略。1994年，中国政府编制了《中国21世纪议程——中国21世纪人口、资源、环境与发展白皮书》，首次把可持续发展战略纳入我国经济和社会发展的长远规划；1997年，中共十五大更是把可持续发展战略确定为我国"现代化建设中必须实施"的战略；2002年，中共十六大把"可持续发展能力不断增强"作为全面建设小康社会的目标之一。经过多年的努力，我国实施可持续发展战略取得了显著的成果。在经济发展方面，国民经济持续、快速、健康发展，综合国力明显增强，人民物质生活水平和生活质量有了较大幅度的提高，经济增长模式正在由粗放型向集约型转变，经济结构逐步优化。在社会发展方面，科技教育事业取得积极进展，社会保障体系建设、消除贫困、防灾减灾、医疗卫生、缩小地区发展差距等方面都取得了显著成效。在生态建设、环境保护和资源合理开发利用方面，国家用于生态建设、环境治理的投入明显增加，能源消费结构逐步优化，重点江河水域的水污染综合治理得到加强，大气污染防治有所突破，资源综合利用水平明显提高，通过开展退耕还林、还湖、还草工作，生态环境的恢复与重建取得成效。在可持续发展能力建设方面，各地区、各部门已将可持续发展战略纳入了各级各类规划和计划之中，全民可持续发展意识有了明显提高，与可持续发展相关的法律法规相继出台并正在得到不断完善和落实。

　　可持续发展为我们带来了许多机遇，如推动创新、促进经济增长、提高社会福利等；但实现可持续发展也面临着诸多挑战，如气候变化、资源短缺、环境污染问题，工业化、城镇化水平还处于中低阶段，就业压力、老龄化问题以及还不够完善的社会保障体系等。我国可持续发展仍面临巨大压力，制约我国可持续发展的突出矛盾主要是：经济快速增长与资源大量消耗、生态破坏之间的矛盾，经济发展水平的提高与社会发展相对滞后之间的矛盾，区域之间经济社会发展不平衡的矛盾，人口众多与资源相对短缺的矛盾，一些现行政策和法规与实施可持续发展战略的实际需求之间的矛盾等。

总而言之,可持续发展观已经超越了简单地追求生态修复和环境保护这一层面,它是对我们所处文明形态的全面审视与对未来发展道路的深刻思考。可持续发展是一个长期的目标,它要求我们在不断增长和变化的世界中找到一种方式,以确保经济、社会与环境的平衡发展。随着时间的推移,可持续发展不仅将成为应对未来挑战的关键工具,同时也会为我们带来前所未有的机遇。它提醒我们,只有当我们能够在尊重自然的前提下实现经济的繁荣和社会的进步时,才能真正走向一个生态友好、社会公正、人人共享的美好未来。这一过程不会一帆风顺,它需要我们投入更多的智慧、努力和创新,采取更加积极的措施来实现可持续发展,如全球合作、技术创新和政策引导等。我们每个人都有责任参与到这一进程中来,通过自己的行为和选择,支持并促进可持续发展的愿景,为后代创造一个更美好的未来。

二、包容性创新推动可持续发展

可持续发展理念和包容性创新之间存在着紧密的联系。可持续发展理念旨在满足当前需求的同时,不损害未来世代满足需求的能力,强调经济、社会和环境三个维度的平衡发展。包容性创新则是为了实现包容性增长,其本质是为了改善底层群体的福利,创造和提供更多的机会,使所有人都能从创新活动中受益。因此,从目标上看两者都致力于实现社会公平和包容性,确保不同群体特别是弱势群体能够共享发展的成果。可持续发展为包容性创新提供了宏观指导和价值导向,通过倡导公平性、共同性和持续性原则,可持续发展理念推动了包容性创新的发展,使其更加关注弱势群体的需求。包容性创新则是实现可持续发展目标的重要手段之一,通过科学、技术和创新解决低收入群体的需求,包容性创新有助于消除贫困、保护环境,并促进经济的持续增长,这与可持续发展的核心目标是一致的。

包容性创新对实现可持续发展目标的推动作用主要体现在以下四个方面。

(一) 促进经济增长方式的转变

包容性增长强调经济增长与社会包容性的平衡,它超越了传统的增长模型,将焦点从单纯追求 GDP 的数字攀升转移到提高社会福利水平和人民生活质量的深层次目标上来。在包容性增长的框架下,经济增长不再被视为单一维度的指标,而是与环境保护、公平分配以及社会进步紧密相连的多维度构成。它鼓励政府和企业采取行动,以创新和效率为手段,致力于创造一个更加包容、和谐和可持续的社会。这种增长方式的改变要求决策者不仅关注短期的经济数据,而且要着眼长远,确保每个人都能从经济发展中受益,无论其社会地位如何。这意味着,我们必须重新审视现有的经济制度和政策,以确保它们能够支持这样的转变,并适应不断变化的需求和期望。在这一转变的浪潮中,企业会逐渐意识到环境保护与经济效率之间的密切联系,开始寻求包容性创新的方法以减少对自然资源的消耗,并提高生产过程中能源的使用效率,以此来推动经济向绿色、可持续方向发展。这种包容性创新不仅是对传统生产方式的反思和挑战,更是推动绿色产业蓬勃发展的强大动力。

随着人们环保意识的增强以及对健康生活品质追求的提升,消费者对环保产品的兴趣日益浓厚,市场上涌现出大量针对环境友好型产品的需求。这些需求的增长直接催生了一个庞大的绿色产业市场规模,从而促进了相关产业的快速成长。从清洁能源技术到节能环保措施,再到循环经济模式的推广,各个细分领域的创新和应用为企业提供了前所未有的商业机遇。它们不仅有助于解决环境问题,同时也为全球经济的增长注入了活力,成为实现可持续发展目标不可或缺的力量。包容性创新通过不断地开发新的产品和服务,或者是对现有产品和服务进行改进,为经济发展注入了新的活力和可能性。同时,由于它注重资源的有效利用和环境保护,这种创新方式也有助于实现经济的绿色发展。例如,智能制造技术的应用,可以有效提升产品能效,降低能源消耗;绿色建筑材料和设计方案则有助于节约资源,减少废弃物排放;在推广可再生能源方面,从太阳能到风能、从地热能到生物质能,这些清洁能源的开发和利用是包容性创新的一个重要组成部分,它们不仅减少了对化石燃料的依赖,还有助于缓解全球气候变暖问题,实现能源经济的转型。通过这些举措,包容性创新成为了推动可持续发展战略的有力工具,展现了其在实现经济增长与环境保护之间平衡的独特价值。

包容性创新推动经济结构向更加均衡、多元化的方向发展。具体而言,包容性创新通过激励中小企业的发展壮大和创新型企业的持续创新,为社会提供了大量的就业岗位;这不仅能够缓解日益增长的人口压力,同时也显著提升了人民的收入水平,从而提升了消费能力,进一步推动内需市场扩张。这种经济结构的优化还有助于减少对外部市场的过度依赖,降低对外部市场波动的敏感度;这种稳定性使得经济体能够从容应对各种风险挑战,保持经济的稳健运行。此外,包容性创新强调创新驱动的重要性。它主张政府和私营部门应共同加大对科技研发的投入,从而创造出能够驱动经济增长的新动力;这一过程不仅促进了新兴产业的发展,而且还推动了传统产业向更高端、更高附加值的方向转变和升级。在这种以创新驱动为核心的经济模式下,产出的附加值得到提升,同时也确保了经济活动的可持续发展性,这对于提高国家在全球市场上的整体竞争力具有至关重要的作用。

（二）提高资源利用效率

可持续发展强调对资源的有效管理和利用。包容性创新作为实现这一目标的有效途径同样注重在日常生活和商业活动中对资源的合理分配与节约使用。在这方面,包容性创新体现为一种通过不断探索和应用新技术,来提高资源利用率和减少浪费的方法论;它鼓励企业和个人采用更为高效的生产方式,以减少对资源的不必要消耗。这种创新思维不仅仅应用于工业生产领域,还渗透到了农业、服务业乃至家庭消费等各个层面。此外,包容性创新还有助于提高企业的整体运营效率,因为它促使企业在追求利润最大化的同时,更加注重可持续性。这不仅体现在减少了原材料的使用量,还包括减少运输过程中的资源消耗、优化供应链管理以及利用可再生能源等措施。这些措施共同作用,降低了企业的生产成本,提升了其市场竞争力。从更广泛的视角来看,包容性创新还能帮助缓解全球范围内的资源约束问题,例如水、土地和矿物等自然资源的短缺问题。它通过提高资源利用率,减少了对自然资源的过度开采,从而有效地保护了生态环境。在这个过程中,企业和社会都能从中受益,实现经济效益与环境保护的双赢。

在产品设计环节,包容性创新强调以满足广泛用户需求为导向,包括弱势群体。这种创新思路引导设计师们致力于创造出既实用又耐用,并且易于维护和升级的产品;这样的产品设计能够显著延长产品的使用寿命,同时大幅度降低对资源的消耗,体现了可持续发展的原则。进一步地,包容性创新可以转化为一种方法,通过对产品设计进行创造性的改造,实现资源的最大化使用。例如,采用可循环利用或可再生材料来制造产品,或者设计出可以多次回收和再利用的部件,这些做法都有助于减少环境中的资源消耗,并减少因产品废弃而造成的浪费。通过这些方式,包容性创新不仅关注产品本身的功能和美观,更着眼于其长期的使用价值和环境影响,展现了一种更加全面和平衡的设计理念。

包容性创新提倡通过构建全面的回收网络和有效的循环机制,来实现资源的高效管理和再循环使用。这要求我们在日常生活中采取更为环保的消费行为,例如更加注重可回收材料的使用、减少一次性产品的消耗,以及采用更多可再生能源来替代传统化石燃料。为了达到这一目标,包容性创新强调在经济活动中引入循环经济的概念,即在整个社会范围内重新分配资源,使得每一单位的生产投入都能得到最大化的利用;这样做不仅有助于降低对自然资源的依赖,还能够避免废弃物的堆积,从而减轻环境负担。通过实施这种创新模式,我们可以看到资源在不同产业部门间的自由流动,形成了一个循环往复、互利共生的生态系统。此外,包容性创新也推动了新技术和新的商业模式的发展,这些创新成果能够为社会带来全新的价值创造机会;例如,基于可持续生产的供应链管理系统,或是通过智能化设备提高资源的利用效率,这些都是包容性创新在促进资源循环利用方面所取得的具体成效。

在一个充满包容性和平等的环境中,人们拥有共同的机会去追求教育,掌握必要的技能,并积极地参与到经济活动中。这样的社会不仅体现了对个体潜能的尊重与鼓励、提高了人力资源的利用效率,更为经济的持续发展提供了坚实的人才基础,使其成为推动经济增长和社会进步的强大动力。包容性创新的理念在于通过创建一个更加开放和公平的学习与工作环境来促进人才的成长,使每个人都能在自己擅长的领域发光发热。它强调的是多元化的人才培养模式,让不同背景、技能和需求的人都能够找到适合自己的位置,从而激发出整个社会的创新活力。通过这种方式,包容性创新为社会提供了源源不断的新知识和技能,进一步巩固了经济的根基,确保了其可持续发展的未来。

(三) 改善生活质量

包容性创新的实施不仅为传统产业注入了新鲜血液和创新活力,也为新兴的绿色产业开辟了广阔的市场空间。随着环保意识的深入人心以及对绿色、可持续生活方式需求的激增,相关领域如清洁能源、生态农业、绿色建筑等都呈现出蓬勃的发展态势。这一趋势无疑对那些精通环保技术、具备管理才能以及能够提供优质服务的专业人才提出了更高的需求。这种对复合型人才的渴求,为劳动者们提供了前所未有的就业机遇,他们可以在这些领域中找到与自己技能相匹配的职位,并有机会获得职业成长和发展。通过参与到包容性创新项目中,劳动者不仅能够提升自身的专业能力,还能在实现个人价值的同时,为社会的可持续发展作贡献。这样的转变,有助于缓解当前就业市场的紧张局势,并通过创造新的工作岗位,提高就业率,进而改善人民的生活质量,增强社会的整体福祉。

包容性创新不仅重视经济的增长和效率,更强调社会整体的福祉与进步。它致力于打破各种形式的社会不平等,将创新的成果公平地惠及每一个人,确保每个人都能从中获益,无论其社会地位、经济条件或地理位置如何。这样的愿景旨在构建一个更加和谐、繁荣的社会环境,通过提升居民的生活水平和幸福感,促进可持续发展目标的实现。在这个过程中,包容性创新发挥着至关重要的作用。它不仅是解决贫困、饥饿等紧迫社会问题的有效工具,还能改善人们的健康状况和教育机会;通过这种方式,它为弱势群体提供了向上流动的可能性,帮助他们摆脱贫困,获得必要的资源和支持,从而从根本上改变生活轨迹。此外,包容性创新提倡在设计和开发过程中,将成本效益最大化地考虑进去,确保所有人,尤其是那些处于社会边缘的群体,能够以合理的价格购买到高品质的产品与服务。这种创新不应该只关注利润的增长，而应更多地考虑如何通过技术革新和商业模式优化，来降低产品的生产和流通成本，从而为大众带来更加实惠的消费体验。这样做不仅有助于提升消费者的生活水平，而且也促进了经济的均衡发展，增强了社会的整体福利。最终，包容性创新将推动构建一个更加公平、包容且可持续发展的未来。

包容性创新不仅能促进社会的多元和包容性，还能为应对环境挑战提供创新的思路和方法。它涉及如何利用科技和创意来解决气候变化、资源枯竭、空气污染以及海洋塑料垃圾等问题。通过这种方式，包容性创新能够打破传统界限、推动跨行业合作，汇聚不同背景和专长的人士共同探索解决方案，找到既经济可行又对环境影响最小的解决办法，从而为实现环境保护与可持续发展目标提供强有力的支持，进而改善人们的生活质量。

（四）促进社会公平和稳定

通过不断地提升人民的生活水平和增加社会各个群体之间的包容性，包容性创新成为了一种强大的力量，它不仅能有效降低社会冲突的风险，而且能够缓解各种不满情绪。在这样的环境中，人们能够共享发展成果，而不是仅仅关注自身利益。因此，这种创新方式有助于构建一个更加稳定和谐的社会环境，这是可持续发展战略得以实施的基石。包容性创新还培育出一种前瞻性思维，鼓励个体和社区去探索新的解决方案，以应对复杂多变的世界挑战。在这个快速发展的时代里，我们面临着前所未有的机遇与威胁，唯有具备创新精神，才能够把握住历史赋予我们的每一个机会，确保我们的社会能够在全球化的浪潮中保持竞争力。因此，培养和增强社会的创新能力，对于达成全球可持续发展目标至关重要。

包容性创新的核心理念是确保所有人群，无论他们的社会经济地位如何，都能从创新活动中受益。这不仅是一种理想化的愿景，而是一项切实的行动指南，它要求我们通过各种措施来改善弱势群体的生活条件，促进各个群体之间和谐共处。当弱势群体的生活质量得到提升时，不同社会群体之间的经济鸿沟就会逐渐缩小。这种进步不仅对个人有利，也为整个社会的繁荣奠定了坚实的基础。这种公平与共享的社会环境有利于激发人们的创造力和创新精神,为经济的持续发展提供源源不断的动力,实现社会的稳定和可持续发展。

综上所述,包容性创新已经成为推动可持续发展目标实现的关键力量,并深刻影响了全球经济发展的轨迹。这种创新方式不断探索着经济增长与环境保护之间的平衡点,强调在追求经济效益的同时,不能忽视社会和环境的可持续性。随着越来越多国家开始意识到这一理念的重要性,并把它纳入到政策制定的框架之中,我们可以预见一个更加公正、更具绿色意识且更加包容的经济增长新时代正在缓缓展开。在这个全新的时代,包容性创新的发展前景无疑是光明的,它将在推动全球可持续发展的历史进程中发挥不可替代的作用,所有经济体都有机会通过实施包容性政策和举措,来引导经济走向持续、健康和稳定的发展。这将需要政府、企业和社会各界的共同努力与合作,以确保创新能够真正满足社会需求、提升人民生活水平,并为后代留下一个更加繁荣的世界。

第四节　案例:包容性创新弥合数字鸿沟的典型

思科公司的"弥合数字鸿沟,共筑包容性未来"案例:思科公司致力于利用自身技术和经验优势,弥合数字鸿沟,赋能特殊群体,促进教育与职业公平。例如,思科在1997年推出的思科网院项目,该项目依托先进的在线学习平台及独创的合作伙伴生态体系,为全球任一拥有网络联结的个体无偿提供世界一流的 IT 课程、仿真模拟实验环境、教学资源等。目前,思科已在190个国家设立了 11 800 个思科网院,在全球拥有 1 750 万毕业生,其中95%认为网院帮助他们获得了更好的职业或教育机会。

全球移动通信系统协会(以下简称 GSMA)对移动行业对可持续目标的贡献:GSMA 是一个全球性的移动运营商协会,它通过提供连接和服务来驱动可持续目标的实现。GSMA 提出了四个关键政策建议,包括利用政策激励措施来加速针对移动基础设施的投资,将数字技术置于经济复苏举措的中心，加大提升数字包容性的力度，以及保护数字基础设施和数据。

华为企业弥合数字鸿沟的过程：华为是一家全球知名的通信和信息技术解决方案提供商，它在弥合数字鸿沟方面也有着显著的成效。华为通过基于企业主营业务的赋能机制，围绕主营业务，通过"从基础设施到产品设计再到知识传授"的逐级赋能，弥合了三类数字鸿沟，实现了与合作伙伴、用户及公众共生。

以上案例的共同之处是，包容性创新不仅有助于缩小数字鸿沟，而且也能带来更多的商业机会和社会效益。通过提供多样化的产品和服务、促进教育和培训，以及推动政策和法规的改进，我们可以有效地弥合数字鸿沟，让更多的人能够享受到数字技术带来的便利和好处。

第五章
包容性创新中的角色定位

如何在包容性创新领域使市场在资源配置中起决定性作用和更好地发挥政府作用，是促进包容性增长的关键。本章将围绕政府、市场、企业，深入剖析各类主体在包容性创新发展过程中的定位与协同作用机制。首先，在政府层面，明确政府应当发挥支持和引导作用，避免出现过度干预或缺位的问题，同时要注重解决宣传和表达困境；其次，在市场层面，明确市场应当占据主导地位并发挥驱动作用，注重发掘新的包容性创新商业模式，以实现包容性创新的可持续盈利为发展目标；最后，在企业层面，明确企业应当积极承担社会责任、激发和释放创新活力，提出以包容性创新衡量企业社会贡献的评价机制。

第一节　政府角色定位

一、政府的引导和支持作用

改革开放以来，我国一直处于"赶超"阶段，在这个过程中以政府为主导的国情并未发生根本性的转变。在探索创新的道路上，我们也参照先行国家的发展模式，采用由政府引领和调动资源以实现既定目标的策略。这种模式有助于集中力量办大事，同时也能够确保创新活动与国家发展战略紧密结合，创新模式成功的概率较大。包容性创新系统，作为国家创新体系的核心支柱，是实现国家创新系统总体目标的关键所在。在当今的包容性创新过程中，除了企业和低收入人群外，政府也扮演着至关重要的角色。它通过制定相关政策、完善法律法规框架以及提供财政支持等多种手段来确保创新过程顺利进行。这些政策和措施旨在降低门槛、促进竞争、激励创新，同时保护知识产权和用户隐私，以确保所有人都能公平地获得创新成果。在当今复杂多变的经济环境中，包容性创新的实现已经成为一个迫切的需求，它要求企业、低收入群体以及科研机构这三大参与主体之间建立起一种既有深度又具包容性的合作关系。这种关系的核心在于，它们能够共同参与到创新过程中，而不仅仅是作为被动接受者或资源分配者。在这个过程中，市场机制以其自发的力量推动着人们进行交易和交换，从而在一定程度上促进了合作与发展。然而，这种合作往往是短暂的、不稳定的，并且缺乏战略性考虑。市场的这些固有缺陷可能导致创新成果被忽视或者分配不均，从而削弱整个社会的创新潜力；因此，政府的角色变得尤为重要。政府可以采取更加积极主动的姿态，将经济、社会和生态等多方面目标纳入考量。通过制定政策和提供支持，政府可以帮助建立长效机制，确保各个参与主体都能从中获益。

在包容性创新模式的发展过程中，从初始的研究开发到最终的市场应用，再到推广和普及，政府发挥的作用贯穿了整个创新周期。政府可以通过实施相应的政策手段，在需求和供给两个层面促进包容性创新。在需求方面，政府可以采取多种政策措施，比如税收激励、财政补贴、市场准入限制放宽等，来调节需求侧的环境。政府采购制度也能够激发市场活力、为创新企业提供商业平台，通过建立一套完善的政府采购自主创新产品政策体系，可以确保创新成果得到应有的市场认可和经济回报，从而有助于培育一个健康、积极的市场环境，鼓励企业投入更多资源到研发中去。此外，当与创新企业或位于社会经济结构底层群体订立合同时，政府采购的举措将发挥至关重要的作用，它不仅是对创新成果的直接投资，也是向公众展示创新力量的重要方式，有助于促进创新产品的普及并让更广泛的消费者接触并体验到创新技术带来的便利和效益。在供给方面，政府可以采取的方式更为丰富。通过增加对基础设施的投资，改善公共服务，提供教育和培训机会，以及建立公平竞争的市场环境等措施，政府能有效地刺激供给侧的发展，从而共同推动包容性创新的进程。政府还可以采取多种财政和金融策略，以确保创新能够惠及社会中最需要帮助的群体,例如通过实施税收补贴政策直接向企业或个人提供现金补助,激励他们进行产品研发、技术革新或其他形式的创新活动。通过这样的政策组合拳,政府能够确保创新活动不会因为各种因素而受阻,无论是技术障碍还是社会经济条件,都能得到合理的解决,使得更广泛的人群能够共享科技进步带来的成果(赵武,2018)。

具体而言,政府对于"包容性创新"的支持和引导作用主要体现在五个方面。

一是政策引导。政府有责任也有能力通过精准的政策制定和有效执行,将社会资源引导至那些能够促进包容性创新的关键领域。这些领域的创新不仅能够推动经济发展,而且还能为不同背景的人群带来平等参与的机会。为了实现这一目标,政府可以采取多项举措来激励更多人特别是弱势群体积极投身于创新事业中。首先,可以推出针对弱势群体的创新援助计划,这些计划提供了税收优惠和资金支持等多种形式的激励措施,以此降低创新的门槛。其次,政府应努力消除一些传统观念中的障碍,如性别、种族、年龄和经济地位等因素,确保每个人都有平等的机会参与创新项目。政府还可以利用法律的力量,对创新领域中的弱势群体提供额外的保护,确保他们不会因为自己的社会经济地位较低而遭受到不公正的对待。通过制定更加完善的法律法规体系,政府能够更好地保护创新者的知识产权,这些产权是创新成果转化为现实生产力的关键。这样做不仅为创新活动提供了坚实的法律保障、创造了良好的市场环境,而且维护了市场秩序、激发了整个社会的创新活力。

二是资金支持。通过设立专门的资金渠道,并提供财政上的补贴和支持措施,政府可以确保这些创新项目能够得到持续的研发投入和顺利的执行环境。这些资金往往被精心分配给那些致力于基础研究与应用研究的高等院校、研究所以及其他科研机构,以此来推动科学进步和技术创新,激发技术研发、人才培养、市场推广等方面的新突破。通过这种方式,政府的支持不仅解决了创新项目的资金瓶颈,而且还加速了创新成果的商业化进程,这种政策导向也鼓励了更多的企业和研究机构参与到包容性创新的大潮之中,使包容性创新成为国家发展战略中的一个重要组成部分。政府还可以通过提供税收优惠的方式,鼓励企业和个人进行创新活动。这些优惠政策可以包括对企业研发费用进行额外扣除,以减轻其税收负担;或者对于那些被认定为高新技术企业的单位或个人,实行税收减免政策,从而降低其经济压力,鼓励更多的投资于研发活动中。除了税收优惠外,一些地区也设立了专项创新基金,旨在资助那些拥有巨大潜力的创新项目以及刚起步的初创公司;这些基金通常由政府、私人基金会和其他金融机构共同出资设立,它们可能会向这些企业提供种子基金、风险投资或者其他形式的财务援助,帮助企业渡过资金短缺的难关,加速产品开发和市场扩张的步伐。值得注意的是,这些举措不仅有助于促进技术创新和产业升级,还可以带动就业增长,提升地区竞争力。因此,政府的支持政策在鼓励包容性创新、创造就业机会以及维持长期经济发展等方面发挥了不可替代的作用。

三是公共服务。政府可以提供公共服务支持并投资于关键领域,例如科研设施的建设与完善。这些基础设施包括但不限于实验室和研究中心,它们是开展科学研究、技术开发和创新项目的重要场所。通过投资这些基础设施,政府可以确保科学家和工程师们拥有必要的设备和资源来探索未知领域,实现突破性的成果。政府还可以通过强化信息化建设进一步促进创新活动的发展。这意味着政府需要投入资金,建立起一个高效的信息网络系统,使得创新团队能够轻松访问到各种数据、文献和其他支持信息。这样的信息服务平台不仅能帮助科研人员节省时间和精力,还能让整个创新链上的各方参与者更加紧密地协作,加速创新项目的孵化和实施。在社会环境方面,政府可以通过不断完善相关法律法规框架、积极推进营商环境的改革与优化等,为包容性和创新提供一个更加良好和开放的外部发展条件。这种环境不仅要求法律体系的健全,还包括政策制定的公平性以及社会秩序的有效管理。这样的社会环境是包容性创新得以繁荣发展的基石,它能促进不同背景、不同能力水平的个体和组织参与到创新活动中来,从而打破传统创新模式下的壁垒和偏见。总的来说,政府提供的这些公共服务项目都着眼于降低创新的风险与成本、简化行政程序,使创新者能够更专注于核心技术和商业模式的创新。当这些公共服务被广泛接受和应用时,它们就能激发出更多的创新潜能,并吸引更多的企业家和个人投身到包容性创新这一领域中来。

四是人才培养。政府可以加强人才培养和引进工作,为包容性创新提供人才保障。为此,政府可以制定和执行一系列创新人才培养计划,通过与教育机构、科研院所及企业等多方面合作,促进知识和技术的共享,激发人才的创新潜能。同时,政府还可以采用更为开放的政策,吸引具有国际视野的海外高层次人才。这些举措不仅能为本土人才提供学习和成长的机会,也有助于提升整个社会的创新活力和竞争力。此外,为了持续推进包容性创新,政府还可以建立一个完善的人才激励体系,表彰那些在创新领域作出杰出贡献的个人和团队。这样既能鼓励更多人投身于创新事业,又能形成良好的社会风尚,营造有利于创新精神发展的环境。包容性创新强调多样性,政府作为国家发展的关键推动者,有责任通过政策激励、资源配置和环境营造等多方面措施,推动多元化人才的合作与思想的碰撞。这种多元化不仅体现在对专业技能的认可上,更重要的是鼓励来自不同生活背景的人才自由地交流与合作,从而丰富创新生态系统的内涵和活力。为了实现这一目标,政府应当重视并支持那些被传统观念所边缘化的创新者,这些非传统创新者往往拥有独特的视角和方法,他们对于推动社会进步和创新有着不可估量的潜力。政府应该提供必要的支持和平台,使这些创新者的创意得以转化,他们的实践经验也能成为创新生态系统中不可或缺的组成部分。通过这样的多元化互动,创新生态系统将更加开放包容,更具创新性和生命力,从而为社会带来更多正面影响和长远利益。

五是示范引领。政府可以通过建立专门的包容性创新示范区和组织创新竞赛等形式,展示其在推动社会包容方面的积极成果,并激发出更广泛的社会关注与参与热情。这些示范区将成为促进包容性发展的前沿阵地,通过集中展示那些在不同领域中取得显著成效、展现巨大潜力的项目和案例,为社会各界树立起标杆。同时,通过举办各类创新大赛,可以汇聚来自各行各业的创意与智慧,鼓励人们放下偏见,拥抱多样性,共同探索和解决问题,从而在全社会范围内形成一种强烈的共识和一致行动。这种自上而下的示范效应，将有效地推动包容性创新理念深入人心，并转化为具体实践，助力实现更加平等、和谐的社会环境。通过制定详尽而具有前瞻性的战略规划，政府可以为创新者提供清晰的发展路径和行动指南。这些规划不仅概述了创新的总体目标，还包括了具体的重点任务与必要的保障措施，确保创新活动能够得到有序且持续的推进。总之，通过精心策划和执行一系列战略性措施，政府完全有能力引领一个充满活力和包容性的创新生态系统，这样的体系不仅能够推动经济的增长和社会的进步，而且还能确保所有人都能够从中受益。

总而言之，政府不仅是制定和实施相关政策法规的主体，更是为创新活动提供资金保障和公共服务的关键力量，能够通过各种途径推动社会公正的实现、增强创新生态系统的多样性，并促进可持续发展的目标。正是这些全方位的举措，使得政府能够从宏观到微观层面为包容性创新创造一个坚实的发展基础，提供必要的支持与引导，从而有效地推动经济和社会向着更加包容、可持续的方向发展。

图 5.1 展示了 2014—2023 年中国研究与试验发展（R&D）经费支出及其占 GDP 的比重，可以看到近十年间中国 R&D 经费支出逐年增加，其占 GDP 的比重呈现增长态势。图 5.2 展示了 2014—2023 年中国基础研究经

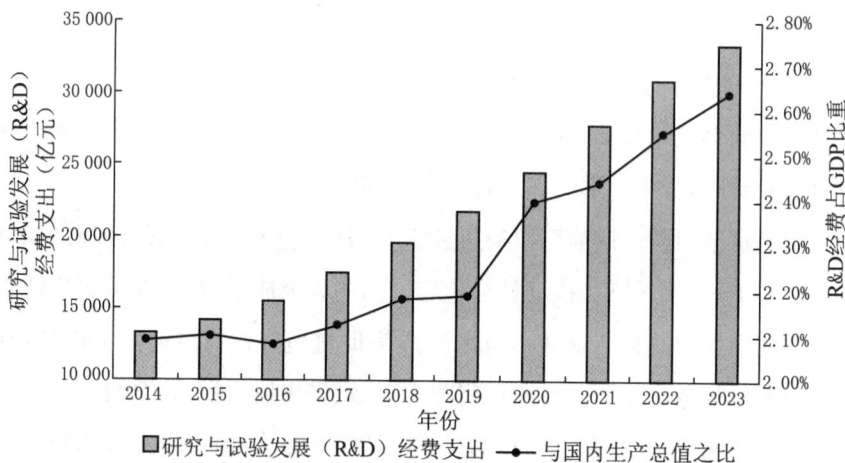

资料来源：国家统计局，2024。

图 5.1 中国研究与试验发展(R&D)经费支出及其占 GDP 比重

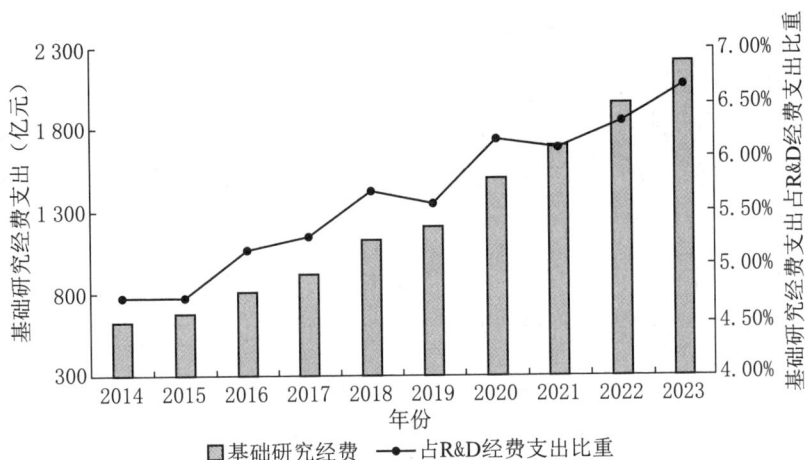

资料来源：国家统计局，2024。

图 5.2 中国基础研究经费支出及其占 R&D 经费支出比重

费支出及其占 R&D 经费支出的比重，可以看到近十年间中国基础研究经费支出也是逐年增加，其占 R&D 经费支出的比重也呈现增长态势。这两张图充分表明了近年来中国政府对于我国科学技术研究和基础研究的重视日益增加。

二、过度干预与缺位

在包容性创新的发展过程中，政府的角色至关重要，然而，过度的干预和缺位都可能成为制约其健康发展的障碍。

(一) 过度干预的问题

政府可能会基于某种特定的政治、经济或社会目标，采取一些手段来促进包容性创新。然而，这些干预措施有时可能偏离了市场运作的自然法则和实际社会需求，导致资源配置的不合理和效率低下。

造成这种现象的原因首先可能是政府对于创新的认识与实践之间存在某种偏差，认为只要运用行政力量进行干预和强制执行，就能够加速创新过程的推进，从而缩短创新周期，提高创新效率。然而，在实际操作中，这种以政策为主导的干预方式经常忽视了创新是一个复杂的自然过程，它需要自由探索、试错和及时调整的空间。同时,市场具有高度的多样性和动态性,消费者的需求也在不断变化,这些都是政府难以完全掌控的因素。其次,在某些情况下,政府可能对某些特点的创新项目过于关注和扶持,甚至采取保护措施以确保其免受市场的正常竞争。然而,这样的干预行为无疑会打破市场的公平性原则,使得资源分配失去了应有的平衡,从而不利于其他创新企业的发展空间。此外,政府在制定和执行政策时,可能会受到官僚主义作风的影响,导致政策制定过程繁琐、执行效率低下,以至于最终到达执行层面时,这些政策往往已经过时,难以适应快速变化的社会环境。同时,这样的作风也容易造成政策执行时的效率低下,因为执行者可能因为官僚体制的束缚而难以及时作出反应或调整策略,从而错失了解决问题的最佳时机。

具体来说,政府在包容性创新发展过程中的过度干预可能会导致下列问题。

第一,市场扭曲。在包容性创新的过程中,政府如果对市场行为施加过度的控制和干预,可能会破坏市场的内在规律,扰乱正常的经济秩序。这种干预会阻碍创新个体和市场主体自由地表达他们的创意和需求,限制市场机制在资源配置中的作用。当政府试图通过单一的行政手段来塑造创新方向时,很容易造成创新活动的局限性,使之变得僵化和缺乏灵活性。因此,这种单方面依赖行政命令来推动创新的做法,不仅不能有效激发市场活力和创新潜力,反而可能成为创新发展的障碍。例如,政府可能会通过设立繁琐的审批流程、限制市场准入或制定不合理的产业政策来代替市场在资源分配上的决定作用。这样一来,那些最具潜力的创新资源往往难以通过市场竞争的方式得到有效配置,进而导致创新成果的产出速度减缓、市场活力降低。因此,政府在推动包容性创新时,应当适度介入,既要为市场提供必要的支持和保障,又要避免不必要的干预,让市场在资源配置中发挥决定性作用,从而促进创新的健康发展和经济的长期繁荣。

第二,资源配置效率降低。政府干预的方式通常依赖于行政命令,当政策制定者过分依赖这一手段时,就可能会忽视市场的复杂性和动态性,从而在预测市场走势以及发掘创新潜力上作出错误的判断。这样的失误不仅会对经济造成伤害,还会对社会带来深远的影响。资源的分配不恰当,必然会导致效率低下,甚至加剧资源浪费的现象,进而阻碍包容性创新的进程。此外,政府的过度干预还可能引发资源错配和效率低下的问题。由于缺乏必要的监管和引导,市场可能会出现资源的浪费和低效使用,这不仅会影响到当前的创新活动,还会对未来的可持续发展带来长远的负面影响;例如,政府过度干预导致资源在某些产业或技术领域不合理堆积,而其他有潜力的领域则可能因资源匮乏而发展缓慢。因此,政府应当更加注重基于科学分析的决策制定和适度的引导与支持,以确保能够准确把握市场脉搏,促进经济的健康发展和创新活力的激发。

第三,创新动力减弱。政府的过度干预可能会削弱创新主体的创新动力。例如,对创新项目的选择进行直接的行政指导,以及通过财政政策来影响资金分配和流向等做法可能会剥夺创新主体对于项目发展方向和资金使用的决定权,从而削弱他们的创新意愿与动力。一方面,这种自主权的缺乏会减少创新主体的创新意愿和积极性;另一方面,它也可能导致创新主体过分依赖政府的资助和资源分配,从而丧失了自我发展的能力和自主性。长此以往,创新主体可能会变得依赖于政府的支持,而不是真正地去追求创新和技术突破;这种依赖性不仅限制了它们的成长空间,还可能阻碍了社会整体的进步和经济发展的多元化。此外,在政府过度干预的情况下,权力的天平往往倾向那些与之建立了牢固关系的机构和个人,导致出现权力寻租的现象。他们可能凭借政府的政策倾斜,以及在资源配置中享有的优势地位而获得更多的支持和便利。然而,对于那些真正有能力且有创新需求的个体或机构来说,这种不公平的现象可能会造成资源的匮乏,使得他们难以获得必要的支持和鼓励。这样的政策环境,即便是出于推动包容性创新的意图,实际上也可能限制了创新的范围和深度。当创新机会被那些已经拥有特权地位的人所垄断时,那些边缘的创新项目和早期的实验性创新就难以得到关注和投资,从而导致社会整体创新动力的下降。因此,要真正实现包容性创新的繁荣发展,就必须平衡好政府与市场、公平与效率之间的关系,确保所有有能力和意愿的创新主体拥有自主决策和公平竞争的权利。

总之，当政府对包容性创新的发展干预过度时，可能会导致一系列不良后果。这种情况下，虽然政府的初衷是好的，但结果却可能适得其反，既没有实现预期的发展效果，也未能激发出真正有价值的创新活动。因此，正确的做法应当是建立起一个既尊重市场规律又注重创新引导的平衡体系，鼓励企业自主研发，同时提供必要的支持和服务，从而推动构建一个健康、有序的包容性创新环境。

（二）缺位的问题

首先，政府在面对新兴领域和快速发展的技术时，可能存在政策制定和执行的滞后性。例如，传统的行政管理体系可能无法跟上新兴技术和市场动态的步伐，在这种情况下，政府可能会过度依赖行政命令来进行管理和协调，而忽视了市场经济在资源分配中的核心作用。这种做法不仅降低了包容性创新的效率，还削弱了市场对创新驱动的正面反馈机制，从而使其效果大打折扣。政府若持续采用这种以行政命令为主的管理方式，将不可避免地在包容性创新的过程中出现反应不及时的问题。这意味着，当创新主体需要资源、信息或其他支持时，政府可能因为缺乏快速响应能力而无法及时提供这些必要的帮助。其次，由于资金、人力以及政策等多方面资源的限制，政府可能难以为包容性创新的发展提供充足的驱动力和恰当的激励机制。例如，政府有时可能会过于强调短期内的经济增长指标，而忽视了长期的创新能力与可持续发展之间的平衡；这种短视的做法可能导致政府未能充分认识到长期竞争力和市场活力的重要性，从而错失激发全社会创新潜力的机会。此外，政府在那些要求深厚专业背景和制度框架支持的领域可能会显得力不从心，无法有效地对创新活动进行支持和监管。例如，在新兴技术如人工智能、量子计算等方面，政府可能难以完全掌握所有必要信息并对其进行深入分析。这就迫使政府不得不依赖外部的专家和顾问团队来提供专业意见，以确保政策决策的准确性和前瞻性。

具体来说，政府在包容性创新发展过程中的缺位可能会导致下列问题。

第一，创新支持不足。政府的作用不够充分或者缺位可能会使创新主体面临资金短缺、技术难题，以及人才培养等方面的困难。例如，政府部门在创新项目启动阶段的资金投入不足,无法提供足够的财政支持以确保项目的顺利进行。而且,对于创新成果的商业化和市场化转化,也缺乏行之有效的政策引导和激励机制,使得创新成果难以被有效地应用到实际生产中,从而无法实现其应有的经济和社会效益。这样的情况不仅会妨碍创新企业或研究机构对未来技术趋势的准确把握,而且还会削弱整个社会对包容性创新的信心和热情;持续的投资不足和政策限制将直接导致包容性创新项目的实施受到严重影响,创新人才的培养和引进也将变得困难重重。长此以往,不仅会减缓包容性创新活动的步伐,还可能导致科技进步和创新驱动发展战略的失败。此外,政府的缺位还可能导致政策在制定和执行过程中出现重大偏差。这些失误不仅会对经济发展产生不利影响,更会在执行阶段引发混乱,导致包容性创新活动无法按照既定的轨道顺利推进。政府若在公共服务领域表现出不作为或无力作为,同样会严重制约包容性创新生态的健康成长。例如,政府在包容性创新基础设施建设方面投入不足,或者在维护现有设施上工作懈怠,都可能使企业和研究机构在技术革新和产品开发过程中遭遇瓶颈,从而减缓创新步伐。更进一步,政府对于包容性创新人才的培养与引进若缺乏长远规划和有力支持,也将直接影响到包容性创新团队的稳定性和包容性创新项目的成功率。这种情况下,即便是最优秀的人才也可能因为缺乏必要的支持而流失,这对于提升国家整体的包容性创新能力无疑是一个巨大的打击。

第二,创新环境恶化。在包容性创新发展过程中,缺乏有效的创新激励机制和监管机制将对市场造成不可忽视的负面影响;如果不能激发包容性创新主体的内在动力,那么他们可能会因为害怕风险而选择规避创新,这不仅会导致市场上产品与服务的同质化,还可能导致包容性创新成果的流失。同时,当监管措施无法有效遏制那些不正当行为,如版权侵犯、专利侵权或是虚假宣传等,则可能会损害创新主体的合法权益、导致创新者面临更高的风险和不确定的回报,在一定程度上破坏市场的公平性、损害消费者利益,最终伤害到整个包容性创新生态系统。因此,为了推动包容性创新的持续发展,政府必须提升自身的监管效能,加大对违法行为的打击力度,营造一个有利于包容性创新的法治环境,从而让包容性创新成为驱动经济增长的强大引擎。

第三,创新成果的应用和推广受阻。即使包容性创新产生了成果,如果政府未能搭建平台、创建机制,有效地组织和协调各方力量,包括企业、研究机构和消费者等,共同努力将这些成果转化为实际的产品和服务,那么这些创新成果也很可能会被束之高阁,无法为社会带来应有的价值。因此,政府的行动力、执行力以及对整个包容性创新生态系统的支持程度,直接关系到这些成果能否从潜在变为现实,成为真正意义上的社会财富。

综上所述,政府在包容性创新的发展中需要把握好干预的度,既要避免过度干预导致市场扭曲和创新动力减弱等问题,也要避免缺位导致政策支持不足、监管不到位和公共服务不完善等问题。在推动创新创业的大潮中,如何平衡好政府与市场的关系是实现包容性创新发展的关键所在。在支持和推动包容性创新的发展过程中,政府需要加强对包容性创新的理解和认知,提高政策制定的科学性和有效性,加强监管和公共服务体系建设,为创新主体提供更好的支持和帮助。政府以推动者和服务者的身份参与到包容性创新的发展中,才能更好地为创新主体提供必要的支持和帮助,同时保持市场的自主性和活力。

三、政府的困境与对策

包容性创新,作为一种强调以人为本的发展理念,其核心在于推动社会全体成员共享创新的成果。这种创新不仅仅局限于追求最新技术或尖端产品的开发,更注重如何将这些创新成果转化为促进社会整体利益的工具。它着眼于创造公平的机会和环境,确保所有人都能从技术变革中受益,尤其是那些处于不利地位的群体。然而,在实际的推广和宣传过程中,政府可能会遇信息不对称与信息过载、传播渠道有限、公众认知度低、沟通渠道不畅通等困境。

为了克服这些困境,政府需要采取一系列措施,如加强信息公开和透明度、拓展传播渠道和方式、提高公众认知度和参与度、保障言论自由和表达权等。同时,政府还需要加强与创新主体、专家学者、媒体等各方的沟通和交流,建立有效的反馈机制,及时获取和处理各方面的反馈和建议,推动包容性创新的健康发展。具体来说可以从三个方面入手。

第一,创新宣传理念、渠道和内容。政府需要根据时代发展和人民需求不断更新宣传理念,通过深入调研,了解人民的思想变化和需求变化,制定符合时代特点的宣传策略和理念。在对包容性创新进行宣传时,应该创建有价值的内容,以提高宣传的吸引力和有效性,确保宣传内容的客观性、准确性,建立受众的信任。在数字信息时代,政府应当建立适应新时代的宣传机制,提高信息传播的效率和覆盖面;利用好网络、电视、报纸等多种渠道进行宣传,增加信息的传播广度和深度。政府还要建立更加透明和高效的信息发布机制和信息管理策略,确保政策信息的及时更新和准确传达;通过多元化的传播手段,如在线论坛、研讨会等,促进政策制定者和创新主体之间的沟通和理解。最后,政府还可以利用大数据和人工智能等现代技术手段,优化信息筛选和分发流程,以便更精准地满足不同受众的需求,从而提高政策实施效果,推动创新生态系统的健康发展。

第二,精准定位受众,增强公众参与感。政府需要深入了解并精确定位包容性创新项目旨在服务的目标群体,从而设计出更加贴近实际、同时也更具吸引力的宣传材料;通过精准的市场调研和数据分析,政府可以更好地掌握潜在用户的需求和偏好,从而确保推广活动能够有效触及目标群体,使之对项目产生共鸣并激发参与热情。这种方法不仅有助于提升包容性项目的公众认知度,而且还能够在激烈的市场竞争中凸显自身优势,吸引更多志同道合者的关注与支持。针对不同受众的特点和需求,采用不同的宣传方法和渠道通过举办研讨会、论坛、展览会等方式,让公众能够直接参与到包容性创新的过程中,增强公众对包容性创新的认知和理解。政府还可以利用新媒体工具、社交网络平台、移动应用程序等现代通信手段,以增强和大众的互动性,确保信息能够及时、准确地抵达目标受众手中,从而帮助他们更好地理解包容性创新的深远意义。

第三,优化政策环境,加强法律法规建设。政府可以出台相关政策,明确保护公民的表达自由。当然这并不意味着可以无限制地发表言论，相反，政府应该设立一系列合理的界限，以确保言论自由不会被滥用，特别是在网络空间中我们更需要警惕那些可能煽动仇恨、传播假信息或侵犯他人隐私的言论。在法律法规层面，政府的职责不仅仅是构建一个健全的包容性创新发展体系，而是要努力完善和强化这套体系。这包括对包容性创新活动提供法律支持、鼓励创新思维和技术突破，为知识产权的创造、运用、保护和管理提供坚实的法律保障，同时要避免这样的法律体系成为阻碍包容性创新发展的障碍，而应该充分利用来促进形成一个开放、包容和充满活力的创新环境，让每一个人都能在其中自由表达自己的想法，推动社会向前发展。

第四，加大教育培训力度，建立反馈机制。通过教育和培训，政府能够提升公众的包容性创新意识和能力，为包容性创新提供人才支持。通过设立意见反馈渠道，政府可以及时响应公众对于包容性创新的疑问和诉求，改进创新策略。

第二节　市场角色定位

一、市场的驱动作用

在当今这个信息爆炸、知识更新迅速的时代，我国政府在面对探索未知领域的激烈竞争时，并没有明显的信息效率优势。更为严重的是，政府的过度干预往往会成为包容性创新发展过程中的一大障碍，限制了个人创造力的自由流动和充分发挥。事实上，将技术创新的希望寄托于政府的推动，这种做法带来的结果常常是投资巨大但收益甚微。这样的情况不仅造成了资源的极大浪费，而且还可能导致整个社会的再创新陷入无法自拔的恶性循环。尽管政府对包容性创新的引导和支持作用具有不可替代的重要性，我们也必须清醒地认识到，要想真正实现国家创新体系的转型升级，就必须加快从政府主导型创新模式向市场主导型创新模式转变。这需要我们重新思考和调整现有的发展战略,鼓励更多的私营部门参与到创新活动中来,使之成为推动经济增长的新动力。只有当市场机制能够有效地激励创新、鼓励竞争,才能确保创新活动更加高效、合理,最终推动我国科技水平的整体提升,满足国家长远发展的需求。

在包容性创新的推进过程中,市场的作用不可忽视。首先,市场是包容性创新的驱动力之一。市场的核心价值在于其能够汇聚多样化的需求,同时也能创造出新的机遇和挑战;对于那些处于社会边缘、经济状况较差、受教育程度不高或与传统权力阶层存在隔阂的群体而言,他们对产品和服务有着特殊而迫切的需求,这些边缘群体的声音和需求在市场中占据着一席之地,成为企业关注和包容性创新的焦点。在这样一个相互依赖的体系中,企业为了拓展自身的市场份额,提升竞争力,往往会深入挖掘并满足这些边缘人群的实际需要。这一过程不仅仅是商业上的成功,更是包容性创新得以实现的关键所在;通过这种方式,企业不仅可以创造出符合消费者期望的新产品或服务,还能够帮助这些群体提高生活质量,缩小与社会其他群体的差距。其次,市场在资源分配中扮演着不可或缺的角色。在包容性创新的过程中,我们必须考虑到一个现实——为了实现这一创新理念,我们需要投入巨额的资本、先进的技术以及大量高素质人才等资源;而这些只有通过市场经济的手段才能得到合理的配置与有效的利用。价格机制和供求关系就像是市场的"指挥棒",它们能够引导资源从最迫切、最具生产力的领域流向其他需要帮助的地方。同时,市场还提供了一个平台,让那些具有远见和洞察力的投资者和金融机构发现潜在的包容性创新项目。他们不仅提供资金支持,更重要的是,通过市场的力量推动这些资源向正确的方向流动,进而促进这些项目的发展,让它们成为真正意义上的包容性创新。因此,市场机制不仅为包容性创新提供了必要的物质基础,也为其创造了良好的社会环境和经济条件,最终促进了整个社会的进步和发展。

与政府主导型包容性创新模式相比,市场主导型模式更有利于技术转移和成果转化。在这种模式下,市场机制作为一股强大的力量,它不仅能够促进技术成果的市场化和商品化进程,还能够加速这些包容性创新的成果向实际生产力进行转化。通过设定明确的规则和标准,市场机制能够确保新技术、新产品迅速地被识别、评估并接受消费者的检验,从而使创新者能够快速得到反馈并据此调整其研究方向或商业策略。与此同时,企业间的合作和竞争也在这一过程中发挥着至关重要的作用。通过分享信息、资源和专业知识,企业之间建立起互利共赢的伙伴关系,这种合作不仅提高了各自的技术能力,而且还有助于形成一个更加开放和包容的技术生态系统;而竞争则促使企业不断寻求超越自身的方法,从而推动了整个产业链的技术进步和效率提升。此外,市场主导型创新模式鼓励企业从市场需求出发,而非单纯追求技术的先进性。这种以客户为中心的理念,使得企业更倾向于开发那些能够满足市场特定需求的产品和服务,这样的包容性创新往往具有更高的市场适应性和成功的可能性。

市场主导型包容性创新模式,通过市场化手段来动员和配置创新资源,有效地减少了企业在创新过程中对外部资源的依赖。这种模式允许企业根据自身的实际情况和市场需求,灵活地获取所需的技术、人才和资金等关键要素,从而避免了传统模式下因过度依赖政府资助而产生的成本浪费。与此同时,市场机制的自由竞争特性促使企业在激烈的市场竞争环境中不断提升自己的创新能力和效率,这不仅加快了包容性创新成果的转化速度,也确保了包容性创新活动的高质量发展,进而降低了包容性创新的总体成本。因此,这种创新模式得以凭借其独特的优势,成为现代经济体系中降低创新成本、激发创新活力的一种重要途径。

随着全球化和市场化程度的不断提高,经济发展趋势越来越注重市场机制和企业的主体地位。加快包容性创新模式由政府主导型向市场主导型转变,有助于更好地适应这一趋势,推动我国经济实现高质量发展。因此,我们应当着重落实市场在包容性创新发展中发挥的作用,这主要包括五个方面。

第一,识别需求。市场是包容性创新需求的重要来源,它不仅仅是包容性创新成果的消费者终端,更是推动这一过程发展的强大引擎。企业可以通过精心设计的购买决策和消费行为模式,精准把握消费者偏好,从而发现那些可能被传统视野所忽视的潜在需求；与此同时，企业间的激烈竞争和密切合作，也能促使它们不断地探索新的商业机会和解决方案，以满足多元化市场的需求。此外，政策制定者的导向作用同样不可小觑，他们通过制定相关政策和激励措施，为市场参与者指明了前进的方向，进一步激发了包容性创新的活力。为了有效地响应这些多样化的需求，企业和其他包容性创新主体必须采取更为细致和深入的市场调研方法；这包括分析不同地区、不同收入水平消费者的具体需求，以及他们面临的痛点和挑战。只有这样，才能确保包容性创新活动真正贴合市场的实际需要，并在此基础上找到正确的切入点和突破口。这种对需求的深刻理解不仅能够帮助包容性创新主体更好地定位自己的产品或服务，而且还能够引导整个社会资源向边缘化和低收入群体倾斜，从而促进一个更加包容、公平的经济环境的形成。由此，市场和企业能够携手共进，共同构建一个既有经济效益又有社会价值的包容性创新生态系统。

第二，筹措资金。包容性创新活动涉及广泛的领域，从前沿技术的研发到新产品的设计与推广，每一步都离不开资金的大力支持；特别是对于那些致力于提升包容性和促进多元文化交流的项目来说，充足的资金显得尤为重要。而市场机制的完善和各种融资手段的运用，为包容性创新活动的蓬勃发展提供了坚实的基础。投资者凭借敏锐的洞察力，将资金投向那些有潜力的包容性创新项目，使得这些资金得以流向研发设备、招聘优秀人才，以及引进先进技术等关键方面；正是因为有了这样的资金支持，包容性创新才能加速前进，不断探索未知的可能性，从而在各自的领域内取得显著成就。除了直接投资外，市场还提供了其他多种融资渠道，比如风险投资和股权融资。风险投资往往关注于初创企业的早期阶段，为它们提供资金帮助，使之能够更快地成长起来；而股权融资则允许企业通过出售股权给公众投资者来筹集资金，这种方式不仅为创新企业提供了直接的财务支持，还有助于扩大其市场影响力。无论哪种方式，都极大地丰富了包容性创新项目的资金来源，增强了它们的竞争力，使其在激烈的市场竞争中脱颖而出。

第三，激励创新。市场能够通过竞争机制和利益驱动，激励企业和其他创新主体进行包容性创新。这种竞争机制不仅体现为产品和服务的质量之争,也体现在对技术、资金、人才等关键要素的争夺上;正是这种竞争的力量,促使企业不断寻求突破,追求更高水平的技术进步和包容性创新能力。当一个企业或其他创新主体意识到市场上存在能够满足特定人群需求的机会时,它们便会展现出强烈的积极性和责任感,因为这些需求往往代表着潜在的市场空白和增长潜力。它们愿意投入大量的资源用于研发,甚至不惜牺牲短期利润以换取长期的竞争优势和经济效益。这种策略通常涉及跨学科的合作、跨地域的交流以及全球性的联盟,旨在开发具有创新性和差异化的解决方案,从而在激烈的市场竞争中脱颖而出。此外,市场的活力和动态也是驱动包容性创新研发不断前进的重要动力。在激烈的市场竞争中,企业为了巩固其行业地位并抢占先机,不得不投入大量资源到研发工作中,以求在创新上保持领先。这种持续不断的研发投入,不仅催生了一系列新的技术成果和产品概念,而且这些新技术和新产品一旦进入市场,就能迅速被消费者接受和采用;它们对整个产业链产生深远影响,从而带动产业结构的优化升级,同时为经济增长注入新的活力。因此可以说,市场既是包容性创新的催化剂,又是经济繁荣的助推器。通过这种双向互动,市场与包容性创新之间形成了紧密的共生关系,共同推动着社会进步和经济增长。

第四,检验成果。市场不仅仅是产品销售的场所,更是一片充满挑战和机遇的包容性创新测试场。在这里,企业可以将其最新的创意和想法付诸实践,接受市场的严苛考验;只有那些能够跨越障碍、满足消费者需求并在市场上获得认可的产品和服务,才能被视为真正意义上的包容性创新成果。市场的反馈机制能够捕捉消费者的细微感受和变化趋势,源源不断地为企业提供宝贵的信息;这些信息不仅揭示了产品和服务可能存在的缺陷和不足,也指导着企业进行持续的创新和改进。通过不断调整和优化产品或服务,企业能够确保它们始终紧跟市场的步伐,使包容性创新成果真正满足甚至引领消费者的实际需求,从而在激烈的市场竞争中占据有利地位。因此,市场既是检验包容性创新成果的试金石,也是推动企业不断前进的催化剂。

第五,推广普及。包容性创新成果的推广和应用是包容性创新发展的重要环节。市场不仅能够利用各种营销策略、广告宣传以及产品推广活动来扩大优质的包容性创新成果的知名度,还能通过一系列精心策划的市场活动将包容性创新理念深入到各个角落。随着包容性创新成果受到越来越多人的认可,它们就会像滚雪球一样,吸引更多的关注与投资。这种趋势不仅仅是对某个特定行业或产品的推动,而是社会包容性创新能力的整体提升。

随着技术的进步和社会的变迁,市场的角色正在不断演变。然而,有一点始终未变:那就是市场对于推动包容性创新发展所扮演的角色。无论是从解决现实问题的角度出发,还是从促进社会公平的视角来看,市场都发挥着不可或缺的作用。因此,为了构建更加包容、可持续的发展环境,我们必须充分发挥市场的潜力,支持并引导其在包容性创新中发挥更大的作用。为了促进包容性创新的持续发展,我们需要进一步完善市场机制、加强市场监管、优化市场环境等。同时,我们还需要加强包容性创新政策的制定和实施,鼓励企业和社会各界积极参与包容性创新活动,推动包容性创新成果的广泛应用和产业化发展。未来,我们需要继续关注市场与包容性创新的互动关系,不断探索新的创新模式和发展路径,为推动我国经济社会的高质量发展贡献力量。

二、包容性创新的商业模式

在当代的商业实践中,越来越多的研究者认识到,要实现利润和扶贫工作的有效结合,企业必须采取一种全新的策略。他们建议,为了适应向低收入群体提供服务和产品的包容性创新模式,企业需要构建出与传统商业模式截然不同的商业结构和创新产品,这些新模式和产品能够满足低收入人群的特定需求,并为其提供价值。Hart(2005)认为,发展中国家的低收入群体具有巨大的市场潜力,这个庞大而未被充分开发的市场不仅为创新提供了一个天然的试验场,也为企业未来的增长提供了无限的可能性。通过将注意力集中于那些生活在社会经济底层的人们,企业可以开展包容性创新,从而在更广泛的受众市场中激发出新的增长动力。这种转变意味着企业将不再仅仅关注于市场份额的最大化,而是致力于创造对所有人都有益的解决方案。通过这样的方法,企业能够以一种更加包容和公平的方式参与竞争,同时为其自身带来长远的利益。Anderson 和 Billou(2007)提出,尽管许多企业都希望其产品或服务能够惠及最广泛的人群,但实际上,只有少数企业能够真正做到这一点。他们指出,要在经济金字塔的底层实现商业成功,关键在于关注那些直接面对 BoP 群体的产品或服务。基于此,他们提出了面向 BoP 群体进行产品创新的 4A 框架:可用性、可负担性、可接受性和知名度。通过这四个维度,企业可以更好地识别和开发那些能够让 BoP 群体受益的产品和服务,同时也能够提高品牌的知名度和影响力。Scholl(2013)则指出了包容性商业模式对于推动社会创新的重要性。为了实现这一目标,企业必须重新审视与其利益相关者的关系,从而确保这些关系是以促进包容性为核心的。为此,Scholl 提出了一个全面的分析框架,旨在帮助企业理解并设计出既能满足市场需求又能包容不同利益相关者期望的创新方案。Agnihotri(2013)认为包容性商业模式的创新能够缔造出一个互利共赢的局面。这种模式不止步于将社会底层群体仅仅视为潜在的消费者,而是更深层次地将他们纳入企业生态系统之中,使他们成为企业的重要合作伙伴和生产要素。这一理念强调了在商业实践中对多样性和公平性的重视,呼吁企业采取更为积极主动的措施来应对社会挑战,从而实现可持续发展目标。

近年来,包容性创新的商业模式主要发展出五种。

第一,共享经济与资源再利用模式。这种商业模式通过互联网的广泛应用,构建了一个虚拟的桥梁,连接着供给和需求双方,让资源的使用效率得以最大化,并且实现了跨界的资源再分配。消费者可以从这些共享平台上找到各式各样的服务,无论是寻找临时住所,还是租用旅行车辆,都能找到合适的解决方案。这种模式打破了传统服务的界限,使得服务提供者能够根据自己的需求和偏好,灵活地调整服务内容和定价策略;同时,对于消费者而言,这样的商业模式也意味着他们可以享受到更加个性化、高性价比的服务,而无需担心额外的费用或维护问题。以优步和爱彼迎为例,这两家公司不仅提供了共享出行服务,还将人们闲置的汽车和房屋出租,创造了额外的商业价值;它们的成功之处在于,不仅利用了个人和企业的闲置资产,还为消费者带来了更多的选择和便利。此外,这些在线平台还推动了社区建设,因为它们促进了邻里间的相互帮助和共享经济。在这里,每个人都可以是服务的提供者,也可以是消费者,彼此之间建立起了信任和联系。随着时间的推移,这种模式可能会继续演变,但其核心原则——实现资源的有效分配和利用——仍然保持不变。

第二,微型企业与创业支持模式。这种模式旨在为小微企业及其创业者提供全方位的帮助与支持,包括但不限于资金注入、专业技能培训以及市场准入的便捷通道等。通过这些措施,该模式不仅降低了包容性创新的前期成本和风险,还显著提升了贫困人口实现自我发展的潜力。它通过创造一个更加公平的商业环境,促进了经济增长的包容性,即让所有人都有机会参与到经济活动中来,共享包容成果。这样的模式强调了包容性创新与合作的重要性,鼓励小微企业在社会各领域发挥作用,从而激发了整个社会的活力和创造力。

第三,包容性金融服务模式。金融机构通过推出诸如小额贷款、移动支付以及各种保险产品等低成本、高效率的服务,为贫困地区的人们提供了改善自己生活状况的契机;这种金融援助不仅帮助他们扩大了业务规模,而且有效地提升了收入水平。这种模式的优势在于它能够突破传统金融服务的界限和限制,使金融服务更加贴近大众,更容易被接受。因此,越来越多的人开始享受金融发展带来的红利,而不再因为地理位置、经济条件或其他因素而被排除在外。金融机构的这一努力,无疑为全球减贫事业贡献了重要力量,展现出了金融普惠的巨大潜力。

第四,技术驱动的解决方案模式。在当前的时代背景下,科技已经成为推动社会进步和改善民生的重要力量。特别是对于那些生活在偏远地区、资源匮乏或处于社会边缘的弱势群体来说,通过引入现代技术解决方案,我们能够为他们提供切实的帮助与支持。这些方案涵盖了从教育到医疗,再到农业等多个领域。例如,针对农村地区儿童的教育问题,开发专门的应用程序来提供丰富的在线学习资源,使得孩子们即使身处乡村也能享受到优质的教育机会;而远程医疗服务则可以跨越地理界限,让患者无须远行就能接受专业医生的诊断和治疗;农业技术支持则能够提升农民的生产效率,减少因缺乏技术知识而导致的经济损失。这些技术上的突破不仅打破了传统的地域限制,还解决了资源分配不均的问题,极大地提高了服务的可及性和质量。更重要的是,这些包容性发展的技术解决方案有助于促进社会的平等与和谐,缩小贫富差距,增强社区的凝聚力。它们传递出一个明确的信号:无论身处何地,每个人都有权利享有高质量的生活,每个个体都应该受到尊重和关照。因此,利用这些先进的技术手段为弱势群体提供支持,已成为实现可持续发展目标不可或缺的一部分。

第五,跨部门合作模式。包容性创新的商业模式是一个多维的概念,它超越了传统商业模式的局限性,将政府、企业和社会组织紧密地结合在一起。这种模式不仅仅是为了实现企业自身利益最大化,更重要的是为了促进社会的包容性增长。通过各方力量的协作与整合,共同构建起一个互利共赢的生态系统,从而推动经济发展的同时,也确保了社会各个阶层和群体都能从经济增长中受益。这种合作模式强调资源的合理分配和协同作用,这不仅有助于提升项目的整体效能,而且能够显著提高社会影响力和可持续性。

总之,包容性创新已被视为一种极具前瞻性和现实意义的商业战略,它鼓励并支持那些致力于解决社会问题、创造公共价值的企业和组织。这些包容性创新商业模式不仅是商业领域内一种重要的社会实践,也是现代社会治理和发展策略中不可或缺的组成部分。它们在解决诸多社会问题方面发挥了关键作用,为弱势群体带来了实实在在的福祉。通过这种创新方式,资源得到了更有效的整合,服务提供更加精准和到位,从而促进实现更加公平、包容且可持续的社会发展。

三、包容性创新的可持续盈利

包容性创新的发展不仅要注重包容性,也要注重商业性,这样才能够实现可持续发展。首先，可持续盈利是确保包容性创新活动能够长期、稳定进行的基础。包容性创新的初衷是改善弱势群体的福祉，但如果创新活动无法带来稳定的盈利，那么这种改善将是短暂的、不可持续的。因此，可持续盈利是包容性创新活动能够持续进行、产生长期效益的保障。其次，可持续盈利有助于吸引更多的资源投入包容性创新领域。盈利是企业和投资者追求的核心目标之一，如果一个包容性创新项目能够带来稳定的盈利，那么将更容易吸引到资金、人才等资源的投入；这将有助于推动包容性创新的发展，形成良性循环。此外，可持续盈利还能够提升包容性创新项目的市场竞争力。在市场竞争激烈的环境下，只有具备盈利能力的项目才能够在市场中立足并获得成功；包容性创新项目也不例外，只有实现可持续盈利，才能够在市场中获得竞争优势，为弱势群体提供更好的产品和服务。最后，可持续盈利还有助于实现社会责任和可持续发展目标。包容性创新旨在改善弱势群体的福祉，实现社会公平和可持续发展；而可持续盈利则意味着企业在追求经济效益的同时，也注重社会和环境效益的实现，这有助于企业履行社会责任，推动社会的可持续发展。

包容性创新要实现可持续盈利，可以从四个方面着手。

第一，深入了解目标市场。在进行市场调研时，必须对目标市场进行深入挖掘。这不仅是简单地收集数据，而是要真正理解那些处于社会边缘的弱势群体所面临的真实问题和需求；他们的生活条件、收入水平以及对产品和服务的期望都是需要仔细探究的。通过这样的调研，可以确保包容性创新主体提供给市场的产品或服务具有足够的可获得性，换句话说，就是要确保产品能够以合理的价格被这些目标群体所接受。只有这样，才能保证企业的商业行为与社会责任相一致，同时也为这些群体带来实际的利益。因此，深入了解并满足这些群体的需求，对于构建可持续发展的市场策略至关重要。

第二，创新商业模式。为了确保企业的可持续发展，构建一种长期盈利的商业模式是至关重要的。这要求我们不仅要考虑当前的利润水平和市场需求，还要预见未来的增长潜力和风险规避策略。这种商业模式的设计应着眼于多个维度:首先,通过采取有效措施降低生产成本,可以直接提升产品的性价比,吸引更多消费者,从而在竞争激烈的市场中获得优势地位;其次,提高生产效率意味着减少浪费和缩短生产周期,这样不仅能够降低单位产品或单个工序的成本,还能加快响应市场变化的速度;最后,优化供应链管理可以降低物流成本、减少库存积压,并提高整个供应链的灵活性和效率,这些都是维持利润空间的重要手段。在追求包容性创新的同时,创新主体也应该探索多种收入来源,以保证收入的多样性和稳定性。传统的销售模式已经不再满足现代商业的需要,因此,除了直接销售产品或服务之外,还可以开拓广告、赞助等新型盈利渠道。例如,通过与其他品牌或平台合作进行联合营销,或者利用赞助活动提升企业形象,这些方式都有助于扩大客户基础和增强品牌影响力,进而创造出新的收入来源。同样,合作伙伴关系,如技术合作等,也能为企业带来额外的收益机会,这不仅可以丰富企业的收入来源,还能促进包容性创新和资源共享。

第三,提供可持续的产品或服务。包容性创新的核心是为弱势群体提供质优价廉的产品或服务。因此,需要不断投入研发,提高产品或服务的质量,同时控制成本,确保价格合理。提供优质的产品或服务也能够帮助企业建立良好的品牌声誉,这将有助于吸引更多的消费者和投资者,从而促进市场份额的增长和盈利能力的提升。此外,企业还应与供应商建立长期稳定的合作关系,确保原材料和零部件的供应稳定性,避免因供应链波动而导致生产中断或成本上升。这种稳定的供应链对于维持产品质量和降低成本都是非常有利的。供应商之间的协作同样重要,它们之间的信任和合作能够有效降低整个供应链的风险,保障供应的可持续性。同时,企业还应关注供应链所涉及的环保和社会责任问题。在追求经济效益的同时,企业不应忽视对环境的保护和社会福祉的贡献。这意味着企业需要采取措施减少生产活动对环境的影响,并通过公益活动回馈社会,展现企业的社会责任意识。只有这样,企业才能构建一个可持续发展的供应链体系,不仅满足当前的商业需求,也能够为未来的发展打下坚实的基础。

第四,关注政策环境。政府的政策导向对于推动包容性创新模式下的可持续盈利起着至关重要的作用。企业和投资者必须密切监视相关政策的变化,这样才能充分利用政策提供的优惠和补贴措施,有效降低其运营过程中可能遇到的经济压力。通过这些策略,可以增强企业的盈利能力,为可持续发展奠定坚实基础。同时,这也要求企业不断提升自身适应能力,以便在政策变动时迅速调整经营策略,把握市场机遇。因此,政府与企业之间的良好互动和信息共享机制是实现包容性创新成功和持续盈利的关键所在。

第三节 企业角色定位

一、企业的社会责任

企业社会责任(CSR)是企业在追求经济利益的同时,对消费者、社区和环境等利益相关方负责的一种经营理念和行为要求。它要求企业在经营活动中超越单纯的经济目标,考虑社会和环境因素,通过负责任的行为对社会作出贡献。Nijhof 等(2002)提出,企业进行包容性创新是一个包含企业社会责任的行为,符合企业的伦理道德;他们认为,企业进行包容性创新,会使企业社会责任迎合众多利益相关者的诉求,加强企业与利益相关者之间的关系,进而使得这些利益相关者对企业产生强烈的信任感和认同感,从而使他们对企业的产品和服务更加青睐。Ramani 等(2012)为应对创新收益所带来的不平衡性,主张通过包容性创新来服务于低收入人群,从而实现企业社会责任价值。Arnold 等(2013)通过研究发现,率先进行包容性创新的企业都会具有先发优势,而且在市场中的议价能力也会大大增强,这是因为将企业社会责任融入包容性创新后,可以极大地提升企业的形象,有利于开拓新的市场;此外,跨国公司在金字塔底层更有承担企业社会责任的义务,它应该将部分盈利服务于全球经济金字塔底层的穷人们,并捍卫企业社会责任的道德观念。Hart 等(2005)认为在当今社会,驱使企业在进行包容性创新时,也要将社会责任考虑进来。一方面,因为消费者的社会责任意识的觉醒,使得企业开始更加关注低收入人群的需求以及生态环境保护方面的社会责任行为，一般消费者都更加愿意购买带有社会责任属性或包容性属性的产品；毋庸置疑，企业将社会责任特征融入包容性创新中已经成为企业获得核心竞争力的有力手段之一。另一方面，因为国际社会对低收入群体减贫与发展问题的关注也越来越多，如世界银行、经济合作与发展组织（OECD）和亚洲开发银行等国际机构都强烈呼吁企业进行包容性创新。

在包容性创新发展过程中，企业应该积极承担社会责任，这既能体现企业的道德和伦理责任，也符合企业的长期战略和利益。第一，企业重视社会责任与包容性创新的宗旨高度一致。包容性创新的核心理念是为了改善金字塔底层群体的福利而创造和提供更多的机会，而企业通过实施包容性创新战略，为处于社会底层的群体提供了更为广阔的发展空间，从而在商业行为中注入更深层次的社会价值和责任感。这意味着企业不仅仅是在追求商业利益，更是在致力于解决社会问题，以实现经济效益与社会效益的双重增长，促进社会公平和包容。第二，企业承担社会责任有助于提升企业的品牌形象和声誉。在包容性创新的过程中，企业通过关注弱势群体的需求、采用环保的生产方式、参与社会公益事业等方式，展现了企业的道德和伦理责任感；这种负责任的企业形象能够赢得消费者、投资者和合作伙伴的信任和支持，从而为企业创造更多的商业机会和价值。第三，企业重视社会责任有助于降低经营风险。在包容性创新的过程中，企业可能会面临各种挑战和风险，如技术风险、市场风险、政策风险等；如果企业能够积极承担社会责任，关注利益相关者的需求和利益，就能够更好地应对这些挑战和风险，降低经营风险。第四，企业重视社会责任有助于实现可持续发展。包容性创新的目标是实现经济、社会和环境的可持续发展，企业如果能够在包容性创新的过程中积极承担社会责任，就能够推动资源的合理利用、环境的保护和社会的和谐稳定，为企业的长期发展创造更好的条件。第五，企业重视社会责任是履行法定义务的要求。企业在经营过程中需要遵守法律法规，保护消费者的权益，维护公平竞争的市场秩序等；这些法定义务要求企业必须承担一定的社会责任，否则将面临法律制裁和社会谴责。

在包容性创新的发展过程中，企业的社会责任起着至关重要的作用。

包容性创新,作为一种能够为弱势群体提供质优价廉的产品和服务的创新活动,不仅关注商业利益,更强调社会公平和包容;因此,企业在推动包容性创新时,需要承担起相应的社会责任,以实现经济、社会和环境的可持续发展。首先,企业在包容性创新过程中应该关注弱势群体的需求。这意味着企业需要深入了解目标群体的生活状况、消费习惯以及潜在需求,以便开发出真正符合他们需求的产品和服务;同时,企业还应该积极与政府机构、社会组织等合作,共同推动包容性创新的发展,为弱势群体提供更多的帮助和支持。其次,企业在包容性创新过程中应该注重可持续发展。这包括在产品设计、生产、销售等各个环节中,尽可能减少对环境的负面影响,采用环保材料和生产工艺,降低能源消耗和废弃物排放;同时,企业还应该积极参与社会公益事业,推动社会的可持续发展。此外,企业在包容性创新过程中还应该承担起对员工、消费者和社区的责任。企业应该为员工提供安全健康的工作环境、良好的职业发展和福利待遇,增强员工的归属感和满意度;企业应该诚实守信,确保消费者的知情权、选择权和权益得到保障;企业还应该积极参与社区建设,为社区提供必要的支持和帮助,促进社区的和谐发展。最后,企业在包容性创新过程中还应该注重创新成果的共享和扩散。企业应该积极将创新成果向全体人民扩散,增加人民群众的创新机会和创新能力,使全体人民都能从创新活动中受益;同时,企业还应该与其他企业、研究机构等建立合作关系,共同推动包容性创新的发展,实现共赢的局面。

以环境、社会和公司治理(Environmental, Social and Governance,以下简称ESG)为例,它是近年来金融市场兴起的重要投资理念和企业行动指南,是可持续发展理念在金融市场和微观企业层面的具象投影,也是企业社会责任的重要体现之一。ESG包括环境、社会和治理三个维度,要求企业在追求经济效益的同时,也要关注环境保护、社会责任和公司治理等方面的表现。一方面,包容性创新有助于企业实现ESG目标。包容性创新强调创新活动应惠及更广泛的人群,这与ESG中的社会责任维度相契合,通过包容性创新,企业可以开发出更加符合社会底层群体需求的产品和服务,提高他们的生活质量,从而履行社会责任。同时,包容性创新也强调创新活动的可持续性，这与ESG中的环境维度相契合，通过采用环保技术和资源，企业可以减少生产过程中的环境污染和资源浪费，实现绿色发展。另一方面，ESG也要求企业关注包容性创新。ESG要求企业在追求经济效益的同时，也要关注环境保护、社会责任和公司治理等方面的表现；这意味着企业需要关注社会底层群体的需求，并通过创新活动为他们提供更多的机会。因此，ESG理念鼓励企业积极实践包容性创新，以推动社会的包容性发展。

在包容性创新发展过程中提升企业社会责任意识，可以从五个方面着手。

第一，明确企业社会责任的内涵与意义。企业应当明确社会责任不应仅被视为简单的捐款或慈善活动，而是一个多维的概念，它涉及经济发展、环境保护、社区福祉以及社会公正等广泛领域。这些责任不仅体现在企业对外的财务支持和资源投入上，更重要的在于它们对内部管理的影响，以及如何通过自身行为为整个社会的可持续发展作出贡献。进一步地，包容性创新并非仅仅是商业策略的革新，更是一种深层次的社会责任实践。这种创新方式不仅着眼于当前的商业利益，而且致力于构建一个更加公平的社会结构；通过实施这样的创新，企业可以成为推动社会变革的积极力量，同时也为自身赢得公众的认可和信任。

第二，加强宣传教育与合作。在现代企业管理中，培养员工的社会责任意识是至关重要的一环，这不仅关乎企业形象，也关系到企业长期的发展和社会和谐的构建。因此，企业应该采取多种有效方式，如开展内部培训课程、组织专业研讨会以及举办企业文化活动，深入地向员工传递企业社会责任的核心理念、丰富内涵和具体实践方式。更进一步，企业可以设立专门的社会责任部门或者志愿者团队来策划和执行社会责任项目，同时提供必要的资源和支持，确保项目的顺利进行。此外，定期举办员工参与的公益活动，比如志愿服务日、义卖活动等，能够有效提升员工对社会责任的认知和参与热情，让员工在实际行动中体会到自我价值的实现和对社会的贡献，从而增强他们的社会责任感和公民意识。在宣传与合作上，企业应当运用多种媒介和平台，如新闻媒体的报道、社交网络的互动分享，以及在线论坛和博客等数字渠道来积极宣扬自身在履行社会责任领域所作出的努力与取得的成绩;这些举措不仅可以提高企业形象,而且还能增强公众对企业社会责任的认知和认可。同时,企业还应该积极寻求与政府部门、行业协会及非政府组织的合作机会,通过建立联盟或合作伙伴关系,共同探讨并实施符合社会发展需求的项目,从而在更广泛的范围内推进社会责任的实践和深化。

第三,将社会责任融入企业战略。企业在制定发展战略时,应当充分考虑社会责任因素,将社会责任纳入企业长期发展规划;这不仅是对社会负责的表现,也是企业可持续发展的基石。在包容性创新项目的实施过程中,企业需要更加注重社会责任的落实。包容性创新意味着鼓励创新技术的开发,但同时必须兼顾公平原则,确保这些创新能够惠及更广泛的人群。企业应设立明确的社会责任目标,并将这些目标贯穿于项目的整个生命周期中;从最初的概念阶段到实施过程,直至最终的成果评估,企业都应当致力于实现这些目标,从而促进更加公平和包容的社会环境。

第四,建立社会责任评估与考核机制。为了进一步强化企业的社会责任意识,一些领先的公司已经采取了更加系统化的措施。它们设立了独立于传统业务部门之外的社会责任部门或者委员会,这些部门或委员会专门负责监督和管理企业社会责任的各个方面,包括对环境影响的评估、社会公益活动的跟踪以及报告结果的生成。通过这样的组织架构,企业可以确保社会责任实践与企业的核心价值紧密相连,并在其报表中得到体现。此外,越来越多的企业开始将社会责任的履行情况纳入企业整体绩效考核的框架之中;这意味着在评估企业的经济表现时,不仅要考虑利润和增长,还要考量企业在促进就业、改善劳动条件、保障员工权益等方面的贡献。这种综合评价机制有助于推动企业全面审视自身行为,从而更好地平衡经济效益和社会责任之间的关系。通过这样的举措,企业能够展现出一种超越简单商业利益追求的责任感,为整个社会树立起可持续发展的典范。

第五,注重多样性和包容性的价值观。企业内部要树立尊重、平等和公正的企业文化,积极倡导并实践多样性与包容性的价值观,以确保员工的不同背景、经验和观点得到充分的尊重和考虑。这样的文化将促使每个人都能感到自己被重视和理解，从而激发出最大程度的创造力和生产力。在招聘过程中，企业也要确保公平竞争的机会均等，不应基于任何形式的偏见和歧视来筛选人才。这意味着，不论性别、种族、宗教信仰或其他个人特征如何，所有应聘者都应该有机会展示他们的能力和潜力。同样地，在晋升和职业发展方面，企业也应当摒弃那些助长歧视的做法，确保每位员工都有相同的道路可以追求职业成功，无论其起点如何。

通过实施上述策略，企业能够在推动包容性创新的过程中，增强其社会责任理念。这些措施不仅促进了对社会上弱势群体的关怀与支持，也体现了对环境保护、劳动权益、员工福祉、消费者满意度以及社区和谐的重视。通过这种方式，企业得以积极地履行它的社会责任，从而在促进经济增长的同时，维护和提升社会效益，确保可持续的生态发展，并建立起一个更具包容性的社区网络。这样的实践不仅有助于解决当前面临的挑战，还为未来打下坚实基础，确保企业能够在不断变化的世界中保持竞争力，并为所有利益相关者创造长期价值。

二、企业包容性创新的社会贡献

企业通过包容性创新活动，如开发适合 BoP 市场的产品、为社会群体提供平等的就业机会、促进社区发展和环境保护等，可以有效地履行其社会责任。在实践企业社会责任时，包容性创新的实施涉及多个层面。首先，企业文化的构建是基础，它需要企业领导者展现出对多样性和包容性的重视，并且将这种理念融入公司的运营和决策之中。其次，制定有效的包容性创新战略是关键，它要求企业识别市场需求，同时考虑到资源的可获得性，确保包容性创新成果能够惠及更广泛的社会群体。再次，建立合作伙伴关系对于实现包容性创新尤为重要，通过与其他组织的合作，加速包容性创新项目的推广和应用，使得包容性创新成果更快地转化为社会价值。最后，不断提升包容性创新能力是企业持续贡献社会的保障，这需要企业不断地学习新知识、掌握新技术，并勇于尝试新方法来解决复杂的社会问题。

要衡量企业通过包容性创新活动所作出的社会贡献,需要从三个维度进行考量。

一是受益群体。

用包容性创新衡量企业服务群体的受益程度可以从以下几个方面进行考量。第一,观察企业服务是否真正覆盖了金字塔底层的弱势群体,如低收入者、农村文化水平较低收入者等。如果企业能够针对这些群体提供特定的服务或产品,那么可以认为企业在包容性创新方面取得了一定的进展。第二,考虑企业提供的服务或产品是否真正满足了弱势群体的需求。例如,企业是否针对低收入者的消费习惯和经济能力设计了合适的产品或服务?如果企业能够深入了解并满足这些群体的需求,那么可以认为企业在包容性创新方面做得较好。第三,包容性创新不仅关注产品或服务的提供,还关注弱势群体在创新过程中的参与程度。企业是否鼓励并吸纳弱势群体参与、推动和实施创新活动?如果弱势群体能够在创新过程中发挥作用、创造价值,那么可以认为企业在包容性创新方面取得了更大的成功。第四,衡量企业服务群体受益程度的关键在于观察弱势群体是否真正从企业的服务中获得了实际利益。例如,低收入者是否通过购买企业产品改善了生活状况?农村文化水平较低收入者是否通过接受企业服务提高了自身能力?如果弱势群体能够切实感受到企业的服务带来的好处,那么可以认为企业在包容性创新方面取得了显著的成效。

二是产品和服务的质量。

用包容性创新衡量企业产品和服务的质量可以从以下几个方面进行考量。第一,评估产品和服务的可获得性。包容性创新强调产品或服务对于弱势群体的可获得性;因此,在衡量企业产品和服务的质量时,需要考虑产品或服务的价格、购买渠道、使用门槛等因素,确保它们能够被目标群体所获得。第二,关注产品和服务的可持续性。包容性创新追求的是长期可持续发展;在评估企业产品和服务的质量时,需要考虑产品或服务的生命周期、资源利用效率、环境影响等因素,确保它们符合可持续发展的要求。第三,考察产品服务弱势群体的能力。包容性创新的一个重要目标是服务于弱势群体;因此,在衡量企业产品和服务的质量时,需要特别关注这些产品和服务是否能够满足弱势群体的需求,如低收入群体、老年人、残疾人等。第四,评估产品的广泛影响力。包容性创新追求的是广泛的影响力;在衡量企业产品和服务的质量时,需要考虑它们能否扩大了产品和服务的覆盖面,使更多的人受益。第五,关注客户满意度。客户满意度是衡量企业包容性产品和服务质量的重要指标;通过收集和分析客户的反馈和意见,可以了解客户对包容性产品和服务的满意度以及存在的问题,从而持续改进和优化产品和服务。

三是可持续性。

用包容性创新衡量企业的可持续性可以从以下五个方面进行考量。第一,包容性创新强调的是让所有群体,特别是弱势群体参与到创新活动中来。因此,在衡量企业可持续性时,需要观察企业是否通过包容性创新活动促进了目标群体的广泛参与、是否考虑了他们的需求,以及是否为他们创造了更多机会。第二,包容性创新的一个重要目标是通过创新活动缩小社会差距,实现社会公平。因此,在衡量企业可持续性时,需要考虑企业的包容性创新活动是否对社会发展产生了积极影响、是否促进了社会公平和包容。第三,企业的可持续性不仅体现在社会和经济方面,还体现在环境方面,包容性创新在追求社会公平的同时,也需要关注环境的可持续性。因此,在衡量企业的可持续性时,需要观察企业的包容性创新活动是否有利于环境保护、是否采用了环保技术和方法,是否降低了对环境的影响。第四,企业的可持续性需要建立在稳定的经济效益之上,包容性创新通过为弱势群体提供更多机会,有助于企业开拓新的市场,提高经济效益。因此,在衡量企业可持续性时,需要关注企业的长期经济效益以及创新活动对企业经济效益的贡献。第五,包容性创新是一个持续的过程,需要企业不断地进行探索和实践。因此,在衡量企业可持续性时,需要观察企业是否具备持续创新的能力,是否能够不断地开发出符合市场需求、有利于社会和环境的新产品和服务。

为了更具体地衡量企业的社会贡献,可以采用一些量化的指标和方法。

例如,可以计算企业为弱势群体提供的质优价廉的产品和服务的数量和价值;可以评估这些产品和服务对弱势群体生活水平的改善程度;可以分析企业的包容性创新活动对社会的整体发展和包容性增长的贡献等。需要注意的是,衡量企业的社会贡献不能仅仅关注经济层面,还需要考虑社会、环境等多个方面的因素;因此,在衡量包容性创新的社会贡献时,需要采用综合性的指标和方法,以更全面地评估企业的表现。如果企业能够积极履行其社会责任,将包容性创新作为其核心战略之一,并通过创新活动为更广泛的人群创造更多的机会,那么可以认为该企业的社会影响是积极的,并且有助于推动社会的可持续发展。

第四节　案例:美团"青山计划"
——平台驱动的绿色包容性创新

"青山计划"始于 2017 年,是美团发起的环保行动,涵盖绿色包装、低碳生态、青山科技、青山公益四大板块,旨在通过技术、市场与公益的结合推动行业绿色转型。"青山计划"的实施在多个维度体现了企业在包容性创新中的重要作用。

"青山计划"通过平台连接商家、消费者、科研机构与政府,形成市场主导与多方协同的全产业链协作机制。具体来说,美团推出了绿色包装供应链建设,联合 101 家生产企业推出 161 款环保包装产品,覆盖纸质、可降解塑料、易回收材料三大类,降低中小商家采用绿色包装的成本门槛。美团在全国 20 个省份建立了餐盒回收体系,累计回收塑料餐盒 2.55 万吨,再生制成运动服装、单车配件等高附加值产品,既解决环境问题,又创造就业机会。此外,美团还通过青山科技基金资助青年科学家,支持生物基可降解橡胶、光热转化等前沿技术的研发,推动环保技术产业化;资助东华大学开发餐盒再生纤维技术,应用于运动服饰和安全绳索,提升再生资源经济价值。

"青山计划"充分体现了包容性创新的特征。商家通过"青山档案"展示环保行动获取消费者信任，科研机构获得资金支持，地方政府借助平台资源优化垃圾分类体系，实现了利益相关方的共赢。在社区试点中，外卖餐盒回收与低收入群体就业相结合（如环保驿站管理），为弱势群体赋能，实现了环境治理与社会公平的双重目标。此外，"青山计划"响应国家"双碳"政策，推动《餐饮外卖绿色包装解决方案》等标准制定，与政府形成"监管—市场"的互补机制。

第六章
包容性创新的国际比较

包容性创新最先由国外学者提出,当初受到印度、以色列等国家极力推崇,随着我国数字经济的迅猛发展,包容性创新已经在中国取得新的成就,亟待梳理总结。本章重点比较包容性创新在国外和中国的发展,首先,从包容性创新的理念形成、内涵演变等角度梳理包容性创新在国外的发展历程;其次,以印度为例,梳理包容性创新在国外的发展历程及挑战;再次,从理论和实践两个层面梳理包容性创新在中国的发展历程、发展优势和特点;最后,探索总结包容性创新在中国的发展经验,力求为其他发展中国家所借鉴。

第一节　包容性创新在国外的发展

一、包容性创新在国外的发展历程

在当前全球经济的大环境下,我们正面临着一个错综复杂的局面。外部市场的需求正在萎缩、国内消费增长缓慢、原材料和劳动力成本不断攀升。与此同时,欧美发达国家纷纷提出再制造业化,力图将其作为推动国家经济增长的新动力。而新兴经济体之间的竞争也越发激烈,它们不仅在传统产业上与发达国家争夺市场份额,还在高科技领域展开了一系列的较量。在这样的大背景下,发展高新技术创新成为了各国的战略选择,这既是对挑战的回应,也能在全球舞台上占据有利位置。然而,实践经验表明,单纯追求"精英式创新"并不足以实现社会福利的全面提升。这种创新往往忽视了社会底层人群的参与和共享,大多数人因为被边缘化而未能从创新的成果中获益,也无法享受到由这些创新所带来的经济效益,从而导致了权力结构的失衡和机会的不平等。这种现象不仅损害了社会的公平与正义,而且阻碍了整体经济的健康发展。因此,我们迫切需要改变创新的理念和模式,将关注点从单纯的技术进步转向更加包容、更加普惠的理念。我们寻求建立一个多元共赢的创新体系,让更广泛的群体受益于创新成果。这样的转变将有助于推动经济的可持续发展,确保每个人都能从中获得应有的收益,从而实现真正意义上的社会和谐与繁荣。

包容性创新的核心理念正是强调在充分研究低收入人群对创新产品和服务的可获得性和可负担性的基础上,发掘有限资源潜力,开发出能够让低收入人群参与和分享的创新产品和服务,帮助降低社会排斥和实现公平效率。这种创新不仅仅是一种商业策略,更是一种社会责任,它要求我们深入分析这些群体对于新兴产品和服务的需求、接受程度以及购买力。通过这种方式,我们可以识别出那些最需要支持的领域,并采取行动来解决他们的痛点;这包括开发易于使用、成本低廉的创新产品,同时确保这些服务能够跨越经济障碍,让更多人受益。最终,我们能够创建一个更加公平且富有成效的社会,其中每个人都有机会享受到创新带来的好处,无论他们的社会经济地位如何。

作为一种创新转型方式,包容性创新以其前瞻性的思维模式和行动策略,正逐渐成为推动社会进步的关键动力。包容性创新的发展历程与包容性增长的概念紧密相关,并且得益于联合国以及亚洲开发银行等国际组织和金融机构的积极倡导和推动。2007年,亚洲开发银行率先提出了"包容性增长"这一关键概念,其核心思想是确保经济增长所带来的福利能够覆盖到社会的每一个角落,而不仅仅是少数人。亚洲开发银行指出,增长应当具有包容性,即让所有人都能从经济活动中受益,无论他们的财富或背景如何。这种增长模式强调了机会平等的重要性,要求政府、企业和个人都应承担起责任,创造机会并支持每个人追求其潜力。

　　包容性创新的概念起源于21世纪初,它源自对经济增长与社会发展关系深刻思考的学术探索,不仅仅是经济学领域的单一声音,更是管理学和社会学的多学科交汇之作。最初这一概念的理念萌芽,旨在通过跨界合作,为企业带来一套全新的战略框架,从而能够更加精准地迎合并满足那些被边缘化或被忽视的底层消费者的特殊需求。人们逐渐认识到,这种创新模式不仅是解决现有社会不公问题的有效手段,更是一种促进社会整体福祉提升的关键途径。它通过推出贴近用户需求、易于获取且成本效益高的创新产品和服务,致力于打破传统市场中存在的各种障碍,让所有人都能享受到科技进步带来的便利和价值。在这个过程中,包容性创新不再局限于某个行业或是某一地域的特定实践,而是成为了一种全球性的趋势。企业和社会各界纷纷响应这一号召,将目光投向那些未充分参与现代经济活动的群体,力图通过提供包容性机会和支持来激发他们的潜能。这种创新的浪潮席卷全球,成为推动社会公平与进步的重要力量。

　　随着对创新本质的不断探究和理解,学术界开始认识到包容性创新的重要性远远超出了企业层面;它不只是一种策略或理念,而是关乎整个创新体系的构建与运行,包括政策制定、资源分配以及社会参与等多个方面。这种趋势促使包容性创新概念被纳入到国家战略规划中,成为推动经济发展和社会进步的重要力量。在这个过程中,政府的角色变得至关重要,它们需要制定出既有利于经济增长又能够惠及所有社会成员的创新政策。美国专利商标局(USPTO)于2024年5月1日制定的《包容性创新国家战略》就是这一阶段的一个鲜明例证。该战略的核心目标是通过提升青年群体,尤其是那些历史背景中代表性不足或资源匮乏的群体,对科学、技术、工程和数学(STEM)、发明和创新的参与度,来促进经济增长、提高就业质量,并在全球范围内应对日益严峻的挑战。为了实现这一宏伟蓝图,美国专利商标局采取了一系列具体措施,如增加STEM教育项目的投资、扩大创新创业培训机会、提供更多针对少数族裔和女性的创新支持计划等,这些举措不仅有助于打破创新的壁垒,还能激发跨文化和种族之间的创新合作,从而在更广泛的层面上推动包容性创新的实践。同时,包容性创新作为一种实现增长的有效手段,已经成为许多国家和地区推动可持续发展战略的核心组成部分,并得到了全球各地专家学者、政策制定者和实践者的广泛关注与积极响应。无论是发达国家还是发展中国家,都已经开始从不同角度采纳并实践这种创新方式:在欧洲的一些国家,如德国和瑞典等,正通过提供资金支持和建立合作伙伴关系,鼓励企业采用包容性创新的方式来解决社会问题;而在亚洲,印度和中国正在通过政府指导和市场激励措施,促进教育、健康和科技领域的包容性创新发展,这些努力不仅为当地带来了实际的效益,同时也为全球的包容性创新实践树立了典范。此外,非盈利组织和非政府机构也在探索如何将包容性创新融入其项目中,以期达到更广泛的社会影响力。

在达到成熟阶段后,包容性创新已不再是一个简单的创新概念,它已经成为了衡量一国创新能力和推动社会进步的重要指标之一。这种创新不单单指的是产品或者服务的更新换代,而是更深层次地涉及创新本身所追求的民主化过程。这样的理念确保了社会各个阶层、各种背景的成员能够平等地参与进来,共同推进创新的步伐;越来越多的证据表明,包容性创新不仅能够促进经济增长,还能提升人们的生活质量,缩小社会差距,最终实现一个更加公平和谐的世界。正如众多国际上先进的国家和地区一样,如欧盟和日本,它们都在努力制定并实施一系列旨在促进包容性创新的策略;这些策略不仅关注经济增长和技术革新,还强调社会公平、社会责任以及环境保护的重要性。通过这样的方式,它们致力于构建一个更加包容、可持续的世界,让所有人都能从中受益。例如,欧盟在其政策框架下推出了多项举措,包括支持中小企业的创新、鼓励跨国界的合作创新,以及为弱势群体提供创业培训等;这些措施体现了欧盟对包容性创新概念的重视,同时也展示了如何将其转化为具体行动,从而为全球的科技进步和社会和谐作出贡献。同样,日本作为一个经济大国,也在积极响应这一趋势;它不仅关注国内市场的需求,而且还致力于提升与外部世界的联系,特别是加强与亚洲其他国家的创新合作。

在国际舞台上,尤其是在那些经济发展相对滞后的国家中,包容性创新的采纳和实施呈现出一些鲜明的特点,这些特点体现在其广泛的适用性和深远的影响力上。随着全球化趋势的不断加深,越来越多的发展中国家开始认识到创新的重要性,并试图通过引进新技术、新理念以及新的商业模式来提升自身的竞争力。这种包容性创新往往与当地的文化背景、资源条件紧密相连,因此其实践过程中充满了挑战,但同时也孕育着巨大的潜力。

以印度为例,印度的第十一个五年计划(2007—2012 年)就强调了包容性增长,并采取了多项措施来推动包容性创新。这些措施包括着重农村地区的发展、实施"包容性金融计划"以及强调草根创新或"甘地式创新"等,旨在通过创新来解决低收入群体的需求,提高他们的生活水平和福祉。2010年,在印度总理辛格的提议和推动下,印度国家创新委员会成立,由总理的前科学顾问、著名电信科学家萨姆·皮特罗达担任主席,其成员来自学术界、研究机构和产业界。创新委员会负责制定国家宏观创新战略,加强对创新的管理协调,推动创新成果实现商业化和规模化生产。成立后,创新委员会开展了大量关注包容性创新的工作,包括鼓励建立地方创新委员会、提高基层公共基础设施服务能力、加强对包容性创新的宣传和普及等。在政策和计划制定方面,自 2012 年来,印度政府联合大学、企业出台了一系列举措推动包容性创新,包括设立包容性创新基金支持健康、教育、农业、纺织等社会民生领域的创新;制定创新计划支持草根创新者的创意和发明;设立地方和社会基金,积极探索预算外补助金和创新税收激励的新方式为创新活动提供风险担保和资金支持。在过去的十年里,印度投入了大量资金来建立世界上最庞大的数字公共基础设施(DPI)网络。这一项目不仅建立了一个连接全国各地的数字高速公路,而且还实现了资金转移、救命疫苗等基本服务的提供;这种转变是前所未有的,它展示了数字化在社会发展中的巨大潜力。在人工智能时代,印度的数字公共基础设施成为了一个极具启发性的案例,向世界各国展示如何通过恰当的方法创建一个包容性技术环境。印度的经验证明了,从开始阶段就优先考虑建立一个开放的生态系统、保证互操作性和包容性,对于推动社会进步至关重要。这些原则也被应用到最近启动的"印度人工智能计划"中,该计划表明了印度政府对发展本地计算能力、数据系统、模型、用例和人才的大力支持。尽管技术发展日新月异,但许多基层社区仍未享受到由数字经济所带来的便利,因此印度政府的目标是通过包容性创新,大规模地利用技术来满足庞大人口的迫切需求。通过为本土企业提供资源、促进合作以及创造有利于创新的环境等措施,印度政府正在努力将人工智能转化为推动经济增长和改善民众生活质量的动力。可以说,印度的数字基础设施不仅仅是一系列数字工具和平台的集合,而是代表着一种全新的社会契约,即每个公民都能公平地接入信息与知识,享有平等的机会去改善他们的生活质量。通过将传统的公益事业与现代技术相结合,印度为全球提供了一个宝贵的学习范例,凸显了数字基础设施对实现社会公正和繁荣的关键作用。

此外,联合国在 2009 年提出的千年发展目标也强调了包容性的重要性,并将其作为推动全球发展的核心目标之一;这些目标不仅仅是对经济增长和社会福祉的追求,它们还着眼于消除贫穷、性别平等、气候变化和可持续发展等多个层面的包容性。通过将包容性置于全球发展议程的核心位置,联合国致力于构建一个更加公平、更具弹性的世界,使每个人都能充分发挥其潜能。在这一背景下,包容性创新成为实现这些宏大目标的关键工具,得到了国际社会的广泛认可和支持。它不仅仅是一个口号或政策,更是一种实践、一种推动创新以适应不同背景人群需求的方法。包容性创新鼓励多样性与包容性,促进文化交流,并创造出能够满足多样化市场和消费者需求的产品与服务。这种创新模式得到了包括私营部门在内的全球利益相关者的广泛支持,因为它既为小企业和初创公司提供了成长的空间,也确保了大企业和成熟产业中的员工可以接受新技能和知识,从而促进了整个社会的进步和繁荣。

在包容性创新的发展过程中,众多国际组织、知名企业和科研机构纷纷投身于此,为实现更加公平、包容的创新路径贡献智慧与资源。以经济合作与发展组织为例,它不仅对包容性创新的概念进行了系统性的梳理,更是通过一系列深入的研究和实证分析,提出以科技进步为先导,结合创新的方法论,特别是那些能够满足低收入群体迫切需求的解决方案。这些组织和企业的努力,无疑为全球范围内的包容性创新提供了宝贵的参考和借鉴。与此同时,许多企业也意识到了包容性创新的重要性,并将其融入自身的发展战略之中。它们认识到,通过创新活动,可以有效地促进社会的整体福祉,同时也有助于推动可持续的发展目标。这种前瞻性思维促使企业不断探索如何设计产品和服务,以更好地满足不同消费者群体的需求,从而缩小数字鸿沟,增强社会的流动性和参与性。无论是初创企业还是成熟企业,都在积极寻求方法,将包容性创新作为企业文化的核心部分,以此来引导业务的长期发展。

到了 21 世纪 10 年代,随着技术浪潮的迅猛发展,特别是大数据与互联网技术的广泛应用,包容性创新进入了新的发展阶段。这个时期,我们见证了一个新的历史阶段的开启——包容性创新已经成为推动社会进步和经济发展的重要力量。为了让更多不同背景和需求的群体都能平等地参与创新活动,众多创新型平台和工具应运而生,它们不仅提高了创新的效率,还确保了包容性,使得每个人都有机会贡献自己的创新智慧。与此同时,许多国家和地区也纷纷制定出相应的政策框架来加以支持。这些政策旨在创造一个更加包容和多元的环境,鼓励更多的参与者加入到创新之中,无论是来自传统行业还是新兴领域的专业人士,或是那些寻求创业机会的个体。通过这样的努力,政策制定者希望能够促进创新成果的多元化,从而推动整个社会的可持续发展。

总的来说,包容性创新在国外的发展历程是一个伴随着时代的脚步不断演进和深化的过程。随着全球化和经济社会的不断发展,包容性创新将继续发挥重要作用,为解决社会问题、推动可持续发展和促进社会公平作出更大贡献。

二、包容性创新在国外的发展经验

包容性创新在国外的发展有许多值得我们借鉴的实践经验,主要体现在四个方面。

第一,加强政策引导与支持。在印度等国,政府对于包容性创新的重要性有着深刻的认识,为了促进这一领域的发展,他们制定了一系列政策措施,旨在提供必要的指导与支持。其中包括向创新型项目提供财政补助,减轻其经济负担;对符合条件的创新活动实行税收优惠;以及放宽市场准入条件,确保新技术、新产品能够顺畅进入市场。这些政策还着重鼓励企业和社会组织投身于包容性创新,激励科研机构加大研发投入,共同推动社会进步。通过这些综合性的支持措施,政府营造了一个既包容又富有创新的环境,让不同背景的参与者都能参与到创新的大潮中来,共享科技进步带来的福祉。此外,一些国家设立了专门的创新基金,来为包容性创新提供资金上的大力扶持,确保那些专注于为低收入阶层和弱势群体服务的创新项目能够得到充分的资源和关注。这种政策的实施,无疑是对创新者的一大福音,它减轻了他们面临的财务负担,使他们得以将更多的精力投入到创造新事物中去。同时,这样的包容性创新也有助于拓宽市场的边界,促进社会的整体进步,使得创新成果更容易被广泛接受和利用,从而推动经济增长和社会发展。

第二,推动跨部门合作与资源整合。包容性创新的实践在许多地区已经成为了一种趋势,它强调不同机构和团体之间的紧密协作与广泛参与。这种创新不仅仅局限于技术和商业层面,更扩展到社会责任、环境保护等多个维度。为了实现这一目标,许多国家采取了跨部门合作的策略,促进了政府与企业之间的互动,使得政策制定者能够更有效地制定支持创新的措施,同时也为企业提供了更为广阔的市场空间。这种合作模式还涉及研究机构和非政府组织的积极参与,它们通过共同研究和资源共享,可以加速新产品的研发和应用进程。此外,这些组织往往拥有特定的专业知识和技能,能够在解决实际问题方面发挥关键作用。通过这样的合作,可以确保包容性创新项目不仅关注于技术进步,而且能够兼顾社会需求和环境可持续性,从而推动一个更加包容、多元和可持续的未来。

第三,强化科技研发与人才培养。科技研发是包容性创新的重要支撑。在全球范围内,尤其是发达国家,政府与企业携手合作,共同致力于强化科技研究与开发工作;它们不仅为包容性创新提供了必要的资金支持,还搭建起一个多功能、资源共享的研发平台,从而促进科技创新成果迅速转化为实际应用,并广泛推广到社会各领域。此外,众多国家通过实施教育政策和培训计划,旨在提升公民的科技知识水平和创新意识。这些教育项目往往以市场需求为导向,鼓励学生探索前沿技术,培养他们成为具有创新思维和实践能力的未来人才。通过这样的教育路径,不仅有助于激发个体潜能,也为整个社会的可持续发展奠定了坚实的基础。例如,在 2014 年,巴西联邦政府采取了一系列行动来促进产学研的紧密结合,并建立起全国性技术创新网络。为了实现这一目标,政府在巴西科技部设立了一个重要机构——"巴西科学未来委员会",它作为一个国家的科技咨询机构,成为推动国家创新战略和政策制定过程中不可或缺的力量。它致力于为巴西的科技发展提供前瞻性的政策建议,确保这些建议能够适应快速变化的国际科技环境,同时也与国家的经济需求和长远规划相吻合。与此同时,为了构建一个更为强大的全国技术创新网络,巴西科技部着手在大学、科研机构以及企业之间搭建沟通与合作的桥梁。为此,政府投入了大量资源,启动了"巴西工业创新研究院"。该研究院旨在汇集各方面的智慧和资源,通过研究、开发和创新活动,加速技术的商业化进程,从而推动整个国家的产业升级和经济增长。政府对该研究院的投资高达 3 000 万雷亚尔,显示出对于提高研发能力和增强技术创新实力的坚定承诺。

第四,推动社会参与共建共享。包容性创新需要全社会的共同参与和共建共享,它要求社会各界协同努力、共同缔造创新的未来。在国际舞台上,那些致力于推广包容性创新的国家和地区,都十分重视激发各类社会组织以及个人的积极参与,鼓励他们以更加开放和包容的态度投身到创新活动中来。这些地方通常会培育出一个多元的创新生态系统,其中既包括了大企业、小微企业,也囊括了高校研究机构和个人开发者等不同主体。为了实现这一目标,相关政策往往设计有吸引力的参与机制,比如提供资金支持、搭建交流平台,甚至是优化创业环境,从而营造出一种鼓励创新的氛围。此外,一些国家还通过开放公共创新平台和共享创新资源的方式,进一步促进包容性创新成果的扩散和利用。这种做法不仅有助于打破行业壁垒,更是为创新人才和创意的流动提供了便利,使得每一个个体或组织都能够从中受益，共同分享科技进步带来的红利。例如，在印度，众多中介组织和社区机构作为沟通桥梁、信息搜集者，以及信息传播者的角色，在包容性创新的大潮中发挥作用。这些组织不仅促进了资源的有效整合，而且通过搭建平台和提供服务，显著弥补了传统政府等官方部门在市场上的不足之处。它们以更加灵活和高效的方式，推动了社会各界之间的互动与合作，为那些可能因为缺乏正规渠道而难以触及创新机会的群体提供了支持和帮助。通过这种方式，中介组织和社区机构成为了推动包容性创新的重要力量，既满足了政府对于市场监管和公共服务的需求，也拓展了社会成员自我发展的空间。

三、包容性创新在国外的发展困境

在实践过程中，国外的包容性创新项目也遇到了一些挑战和困难，包容性创新在国外的发展过程中也面临一些困难和挑战，这些困境主要体现在五个方面。

（一）资源分配不均

尽管许多国家和国际组织都在努力推动包容性创新，但资源的分配往往并不均匀。首先，资金资源的分配不均是一个显著问题。包容性创新活动通常需要大量的资金投入，包括研发、市场调研、人才培养等方面；然而，由于资源分配的不均，一些地区或行业可能无法获得足够的资金支持，包容性创新活动难以开展；同时，一些边缘群体由于经济能力有限，也无法承担包容性创新活动所需的成本，从而无法享受包容性创新的成果。其次，人才资源的分配不均也是一个重要问题。包容性创新活动需要高素质的人才支持，包括科研人员、工程师、市场营销人员等。然而，由于教育资源的不均衡，一些地区或行业可能无法培养出足够的人才来支持包容性创新活动。同时，一些边缘群体由于教育水平较低，也难以参与到包容性创新活动中来。此外，技术资源的分配不均也是影响包容性创新发展的一个因素。一些地区或行业可能无法获得先进的技术支持，导致包容性创新活动难以开展；同时，一些边缘群体由于技术水平的限制，也无法充分利用技术资源来提升自己的包容性创新能力。

举例来说,在许多经济合作与发展组织国家中,包容性创新活动的推进并不均衡,这一点从地区间包容性创新能力与资源分配不平等的现象中可以得到明显体现;这种不均等性不仅导致了生产力水平和生活水平在不同区域之间出现了巨大的差距,而且也暴露出了在推动技术革新和知识产权保护方面存在的系统性问题。此外,美国专利商标局的研究揭示了一个令人担忧的趋势:在涉及发明和专利申请的统计数据中,女性以及少数民族群体的参与度远低于其应有比例;这一发现清晰地表明,创新的资源分配方面存在着性别和种族的双重不平等。在追求科技进步和包容性创新成果的道路上,这样的不平等无疑是对整个社会的警示——它呼吁我们必须采取措施来纠正这些不公,确保每个人都有平等的机会来分享包容性创新带来的红利。

(二) 技术和市场准入障碍

技术障碍主要体现在现有技术的不成熟、技术转移难度大以及技术更新换代速度快等方面;这些因素可能导致创新者在开发新产品或服务时遇到困难,尤其是在金字塔底层市场中,这些市场通常缺乏对新技术的吸收和应用能力。对于许多边缘群体来说,获取最新的技术成果或技术知识存在难度;这可能是地理位置偏远、经济能力有限或教育水平较低等原因导致的。因此,这些群体在享受包容性创新带来的便利时面临着困难。即使边缘群体能够获得技术,也可能面临技术适应性的问题;由于这些群体的特定需求和限制,现有技术可能需要进行相应的调整或改进才能满足他们的需求;然而,这种调整或改进可能需要额外的投入和时间,从而增加了技术应用的难度。此外,获得技术的长期维护和支持也是一个挑战;由于边缘群体可能缺乏相应的技术知识和能力,他们可能无法独立解决技术使用过程中遇到的问题;因此,他们需要依赖外部的支持和服务,但这样的支持可能难以获得或成本较高。

市场准入障碍则包括过高的行政壁垒、复杂的审批程序和不合理的法规限制;这些障碍可能会阻止创新产品和服务进入市场,或者导致市场参与者之间的不公平竞争。在一些国家和地区,存在对创新产品和服务的法规和政策限制,这些限制可能包括审批程序繁琐、监管要求严格等,使得创新产品和服务难以进入市场。这对于包容性创新来说尤为不利,因为它需要快速、灵活地满足边缘群体的需求。此外,包容性创新产品和服务在进入市场时,可能面临来自现有产品或服务的竞争压力;这些竞争压力可能包括价格竞争、品牌竞争等,使得包容性创新产品和服务难以在市场上立足。一些大型公司也可能利用其市场优势地位,对包容性创新产品和服务进行打压或排斥。对于边缘群体来说,他们很可能对新技术或新产品持怀疑态度或缺乏了解,这可能导致他们不愿意尝试这些新产品或服务,从而限制了包容性创新的推广和应用。此外,一些文化和传统观念也可能影响他们对新技术的接受度。

（三）创新生态系统不完善

包容性创新需要一个完善的创新生态系统来支持其发展,包括政策环境、资金支持、人才培养、市场环境等方面。然而,在一些国家和地区,这些方面的建设还不够完善,导致包容性创新难以获得足够的支持和推动,限制了包容性创新在促进经济增长和社会发展方面的潜力。在国外,特别是一些发展中国家,由于经济结构、政策导向等因素,创新驱动机制往往不够成熟,这些国家即便拥有足够的科技创新能力,但依然可能存在种族、性别等群体在创新参与度上的显著差异,从而使得许多潜在的创新力量未被激发。这可能是政府的政策支持不足,或者政策执行力度不够等原因导致的,从而影响到包容性创新生态系统的稳定性和可持续性,

包容性创新氛围的营造需要政府、企业和研究机构的共同努力。在一些国家,由于文化、教育等因素,包容性创新氛围并不浓厚,缺乏鼓励包容性创新和容错的文化,人们在面对创新风险时过于谨慎。不同国家和地区之间的文化差异和认知偏差也可能影响包容性创新生态系统的发展。在某些国家和地区,包容性创新可能被视为一种新兴的概念或趋势,而没有被广泛接受和认可。这可能导致创新活动难以获得足够的社会支持和文化认同。

此外,许多国家还面临包容性创新成果商业化难题。即使包容性创新得到了成果,也常常因为种种原因无法有效地转化为实际产品和服务。这可能是因为缺乏将包容性创新成果商业化的必要机制,如风险投资、孵化器

等。因此,包容性创新成果往往无法达到预期的社会和经济效果。

(四) 利益相关者协调困难

包容性创新涉及多个利益相关者的利益,包括政府、企业、社会组织、普通民众等。但由于各自立场、利益诉求和资源的差异,往往会出现沟通不畅、利益冲突、协调机制不健全等问题。这可能导致创新项目在推进过程中受到阻碍,甚至导致项目失败。

在利益诉求方面,不同的利益相关者可能对包容性创新有不同的理解和期待。政府可能更关注包容性创新的社会效益和公共利益,企业可能更关注包容性创新的经济利润和市场竞争力,非政府组织可能更关注包容性创新过程中特定群体的权益和需求。这些不同的利益诉求可能导致在创新过程中的决策和行动产生分歧。因此,在理念认识上,需要建立一个包容性创新共识,明确包容性创新的目标是实现经济、社会和环境的可持续发展,并且创新成果应该惠及所有社会成员。

在利益分配问题上,包容性创新要求各利益相关者都能从创新活动中获益。但在实际操作中,利益的分配往往难以做到公平和合理,尤其是当创新成果涉及知识产权、市场占有率和经济效益时,各方对利益分配的预期和接受程度可能会有很大的差异。因此,需要通过透明的沟通机制和公正的决策程序来处理利益分配问题,确保各方利益得到平衡和保护。

沟通机制是协调利益相关者之间关系的关键。有效的沟通可以帮助各方了解彼此的立场和诉求,寻找共同点和分歧点,进而寻求解决方案。然而,不同利益相关者之间的信息不对称、沟通渠道不畅等问题,可能导致信息无法及时、准确地传递和共享,从而影响了利益相关者之间的协调和合作,甚至导致信任缺失。因此,需要建立和完善利益相关者之间的沟通机制,确保信息的流通和理解的准确性。

(五) 可持续性问题

包容性创新不仅要解决当前的问题,还要考虑长期的可持续发展。包容性创新活动往往伴随着资源消耗和环境影响,如何在创新的同时保证生态环境的可持续性,是一个亟待解决的问题。而且,即使包容性创新成果能够在一定程度上改善民众的生活,也仍需确保这些成果能够长期稳定地为社会服务,而非仅为特定群体带来利益。然而,在一些包容性项目中,由于缺乏长期规划和有效管理,项目在短期内取得一定成果后可能难以为继。此外,一些项目可能过于依赖外部支持,一旦外部支持减少或消失,项目就可能难以为继。

在资源获取与分配方面,包容性创新通常需要大量的资源投入,包括资金、技术、人力等,然而这些资源的获取和分配往往面临挑战。一方面,资金的可持续性是一个关键问题,因为包容性创新项目通常需要长期、稳定的资金支持,而这样的资金往往难以获得;另一方面,技术和人力的分配也可能存在不公平或不合理的情况,这会影响项目的长期可持续性。

在市场需求与产品开发方面,包容性创新的目标是满足低收入群体、边缘群体等弱势群体的需求。然而,这些群体的需求往往具有多样性和复杂性,且可能随着时间和环境的变化而变化。因此,如何准确地把握市场需求,并开发出符合市场需求、具有竞争力的产品,是包容性创新面临的一个重要挑战。同时,产品的可持续性也是一个重要问题,包括产品的使用寿命、可回收性、环境影响等方面。

在合作伙伴关系方面,包容性创新模式不仅需要政府部门的宏观指导和政策支持,也需要企业的实践和市场活力,更离不开非政府组织和研究机构的深入研究与技术转化能力。因此,它们之间的合作显得尤为重要。然而,要想构建并维持一个稳定而高效的合作伙伴关系,并非易事。如何确保各方在合作中保持高度的信任和合作意愿,是包容性创新面临的一个难题;如果合作伙伴关系不稳定,将严重影响项目的进展和可持续性。

在社会认知与接受方面,包容性创新已经成为对社会结构、文化价值和经济模式等多重层面进行深刻变革的手段。然而,要实现这样的变革并非易事,尤其是在社会各界对于这种创新理念缺乏充分认知和理解的情况下;人们往往对新事物抱有恐惧心理,害怕改变现有的生活方式或工作模式,这就使得包容性创新项目难以获得广泛的支持和认同。如果不能有效地消除这些障碍,那么即使是包容性创新中最有前景的项目也可能面临失败的风险。

综上所述,包容性创新是一种重视多元参与、追求广泛影响的创新模式,它对于促进经济包容性、推动社会进步和实现可持续发展具有重要意义。在国际范围内,许多国家已经在包容性创新的领域进行了深入的探索和实践,他们的经验教训为我们铺就了一条通向成功之路。例如,一些国家通过政策引导和资源整合,为不同背景和需求的参与者提供了平等参与机会,推动了社会公正与包容;另一些国家则通过制度建设,建立起支持创新多样性的法律框架和文化氛围,使得创新成果惠及更广泛的人群。鉴于此,我们应当积极学习借鉴国外的先进经验,同时结合我们国家的实际国情,因地制宜地制定和实施包容性创新策略。这要求我们在认识到包容性创新对于经济发展和社会变革的重要性的同时,也要清醒地认识到现实条件的限制,确保我们的创新活动既能满足市场的需要,又能反映社会的期待,最终达到促进全体人民共同富裕的长远目标。只有这样,我们才能真正实现包容性创新的理念,让创新成为推动人类社会不断向前发展的强大动力。

第二节　包容性创新在中国的发展

一、包容性创新在中国的发展历程

包容性创新在中国的发展经过了漫长而复杂的探索与实践。从最初的理论构建,到中期的实践尝试,再到近期在各个领域的广泛应用,中国在包容性创新的道路上不断地积累经验、调整策略,力求在包容性和创新性之间找到平衡。如今,包容性创新在中国的发展体系不仅涵盖了经济领域,更扩展至教育、医疗、环境保护等多个层面,充分展现了中国在包容性创新领域的深厚积淀和广阔前景。随着中国经济的快速增长和社会结构的深刻变化,包容性创新正逐渐成为推动社会进步和可持续发展的重要手段。

党的十八大以来,以习近平同志为核心的党中央始终将创新驱动发展置于国家战略全局的核心位置。2013 年 9 月,中共中央政治局以"实施创新驱动发展战略"为主题举行集体学习,习近平总书记在主持学习时指出:

"实施创新驱动发展战略决定着中华民族前途命运。全党全社会都要充分认识科技创新的巨大作用，敏锐把握世界科技创新发展趋势，紧紧抓住和用好新一轮科技革命和产业变革的机遇，把创新驱动发展作为面向未来的一项重大战略实施好。"这一重要论述为新时代中国以创新驱动破解发展难题、厚植发展优势指明了方向。在此战略指引下，2014年9月的夏季达沃斯论坛上，作为国家领导人的李克强总理发出了"大众创业、万众创新"的强音，将创新驱动从顶层设计转化为全民参与的生动实践。随后，2015年全国两会《政府工作报告》中对此理念的阐述更加清晰明确：推动大众创新、万众创新，既可以扩大就业、增加居民收入，又有利于促进社会纵向流动和公平正义。2015年8月14日，国务院办公厅正式发布《国务院办公厅关于同意建立推进大众创业 万众创新部际联席会议制度的函》，宣布批准建立由多个部委参与的推进大众创业、万众创新部际联席会议制度；该制度的建立标志着国家层面对于推动创业创新工作的重视达到了新高度。这份文件明确指出，国务院支持发展改革委牵头，各相关部门紧密协作，共同推进大众创业、万众创新，确保各项政策措施落到实处。包容性创新的本质与我国政府提出的"大众创业、万众创新"战略目标相契合，同时也与可持续发展战略紧密相连。2016年《政府工作报告》明确提出要"打造众创、众包、众扶、众筹平台，构建大中小企业、高校、科研机构、创客多方协同的新型创业创新机制"，这一举措进一步拓宽了创新参与主体的范围，鼓励不同规模和性质的主体共同参与到创新活动中来，为包容性创新注入新的活力。2017年《政府工作报告》提出"本着鼓励创新、包容审慎原则，制定新兴产业监管规则，引导和促进新兴产业健康发展"，此后"包容审慎"从一种原则逐渐演变为一种监管方式。2018年《政府工作报告》提出"实行包容审慎监管，推动大数据、云计算、物联网广泛应用，新兴产业蓬勃发展"。2019年8月，国务院办公厅发布《关于促进平台经济规范健康发展的指导意见》，利用专条对"创新监管理念和方式，实行包容审慎监管"作出规定，科学合理界定平台责任，明确平台在经营者信息核验等方面的相应责任，强化政府部门监督执法职责。2024年《政府工作报告》提出"以科技创新推动产业创新，加快推进新型工业化"。2025年《政府工作报告》再次强调"要推动科技创新和产业创新融合发展，大力推进新型工业化，做大做强先进制造业，积极发展现代服务业，促进新动能积厚成势、传统动能焕新升级"。这一系列举措体现了我国政府在面对新兴产业和业态时，积极调整监管思路，在保障市场秩序的同时，为创新发展预留充足的空间，促进新业态的繁荣发展，让创新在包容的环境中茁壮成长。这种融合使得包容性创新成为推动中国经济社会全面发展、构建和谐社会的关键动力。

在理论层面，中国包容性创新的研究经历了从概念引入到本土化构建的深化过程，形成了具有中国特色的理论体系。这一体系不仅关注低收入群体的创新参与和创新成果共享，还延伸至区域协调发展、中小微企业培育及可持续发展等多元维度。在中国的包容性创新还处于概念引入期时，赵武（2014）等学者就对包容性创新的演进历程、内在机理以及实现路径选择等多个方面进行了探讨，旨在揭示包容性创新概念背后的深层含义和特点。而包容性创新理论在中国的系统化研究始于中国科学技术发展战略研究院课题组（2015）出版的《中国的包容性创新》一书。该书首次全面界定了中国语境下包容性创新的内涵与外延，提出包容性创新包含两层核心要义：一方面指向针对低收入群体特定需求的创新活动，使边缘群体能够获得并享受创新成果；另一方面强调低收入群体亲自参与创新活动，即"草根创新"模式。值得注意的是，该书拓展了包容性创新的传统边界，将其适用范围从低收入群体延伸至脆弱性区域、新兴产业和中小微企业三大领域，为中国实践提供了更广阔的理论框架。通过这本书，学者进一步深化了对包容性创新概念的理解，使得理论与实践相结合，为相关领域提供了更为丰富的见解。赵武等（2015）发表的实证研究从低收入群体需求、包容性创新主体、支持条件、创新环境和创新产出5个维度构建了区域包容性创新能力的理论测度量表和评价模型，成为区域包容性创新评价的奠基性工作。Meng等（2015）研究发现，创新包容性通过探索性创新与利用性创新提升市场绩效，且受环境因素调节，解释了包容性创新在转型经济环境中的特殊价值。王楠（2018）在《包容性创新系统的运行机理与价值评价》一书中创新性地提出微观系统评价模型,设计了区别于 GDP 导向的包容性创新绩效指标。吴东和范轶琳等(2021)通过对东风村与掘山村两个淘宝村进行案例研究,识别出包容性创新演化的双路径模型。王廷惠(2023)在国家社科基金丛书《中国高质量发展的动力机制研究》中,探索平衡、包容、可持续发展的创新、改革、开放三大动力机制,构建了综合发展力评价指标体系并开展评估。这些研究不仅加深了各界对中国包容性创新的理论认识,也为政策制定者和实践者提供了宝贵的参考和指导,使理论具有显著的政策适配性。通过对这一议题的持续关注和探索,包容性创新逐渐成为中国各领域的关注热点,其重要性不言而喻。

中国的包容性创新已经在多个领域取得了显著成果。具体来说,在医疗健康领域,中国不仅致力于提升全民的健康水平,而且通过一系列政策和措施,使得医疗服务更加普惠。国家推行基层医疗体系建设、实施家庭医生签约服务制度,并开展了远程医疗服务,有效地解决了看病难的问题。同时,国家还着力改善农村地区的医疗条件,推广使用高质量的医疗设备,从而降低了医疗成本,确保了患者能够享受到高质量但负担得起的医疗服务。在教育领域,中国通过实施教育扶贫项目、发展在线教育平台、提供优质教育资源等方式,致力于缩小城乡之间以及区域间的教育差距;这些努力不仅为农村贫困地区的孩子提供了接受更好教育的机会,也让城市中的弱势群体有了更多获取知识和技能的途径。在脱贫攻坚领域,中国采取多种策略,包括发展特色产业、开展电商扶贫、加强产业支持等,帮助那些位于偏远山区或经济欠发达地区的居民实现了脱贫;特别是电商平台的兴起,为贫困群众打开了新的销售渠道,增加了他们的收入来源,也促进了当地经济的快速发展。还有一些研究以案例分析的方式,对特定企业或行业的包容性创新实践进行了深入探讨。通过深入分析案例,我们可以了解不同企业或行业在实践包容性创新时面临的挑战、采取的策略以及取得了哪些成果。这些研究成果为未来相关领域的创新工作提供了宝贵的参考和借鉴。

此外,中国的包容性创新不仅限于技术层面的革新,更深入到了商业模式和治理模式的创新。中国在推广新技术和新模式方面采取了开放包容的态度,鼓励多元化的合作与竞争。举例来说,在人工智能领域,中国政府积极引导并支持企业、研究机构等多方参与,以开放的心态面对国际竞争,同时注重自主研发,加速科技成果转化。大数据作为另一个前沿技术,在中国也得到了广泛的应用,从城市管理到个人生活,都展现出数字化转型的强大动力。同样,在共享经济这一新兴模式上,中国通过政策激励和市场培育,使之成为推动经济结构优化和社会资源配置效率提升的重要力量。绿色金融作为实现可持续发展目标的金融工具,在中国的实践中也取得显著成效,既促进了新能源产业的发展,又为绿色低碳转型提供了有力支撑。这些新型经济模式的发展,不仅增强了中国的经济活力,还对全球经济治理体系提出了新的要求,体现了中国对于包容性创新的深刻理解和坚定承诺。

未来,中国将继续深化包容性创新的内涵,推动更多的行业采纳这一模式。政府和企业将加大投入、培养创新人才、推动技术突破,同时也会加强国际合作、吸收借鉴全球最佳实践,从而加速实现包容性创新的全面推广。在这样的大背景下,包容性创新不仅能提升中国的综合竞争力,还能为世界提供新的解决方案,展现出其独特的魅力和价值。

表 6.1 和图 6.1 展示了 2015—2022 年中国创新指数情况,具体包括创新环境指数、创新投入指数、创新产出指数和创新成效指数,可以看到其间各项指标均呈增加态势,综合指标逐年增加;这充分表明了近年来中国的创新正在多个层面上向好发展。

表 6.1　2015—2022 年中国创新指数情况(以 2015 年为 100)

项目 ＼ 年份	2015年	2016年	2017年	2018年	2019年	2020年	2021年	2022年
中国创新指数	100	105.3	112.3	123.8	131.3	138.9	147.0	155.7
1. 创新环境指数	100	103.9	109.9	123.1	132.4	138.9	151.8	160.4
2. 创新投入指数	100	103.8	111.1	119.6	124.3	131.9	137.1	146.7
3. 创新产出指数	100	108.4	117.5	137.0	150.3	161.2	171.6	187.5
4. 创新成效指数	100	105.2	110.7	115.5	118.0	123.6	127.2	128.2

资料来源:国家统计局,2024。

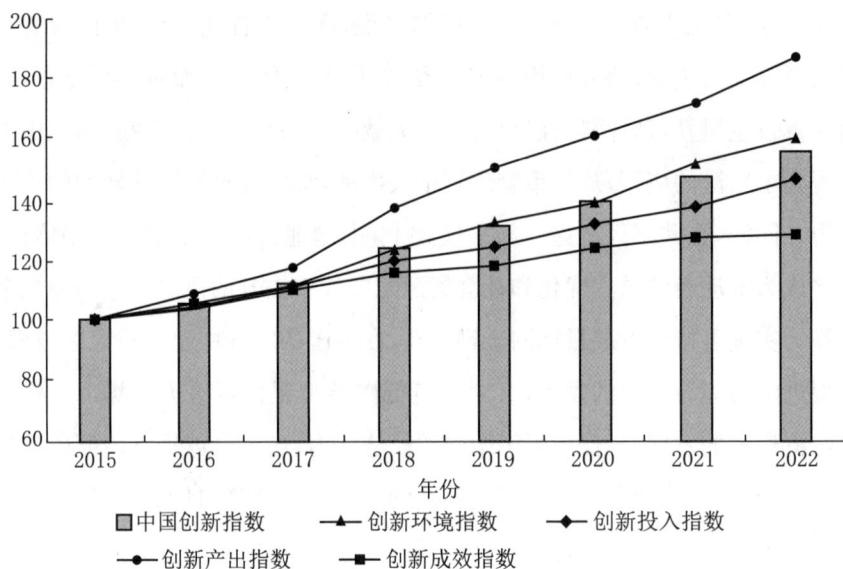

资料来源：国家统计局，2024。

图 6.1　2015—2022 年中国创新指数及分领域指数

二、包容性创新在中国的发展优势和特点

包容性创新在中国的发展具有一些显著的优势和特点。

（一）发展优势

一是政府与市场的双轮驱动。中国政府深知创新在国家发展中的重要性，因此在推动包容性创新方面采取了一系列积极措施。通过制定和实施一系列政策，政府不仅提供了必要的指导和激励，还为创新型企业和个人提供了广阔的发展空间。资金支持和税收优惠是其中重要的两个方面，它们为创新者们降低了创业门槛，使他们能够专注于开发新技术和产品。此外，中国政府也高度重视人才培养，大力投资教育和培训体系，以确保有足够的人才储备来支持创新的持续发展。为了进一步推动包容性创新，中国政府搭建了一系列创新平台，这些平台旨在促进知识共享、技术交流以及产业合作。这不仅有助于企业之间建立联系，还能吸引国际投资者和研究机构参与到中国的创新生态系统中。与此同时，中国也非常重视市场主体的作用，特别是那些处于初创阶段的中小微企业。为了鼓励这些企业进行技术创新,中国政府设立了科技型中小企业技术创新基金和农业科技成果转化引导基金,这类基金专门用于资助具有潜力的项目和创新型企业,帮助它们克服资金和资源上的障碍。这些举措体现了政府对于不同规模企业和行业的包容性,确保每个人都有机会在创新过程中发挥自己的潜力。

二是统一大市场。中国的统一大市场建设是近年来国家发展战略的重要组成部分,旨在通过打破地域和行政壁垒,促进资源要素自由流动,激发市场活力和创造力,进而推动经济高质量发展。这一战略对于包容性创新的发展尤为重要,因为它能够提供一个更大的舞台和更广阔的空间,让各类企业,特别是中小企业和创新型企业能够在这个市场中展示自己的实力,并通过竞争促进技术进步和产业升级。统一大市场的建设有利于供需有效对接、消除市场壁垒和打通堵点,这种市场互联互通的局面有利于以市场需求引领生产供给,让供给更好地满足需求,从而为包容性创新提供肥沃的土壤。统一大市场降低了制度性交易成本和市场流通成本,为企业开拓创新营造了良好的市场环境,同时统一大市场还能促进资源要素的高效配置,加快企业创新发展步伐,提高企业包容性创新成果的转化效率。统一大市场的建设还可以促进科技创新和产业升级,通过市场需求引导创新资源的有效配置,促进创新要素有序流动和合理配置,从而完善促进包容性创新成果市场化应用的机制体制。

三是高速发展的数字经济。随着数字技术的突飞猛进,数字经济正成为中国经济的重要组成部分,它不仅改变了人们的生活方式,也为各行各业带来了新的商机。数字经济的快速增长和社会结构的日益多元化,让中国的市场需求不断扩大,数字经济不仅推动了经济增长,还促进了社会包容性的提升,尤其是在促进共同富裕方面发挥了重要作用。诸如脱贫攻坚、教育普及、医疗改革等领域也在数字经济的刺激下对包容性创新产生了新的迫切需求,例如引入先进的技术和管理模式等。这些需求不仅推动了传统行业的发展,也催生出一系列新兴领域,为包容性创新创造了前所未有的机遇。这一切都表明,中国市场对于包容性创新的渴求不减反增,它能够让更多人参与到这场以技术驱动的变革中来,共同推动社会进步与发展。

四是坚实的技术基础。在全球科技竞争日益激烈的今天,中国在人工智能、大数据、云计算等领域实现了跨越式发展。这些技术不仅推动了社会生产力和经济增长,而且为包容性创新提供了坚实的技术基础。在这个过程中,中国建立起了一个庞大的科研团队网络和研发中心,这些团队不断探索新的研究方向,开发出一系列创新产品和应用程序,以满足不同用户群体的需求。此外,中国还积极推动技术创新与应用的广泛传播,通过举办各类展览、研讨会和行业论坛等活动,将先进的技术成果推广到更广阔的市场,让更多的人能够享受到高质量的创新服务。这一切都显示出中国强大的技术支持对包容性创新的发展具有重要的推动作用。

五是广泛的实践基础。中国自20世纪80年代起就开始了对经济落后地区农村及农民开展的科技扶贫工作。这项工作不仅是对贫困地区经济发展的直接援助,更是一场深刻的科技革命。通过制定详细的科技扶贫规划和建立完善的科技服务体系,中国旨在将先进技术引入偏远乡村,帮助农民摆脱传统耕作方式的束缚,提升他们的生产效率和生活质量。此外,推广那些经过实践检验能有效促进农业增产、农民增收的先进适用技术,也成为科技扶贫工作的重要内容之一。这些措施体现了国家对于实现农村全面发展、缩小城乡差距的坚定决心,同时展现了包容性创新在中国的发展具有广泛而深远的实践基础。

(二)发展特点

第一,强调社会公平和普惠性。包容性创新不局限于科技或商业领域的创新成果,而是将视野扩展到了更广泛的社会层面。在这个框架下,创新的目的不仅是为了提升效率和生产力,更重要的是关注那些处于不利地位、生活环境相对落后地区的人群。这种创新的核心是关注弱势群体和欠发达地区的发展,强调社会公平和普惠性。在中国,这个理念被转化为实际行动,旨在通过政策引导和市场驱动来解决诸如贫困问题、提供优质教育资源以及改善医疗服务等重大社会问题。政府和企业共同致力于推出多样化的产品和服务,这些产品和服务往往更加注重用户体验,同时也考虑到不同收入水平的消费者需求。通过这样的方式,包容性创新不仅促进了经济增长,还加强了社会凝聚力,推动了社会整体进步。

第二,强调可持续性和长期效益。包容性创新重视和追求项目实施过程中的可持续性和长期效益,它强调在实现经济效益的同时,不牺牲社会责任和环境保护,以达到经济发展与环境保护的双赢。在中国这样一个快速发展的经济体中,包容性创新不仅是关于创造新产品和服务的简单追求,而是更深层次地关注如何通过创新来解决社会问题,促进社会进步和可持续发展。这种创新模式倡导将短期成果与长期目标相结合,将经济效益、社会价值与环境效益紧密相连,旨在构建一个全面协调、互相支持的发展框架。从城市规划到产业政策,从教育体系改革到医疗卫生服务优化,包容性创新都在积极寻求一种综合的方法,以确保各项措施既能带来即时的利益,又能够为未来的可持续发展打下坚实的基础。随着中国政府对创新驱动发展战略的深入推进,包容性创新项目得到了前所未有的重视和支持;通过这样的努力,中国的包容性创新有望成为推动社会全面进步的重要力量,从而为世界的可持续发展贡献出自己的独特智慧和实践经验。

第三,强调数字化转型。随着全球数字经济的蓬勃发展和技术革命的不断推进,中国政府积极响应这一时代潮流,明确提出要加强对包容性数字技术的投资,致力于推动与之相关的数字产品持续创新与开发。此举旨在有效解决老年人以及其他面临数字障碍的特殊群体所面临的问题,帮助他们融入快速发展的数字经济中。如今,数字化转型已经成为各行各业的共识,它不仅仅是一种趋势,更是未来包容性创新的关键所在。在这个过程中,政府不仅关注提升个人和企业的数字化能力,更加重视通过政策和资源的倾斜,确保所有人都能够平等地享受到数字技术带来的发展成果。这包括提供必要的培训、简化技术获取流程,甚至是建立专门针对老年人等群体的辅助服务系统。中国作为一个拥有 14 亿人口的大国,其政府对于促进社会包容性发展的承诺是坚定而有力的。通过这些措施,中国不仅展示了其作为一个负责任大国的形象,也为全世界树立了一个范例:如何在全球化的大背景下,通过包容性创新来缩小数字鸿沟,实现更加公平和包容的社会结构。

第四,强调广泛参与和合作。在全球化的浪潮中,包容性创新已成为推动社会进步和经济发展的关键力量。它不仅需要政策制定者的明智引导,更离不开企业、社会组织以及每一位公民的积极加入和共同努力。在中国,随着国家对创新驱动发展战略的不断深化,政府已经明确将包容性创新作为实现高质量发展的重要途径;通过实施一系列旨在促进多元化参与、开放合作与共享共赢的措施,政府正致力于构建一个既有活力又包容度高的发展环境。同时,中国企业也表现出了高度的责任感和使命感,它们不仅在国内市场上追求卓越,更是走出去,积极寻求国际合作机会,共同探索全球价值链中的新机遇。社会组织则扮演着桥梁和纽带的角色,它们在动员资源、协调各方利益、推动社会公平方面发挥着不可替代的作用。而普通民众的创造力和参与度同样不容小觑,他们通过实际行动为包容性创新注入了源源不断的动力。在这样一个多方参与、共同协作的大背景下,包容性创新的理念得到了广泛传播和实践;无论是在城市规划、乡村振兴,还是在教育、医疗等公共服务领域,都能看到这一创新的影子。通过这种跨界合作和共同努力,中国正在逐步打破传统壁垒,拓展创新的边界,为实现包容性增长和可持续发展贡献自己的力量。

第五,强调跨领域融合。包容性创新是一种多维度的发展战略,它跨越了传统的行业边界,将技术、商业和社会各方面紧密地联系在一起。在中国,这种创新模式已经渗透到各个领域,其中包括但不限于金融科技、绿色能源以及医疗健康产业等关键方面。通过这些领域的交叉融合,中国正在实现一种新型的创新生态系统,其中技术与商业之间不再是独立运作的实体,而是相互促进、相互增强的伙伴关系。具体来说,金融科技的应用不仅改变了金融服务的提供方式,也提升了金融市场的效率和安全性;而绿色能源的推广则体现在新能源汽车、太阳能板等产品的普及上,这不仅减少了对环境的影响,还推动了可持续发展;此外,医疗健康行业的进步同样得益于包容性创新,通过整合线上线下资源、人工智能辅助诊断等手段,大幅提高了医疗服务的质量和可及性。这些跨界的融合案例展示了包容性创新在推动经济增长和社会进步方面的巨大潜力。随着更多企业和研究机构加入这个创新网络中来，我们可以预见一个更加包容、高效和可持续的未来。

三、包容性创新在中国的发展经验

中国的包容性创新实践，依托其深厚的文化底蕴和强大的技术创新能力，已经形成了一套独具特色的发展模式。这一模式不仅为本国的经济增长注入了新活力，更通过开放包容的政策和市场机制，带动了社会各阶层的共同繁荣。在国际舞台上，这种创新的力量也日益显现，成为全球经济发展的亮点之一。中国包容性创新的成功经验表明，国家的整体战略规划、教育体系的改革、公共服务的完善以及科技与人文的深度融合是不可或缺的要素；这些因素共同作用，塑造了一个既鼓励竞争又能包容失败、既追求效率又重视公平的创新生态环境。对于其他国家而言，中国提供的启示具体来说包括五点。

第一，中国政府为促进包容性创新的深入发展，采取了一系列具有前瞻性的政策措施。这些政策不仅提供了明确的指导方针，而且在实际操作中发挥了重要作用，向世界展示了如何通过政策工具来激发创新的活力和潜力。政府出台的各项措施，包括财政资金的有力支持、税收减免以及对知识产权的严格保护，都是为了营造一个有利于包容性创新发展的环境。这些措施旨在鼓励更多的创新主体参与到经济活动中来，无论是中小企业还是大型企业，均能从中受益。此外，中国在社会政策及社会治理方面不断探索和创新，有效地缓解了社会发展的不平衡现象；这种努力不仅促进了经济的快速增长，也为全球其他国家的政策创新和社会治理提供了宝贵的启示。许多国家正通过借鉴这些成功案例，来制定更为精准和高效的策略，旨在推动包容性创新的实践。中国的经验表明，通过政策引导和制度安排，可以激发社会各个层面的创新活力，从而构建一个更加和谐、包容的发展环境。这种方法不仅有助于缩小不同群体之间的差距，而且还能确保所有人都能共享经济增长带来的成果。因此，中国在解决发展不平衡问题上的有效做法，无疑为其他面临相似挑战的国家提供了一种可行的路径选择。

第二，中国的包容性创新实践强调的是将这些创新成果转化为实际的产品和服务，以满足低收入群体和欠发达地区的具体需求。这一做法不仅在中国取得了显著成效，也为其他国家提供了宝贵的启示。例如，中国的教育改革措施和技能培训政策已经证明了其有效性和可行性，为许多国家提供了教育普及、提升教育质量以及提供职业技能培训的重要参考。这种注重实践应用的做法给其他国家提供了重要的启示。各国可以从中国的经验中学习到如何将包容性创新的实践与社会需求紧密结合，并通过政策支持和资金投入来推动创新成果的快速转化和应用。此外，其他国家还可以借鉴中国在应用包容性创新方面的成功经验，如加快科技成果向实际生产力的转化等，从而推动全球范围内的包容性创新实践进程。

第三，中国的包容性创新不仅追求经济增长的成果，而且致力于确保这种增长是公平且普遍受益的。它重视对社会中处于不利地位的群体，以及那些在资源相对匮乏地区生活的人们的关照和支持。在这一理念的指导下，中国采取了一系列措施来促进不同社会阶层之间的共赢，并通过政策调整和创新实践，推动欠发达地区的跨越式发展。为了实现这一目标，中国积极打造国际交流与合作平台。在实践中，像"一带一路"倡议这样的国际合作平台超越了传统的国际关系范畴，将不同发展水平的国家联系起来，共同探索合作路径；其核心在于构建一个包容性全球价值链（GVC），目的是通过促进供应链的包容性，推动"一带一路"合作伙伴国家的共同发展。这样做的目的是减轻资源分配不均所带来的各种负面效应，比如不平等、贫困和环境退化等问题；通过这种方式，中国不仅为自身的发展寻求新动力，同时也为全球治理体系的改革提供了新思路。这种对社会公平和普惠性的深切关注，不仅仅是中国一国的独特做法，而且为全球各国提供了宝贵的借鉴经验。它鼓励了其他国家反思并采纳中国的策略，特别是在推动包容性发展方面的创新实践；通过将包容性创新纳入国家战略之中，这些国家可以更有效地促进社会的均衡和进步。这不仅意味着要为弱势群体提供更多的机会和资源，同时也要求发达地区向那些基础设施不完善、经济较为落后的地区提供更加丰富多样、更有质量的产品和服务。这样的做法有助于缩小社会差距，增强整个社会的凝聚力和福祉水平。因此，其他国家在探索自身发展道路时,可以考虑将类似的包容性创新理念融入其政策制定和执行过程中,以实现更加全面的社会进步。

第四,在中国,包容性创新的实践不仅仅局限于单一领域或技术的创新,而是将多元化的创新思想和方法相结合。这种创新模式强调跨行业、跨领域的融合与协同发展,促进了知识、技术和资源的共享与整合;通过跨界融合,中国不断打破传统界限,激发出更广泛的创新潜力。中国的跨界融合与创新策略,特别是在推动科技、产业、文化等多个维度的深度融合方面,已经展现出其独特优势;通过建立合作机制、促进资源共享,以及打造创新生态系统,中国的这些做法不仅加速了创新成果的转化和应用,而且有效提升了创新的整体效能。例如,在数字经济领域,中国政府鼓励不同行业之间的跨界合作,推动云计算、大数据、人工智能等新技术与各行业的深度融合;这不仅提高了传统行业的数字化转型能力,也为新兴产业的发展提供了强大动力。此外,在绿色发展领域,中国的跨界融合与创新同样发挥着关键作用;通过整合环保、能源、农业等多个领域的资源,中国成功地推动了可持续发展战略的实施,实现了经济效益与环境保护的双赢。可以说,中国的包容性创新实践之所以取得显著成效,很大程度上归功于其跨界融合与创新的策略。这种创新模式为其他国家和地区提供了宝贵的启示,它们可以借鉴中国的做法,加强各个领域之间的合作与交流,共同推动跨界融合与创新的深入发展,为包容性创新创造更多的可能性和机会。

第五,在全球化的浪潮中,中国以其在数字技术领域的卓越创新和广泛应用,成为了国际舞台上的一个亮点。特别是在农村电子商务方面,中国的发展模式为其他国家提供了宝贵的参考和启示。淘宝村这一概念已经从星星之火迅速成长为燎原之势,它不仅仅改变了农民们的生活方式,也促进了当地经济的增长;通过网络平台销售农产品和手工艺品,这些村庄将传统的小规模农业与现代科技相结合,为全球消费者提供了丰富多样、物美价廉的产品。与此同时,电商平台的兴起更是彰显了中国对包容性创新理念的深刻践行。这些平台不仅为广大中小企业提供了展示自己的机会,也帮助他们拓展了市场,实现了与大平台的对接;这种创新不只是局限于商业领域,更渗透到社会的方方面面，为解决社会问题、推动社会发展作出了巨大贡献。中国在利用数字技术推动包容性发展方面所取得的成就，无疑向世界证明了数字技术的强大力量以及它在促进全球共赢中的重要作用，而其他国家也能够借鉴这一做法，将包容性创新与社会发展进行深度结合。

总而言之，中国在包容性创新领域积累了一系列宝贵的经验，它们不仅为本国的发展提供了强有力的支撑，同时也为其他国家的创新战略和政策制定带来了重要的启示。这些中国独有的成功案例，如鼓励多元文化背景的团队参与科技项目、推行包容性技术培训以及建立开放的知识共享平台等，都已经被证明是有效的策略，可以帮助其他国家在推进包容性创新的道路上少走弯路。通过相互学习和借鉴，各国可以共同努力找到适合自己国情的包容性创新模式，从而更好地应对全球化时代所面临的挑战。随着时间的推移，中国的包容性创新实践将更加深入和成熟，未来中国将持续加大对包容性创新的研究投入，深化理论与实践的结合。这不仅能够促进经济结构的优化升级，还将有助于实现社会公正与平等，推动经济与社会的全面可持续发展。中国有信心并且有能力成为全球包容性创新发展的领跑者，为全球范围内的创新生态系统建设贡献力量，共同迎接一个充满活力和多样性的世界。

第三节 案例：印度包容性创新发展案例

Lifeplot Unique 是印度的医疗技术初创公司索福莫嵌入式解决方案公司（Sofomo Embedded Solutions）开发的一种移动诊断心脏护理设备，它能够使用无线技术获取 12 导联心电图并将其直接传输到医生的手机上，其动机是通过创造一种能够消除医生和患者之间距离的设备来改善农村地区对心血管疾病的诊断。农村和城市地区的小型诊所越来越依赖心电图来诊断心血管疾病，这个过程需要监测器和热敏打印机；但热敏打印机在极端高温条件下容易发生故障，因此其维护成本很高，这让心血管疾病的及时诊断变得困难。而 Lifeplot Unique 包含一款智能手机,能够克服对监测器和热敏打印机的需求,从而确保心电图机器能在资源匮乏的环境中使用,并通过消除维护成本来降低机器的总体运营成本。此外,该设备使用可充电电池,并且无须熟练的操作员,因此进一步降低了操作成本。Lifeplot Unique 于2010 年推出,到 2020 年已被 100 多家医疗机构使用,记录了 10 000 多名患者的心电图。

2009 年,Sofomo 公司获得了中小微企业部的种子资金,从而将最初的想法发展成型;该公司开始与南非科学与工业研究委员会(CSIR)科学家合作,这些合作进一步获得了海外资助者的资助。2013 年,该公司与当地非政府组织"自我教育实验"(Swayam Shikshan Prayog, SSP)合作推出了健康伙伴(Aarogya Sakhi)计划;该计划旨在培训没有土地但受过基础教育、对医疗保健和社区服务感兴趣以及具有创业思维的女性,让她们到村庄以可负担的价格对女性进行基本的健康检查,并将数据上传到云服务器,再经由医生分析后开具治疗处方。2014 年和 2015 年,Arogya Sakhi 计划因其社会影响力而获得了当地和国际奖项,这也引起了人们对该公司的广泛认可。

参考文献

[1] 阿尔弗雷德·马歇尔.经济学原理[M].彭逸林,王威辉,商金艳译.人民日报出版社,2009.

[2] 埃弗雷特·M.罗杰斯.创新的扩散[M].辛欣译.中央编译出版社,2002.

[3] 艾洁.制度环境对包容性创新绩效的影响研究[D].中南财经政法大学,2022.

[4] 庇古.福利经济学[M].金镝译.华夏出版社,2007.

[5] 庇古.工业波动论[M].高耀琪译.商务印书馆,1999.

[6] 庇古.公共财政研究[M].王建伟译.商务印书馆,2022.

[7] 布朗.建设一个持续发展的社会[M].祝友三译.科学技术文献出版社,1984.

[8] 布朗温·H.霍尔,内森·罗森伯格.创新经济学手册.第一卷[M].上海市科学学研究所译.上海交通大学出版社,2017.

[9] 陈劲,阳镇,张月遥.共同富裕视野下的中国科技创新:逻辑转向与范式创新[J].改革,2022,(01):1—15.

[10] 陈昱阳.中国农村老龄人口经济供养与福利制度研究[D].西南财经大学,2011.

[11] 陈元志,吉超.包容性创新的研究现状、热点和趋势——基于文献计量学的视角[J].中国科技论坛,2019,(06):40—47.

[12] 范柏乃,马庆国.国际可持续发展理论综述[J].经济学动态,1998,(08):65—68.

[13] 范承泽,胡一帆,郑红亮.FDI对国内企业技术创新影响的理论与实证研究[J].经济研究,2008,(01):89—102.

[14] 范轶琳,黄灿,张紫涵.BOP电商包容性创新案例研究——社会中介视角[J].科学学研究,2015,33(11):1740—1748.

［15］范轶琳,姚明明,吴卫芬.中国淘宝村包容性创新的模式与机理研究［J］.农业经济问题,2018,(12):118—127.

［16］范轶琳.中国淘宝村包容性创新模式、机理及演化路径研究［M］.浙江大学出版社,2022.

［17］冯根福,温军.中国上市公司治理与企业技术创新关系的实证分析［J］.中国工业经济,2008,(07):91—101.

［18］冯铭.中国农村社会养老保险研究［D］.电子科技大学,2007.

［19］付洪垒.黑龙江省农村社会养老保险制度研究［D］.东北农业大学,2013.

［20］付强,刘益.基于技术创新的企业社会责任对绩效影响研究［J］.科学学研究,2013,31(03):463—468.

［21］高太山,柳卸林,周江华.中国区域包容性创新绩效测度——理论模型与实证检验［J］.科学学研究,2014,32(04):613—621＋592.

［22］高霞,杨中楷,孙兆刚.基于 PLS-SEM 模型的包容性创新绩效实证研究［J］.科技进步与对策,2019,36(06):26—32.

［23］高霞.包容性创新驱动脱贫地区高质量发展的实现路径研究［M］.对外经济贸易大学出版社,2022.

［24］高霞.脱贫地区包容性创新的影响因素及其作用机制研究［D］.大连理工大学,2021.

［25］顾永波,殷晓蓉.试论"消费者剩余"对媒介生产的影响［J］.新闻传播,2008,(11):4—5＋8.

［26］国际电信联盟.衡量数字化发展:2022 年事实和数字［R/OL］.2022.

［27］国际资源和自然保护联合会.世界自然资源保护大纲［R］.1980.

［28］国家统计局.中华人民共和国 2024 年国民经济和社会发展统计公报［R/OL］.2024.

［29］国家统计局人口和就业统计司.中国人口和就业统计年鉴 2023［M］.中国统计出版社,2023.

［30］国务院.国务院关于印发中国 21 世纪初可持续发展行动纲要的通知.2003.

［31］国务院.中国 21 世纪议程——中国 21 世纪人口、环境与发展白皮书［M］.中国环境科学出版社,1994.

[32] 国务院办公厅.国务院办公厅关于促进平台经济规范健康发展的指导意见.2019.

[33] 郝君超,王海燕.包容性创新的实践与启示[N].科技日报,2013-06-16(001).

[34] 贺聪,尤瑞章.中国不同所有制工业企业生产效率比较研究[J].数量经济技术经济研究,2008,(08):29—42.

[35] 亨利·埃茨科威兹.三螺旋[M].周春彦译.东方出版社,2005.

[36] 亨利·切萨布鲁夫.开放式创新[M].金马译.清华大学出版社,2005.

[37] 黄鹏.我国高技术产业技术创新效率的差异性分析[D].重庆大学,2014.

[38] 姜佐.日本企业社会责任与可持续发展目标关系研究[D].吉林大学,2022.

[39] 精品知识总库.新福利经济学.豆丁网,2012,https://www.docin.com/p-392306898.html.

[40] 肯尼斯·约瑟夫·阿罗.社会选择与个人价值[M].丁建峰译.上海人民出版社,2010.

[41] 兰斯·戴维斯,道格拉斯·诺思.制度变迁与美国经济增长[M].张志华译.格致出版社,2018.

[42] 黎蔺娴,边恕.经济增长、收入分配与贫困:包容性增长的识别与分解[J].经济研究,2021,56(02):54—57.

[43] 李长青,周伟铎,姚星.我国不同所有制企业技术创新能力的行业比较[J].科研管理,2014,35(07):75—83.

[44] 李春涛,宋敏.中国制造业企业的创新活动:所有制和CEO激励的作用[J].经济研究,2010,45(05):55—67.

[45] 李晶.金字塔底层市场的包容性网络研究[D].对外经济贸易大学,2012.

[46] 李玲,陶厚永.包容性创新环境指标体系构建及区域比较[J].科技进步与对策,2016,33(24):116—123.

[47] 李玲.制度悖论视角下包容性创新的实现路径研究[M].中国社会科学出版社,2015.

[48] 李柳颖.我国数字普惠金融对包容性增长的影响研究[D].天津财经大学,2019.

[49] 李睿婕,何光喜.欧盟促进科研领域性别平等的政策、经验与启示[J].中国科技论坛,2023,(12):178—188.

[50] 李晓钟,张小蒂.外商直接投资对我国技术创新能力影响及地区差异分析[J].中国工业经济,2008,(09):77—87.

[51] 梁平.新阶段西部农村反贫困研究[D].西南大学,2025.

[52] 刘琳琳.包容性创新的理论与政策研究[J].科学管理研究,2013,31(01):18—20.

[53] 刘玲.中国沿海地区包容性增长测度研究[D].辽宁师范大学,2019.

[54] 刘娜.重塑与角力:网络短视频中的乡村文化研究——以快手 APP 为例[J].湖北大学学报(哲学社会科学版),2018,45(06):161—168.

[55] 刘珊.全业务运营时代的电信竞争管制研究[D].北京邮电大学,2011.

[56] 刘小玄.中国工业企业的所有制结构对效率差异的影响——1995 年全国工业企业普查数据的实证分析[J].经济研究,2000,(02):17—25+78—79.

[57] 刘旭红,揭筱纹.基于因子分析和 Malmquist 指数的中国区域包容性创新效率评价研究[J].宏观经济研究,2018,(02):140—148+167.

[58] 刘亚军.互联网使能、金字塔底层创业促进内生包容性增长的双案例研究[J].管理学报,2018,15(12):1761—1771.

[59] 路璐,盛宇华,董洪超.供给侧改革下国企改革与创新效率的制度分析[J].工业技术经济,2018,37(01):32—40.

[60] 罗慧,霍有光,胡彦华,庞文保.可持续发展理论综述[J].西北农林科技大学学报(社会科学版),2004,(01):35—38.

[61] 罗晓燕.排污权交易一级市场与二级市场交易模型研究[D].重庆大学,2011.

[62] 迈尔斯.人的发展与社会指标[M].贾俊平译.重庆大学出版社,1992.

[63] 梅多斯.增长的极限[M].李涛,王智勇译.商务印书馆,1984.

[64] 美国国家远程通信和信息管理局.在网络中落伍:定义数字鸿沟[R].1999.

[65] 任力.马克思对技术创新理论的贡献[J].当代经济研究,2007,(07):16—20.

[66] 邵希,邢小强,全允桓.包容性区域创新体系研究[J].中国人口·资源与环境,2011,21(06):24—30.

[67] 盛小芳,欧阳峣.区域包容性创新的甄别及其绩效指标构建[J].改革,2018,(01):128—138.

[68] 史春秀,张磊.基于元胞自动机的分散型可再生能源技术扩散模型[J].能源技术与管理,2011,(05):53—55.

[69] 世界环境与发展委员会.我们共同的未来[R].1987.

[70] 世界经济论坛.2024年全球性别差距报告[R/OL].2024.

[71] 世界银行.2008年世界发展报告:以农业促发展[M].清华大学出版社,2008.

[72] 世界银行.中国包容性创新与可持续发展战略[M].经济科学出版社,2014.

[73] 斯蒂格利茨.信息经济学:基本原理[M].纪沫,陈工文,李飞跃译.中国金融出版社,2009.

[74] 孙健.基础设施建设项目综合评价指标体系和应用研究[D].清华大学,2004.

[75] 孙军平,李文静,张月.基于创新扩散理论的循证护理在心脏手术患者中的应用效果[J].河南医学研究,2023,32(03):552—555.

[76] 孙永康.陕西省区域包容性创新能力评价的实证研究[D].西安电子科技大学,2014.

[77] 陶爱萍,常丹砚,蒯鹏.包容性创新减贫效应研究[J].统计与决策,2019,35(22):97—100.

[78] 陶一桃."消费者剩余"与社会经济福利感[J].学术研究,2006,(04):37—41.

[79] 田甜.电子商务发展与政府推进策略研究[D].西北大学,2012.

[80] 王国梁.基于包容性增长视角的基本公共服务受益均等化研究[D].浙江大学,2013.

[81] 王海媚.数字性别鸿沟现状与弥合展望[N/OL].中国妇女报,2020-11-19.

[82] 王金杰,牟韶红,盛玉雪.电子商务有益于农村居民创业吗?——基于社会资本的视角[J].经济与管理研究,2019,40(02):95—100.

[83] 王牧天.中国创新驱动发展若干问题研究[D].中共中央党校,2017.

[84] 王楠.包容性创新系统的运行机理与价值评价——基于中国农村电商的实

证研究[M].清华大学出版社,2018.

[85] 王齐齐,许诗源,田宇.中国数字经济研究二十年:研究评述与展望[J].管理现代化,2021,41(06):118—121.

[86] 王然,燕波,邓伟根.FDI对我国工业自主创新能力的影响及机制——基于产业关联的视角[J].中国工业经济,2010,(11):16—25.

[87] 王先庆.广东民营企业发展的最大障碍究竟是什么?[J].商业文化,2011,(11):2.

[88] 王潇.包容性发展对我国农村社会管理的启示研究[J].管理现代化,2016,36(01):70—72.

[89] 王潇.从包容性增长到包容性创新:看西方包容性理论的发展演进[J].中国发展,2017,17(03):62—68.

[90] 王宇乐.包容性创新视角下贫困治理研究[D].南京大学,2017.

[91] 维杰伊·戈文达拉扬,克里斯·特林布尔.逆向创新[M].钱峰译.中国电力出版社,2013.

[92] 魏婕,任保平.中国经济增长包容性的测度:1978—2009[J].中国工业经济,2011,(12):5—14.

[93] 吴晓波,姜雁斌.包容性创新理论框架的构建[J].系统管理学报,2012,21(06):736—747.

[94] 吴延兵.国有企业双重效率损失再研究[J].当代经济科学,2015,37(01):1—10+124.

[95] 夏杰长,刘诚.数字经济赋能共同富裕:作用路径与政策设计[J].经济与管理研究,2021,42(09):3—13.

[96] 冼国明,严兵.FDI对中国创新能力的溢出效应[J].世界经济,2005,(10):18—25+80.

[97] 消费者剩余[J].天津经济,2017,(03):63.

[98] 肖红军,阳镇.可持续性商业模式创新:研究回顾与展望[J].外国经济与管理,2020,42(09):3—18.

[99] 邢小强,周江华,仝允桓.包容性创新:概念、特征与关键成功因素[J].科学学研究,2013,31(06):923—931.

[100] 邢小强,周江华,仝允桓.面向低收入群体市场的创新研究[J].科学学研究,2010, 28(10):1564—1570+1483.

[101] 邢小强,周平录,张竹,汤新慧.数字技术、BOP 商业模式创新与包容性市场构建[J].管理世界,2019, 35(12):116—136.

[102] 熊彼特.经济发展理论[M].叶华译.中国社会科学出版社,2009.

[103] 徐强,陶侃.基于广义 Bonferroni 曲线的中国包容性增长测度及其影响因素分析[J].数量经济技术经济研究,2017, 34(12):93—109.

[104] 亚当·斯密.国民财富的性质和原因的研究[M].郭大力,王亚南译.商务印书馆,1972.

[105] 杨百团.山东省新农合基金分割理论、模型及实证研究[D].山东大学,2010.

[106] 杨代福.中国政策创新扩散:一个基本分析框架[J].地方治理研究,2016, (02):3—11.

[107] 杨辉.GDP 增长人民福利何往[J].商界论坛,2013,(17):214—215.

[108] 姚洋.包容性增长避免陷入中等收入陷阱[J].人民论坛,2011,(12):64—65.

[109] 于濛.包容性创新下的选择题[N].中国会计报,2012-11-30(008).

[110] 于敏,王小林.中国经济的包容性增长:测量与评价[J].经济评论,2012,(03):93—109.

[111] 余明桂,潘红波.政治关系、制度环境与民营企业银行贷款[J].管理世界,2008,(08):9—21+39+187.

[112] 余仕麟.福利经济学:最具伦理意蕴的经济学说[J].西南民族大学学报(人文社科版),2006,(01):162—167.

[113] 曾繁华,侯晓东.包容性创新驱动武汉经济发展指标构建与实证分析[J].科技进步与对策,2016, 33(05):45—50.

[114] 翟波.人口资源环境约束下的城市住房制度研究[D].青岛大学,2009.

[115] 湛泳,王恬中国经济转型背景的包容性创新[J].改革,2015,(11),54—65.

[116] 张楚.包容性创新研究现状、热点、趋势分析[J].现代商业,2021,(16):3—5.

[117] 张凤海,侯铁珊.技术创新理论述评[J].东北大学学报(社会科学版),2008,(02):101—105.

[118] 张秀.数字时代性别平等教育的优化路径探析[J].教育教学论坛,2022,(21):13—16.

[119] 张勋,万广华,吴海涛.缩小数字鸿沟:中国特色数字金融发展[J].中国社会科学,2021,308(08):35—51+204—205.

[120] 张勋,万广华,张佳佳,何宗樾.数字经济、普惠金融与包容性增长[J].经济研究,2019,54(08):71—86.

[121] 张勋,万广华.中国的农村基础设施促进了包容性增长吗?[J].经济研究,2016,51(10):82—96.

[122] 赵武,陈琳.包容性创新的国际经验与启示[J].科技管理研究,2015,35(22):1—6.

[123] 赵武,陈琳.印度包容性创新的经验及启示[J].科技进步与对策,2015,32(09):1—5.

[124] 赵武,孙永康,朱明宜,高樱.包容性创新:演进、机理及路径选择[J].科技进步与对策,2014,31(06):6—10.

[125] 赵武,孙永康.国外包容性创新研究现状述评与未来展望[J].科技管理研究,2015,35(01):1—5+32.

[126] 赵武,孙永康.基于多重螺旋模型的包容性创新系统研究[J].科技进步与对策,2014,31(16):23—28.

[127] 赵武,王姣玥.新常态下"精准扶贫"的包容性创新机制研究[J].中国人口·资源与环境,2015,25(S2):170—173.

[128] 赵武.包容性创新:地方政府创新的路径选择[M].西安电子科技大学出版社,2018.

[129] 赵逸萱.数字经济发展对收入包容性增长的影响研究[D].中南财经政法大学,2022.

[130] 赵云辉,王锦强,冯泰文,绳鸿燕.殊途同归不同效:包容性创新前因组态及其绩效研究[J].南开管理评论,2023,26(01):159—173.

[131] 郑长德.共享式增长理论研究进展[J].外国经济学说与中国研究报告,

2010,(00):330—342.

[132] 中国科学技术发展战略研究院.国家创新指数报告 2024[M].科学技术文献出版社,2024.

[133] 中国科学技术发展战略研究院课题组.中国的包容性创新[M].科学技术文献出版社,2015.

[134] 中国信息通信研究院.中国数字包容发展研究报告(2024 年)[R/OL].2024.

[135] 中国信息通信研究院.中国数字经济发展研究报告(2023 年)[R/OL].2023.

[136] 周丹敏.区域包容性创新绩效评价研究[D].浙江工业大学,2015.

[137] 周茜,葛扬.科技创新演化与创新经济发展[J].科技进步与对策,2012,29(20):6—13.

[138] 周小亮,吴武林.中国包容性绿色增长的测度及分析[J].数量经济技术经济研究,2018,35(08):3—20.

[139] 朱唐.数字包容:创新和技术推动性别平等[N].社会科学报,2023-03-30(001).

[140] 祝仲坤.互联网技能会带来农村居民的消费升级吗? ——基于 CSS2015数据的实证分析[J].统计研究,2020,37(09):68—81.

[141] 邹秀萍,徐增让,宋玉平.区域包容性创新能力的测度与评价研究[J].科研管理,2013,34(S1):343—348.

[142] Agnihotri, A. Doing Good and Doing Business at the Bottom of the Pyramid[J]. Business Horizons, 2013, 56(05):591—599.

[143] Ali, I., Son, H. H. Measuring Inclusive Growth[J]. Asian Development Review, 2007, 24(01):11—31.

[144] Ali, I., Zhuang, J. Inclusive Growth toward a Prosperous Asia: Policy Implications[J]. Asian Development Bank, 2007.

[145] Allen, F., Qian, J., Qian, M. China's Financial System: Past, Present, and Future[J]. Ssrn Electronic Journal, 2007.

[146] Anand, R., Mishra, S., Peiris, S. J. Inclusive Growth: Measurement

and Determinants[J]. IMF Working Papers, 2013, 13(135):1.

[147] Anderson, C. The Long Tail[J]. Wired, 2004,(10):12.

[148] Anderson, J., Billou, N. Serving the World's Poor: Innovation at the Base of the Economic Pyramid[J]. Journal of Business Strategy, 2007, 28(02): 14—21.

[149] Arrow, K. J. Social Choice and Individual Values[M]. Yale University Press, 1952.

[150] Atkinson, A. B., Stiglitz, J. E. Lectures on Public Economics[J]. Economica, 1982, 91(362).

[151] Bank, A. D. Framework of Inclusive Growth Indicators: Key Indicators for Asia and the Pacific[J]. 2015.

[152] Barbier, E. B. Economics, Natural Resources Scarcity and Development: Conventional and Alternative Views[M]. Routledge, 2013.

[153] Bergson, A. A Reformulation of Certain Aspects of Welfare Economics [J]. Quarterly Journal of Economics, 1938, 52(02):310—334.

[154] Choi, S. B., Lee, S. H., Williams, C. Ownership and Firm Innovation in a Transition Economy: Evidence from China[J]. Research Policy, 2011, 40(03): 441—452.

[155] Dahlman, C., Utz, A. India and the Knowledge Economy: Leveraging Strengths and Opportunities[J]. World Bank Publications, 2005.

[156] Daly, H. E., Townsend, K. N. Valuing the Earth: Economics, Ecology, Ethics[M]. MIT press, 1992.

[157] Davis, L. E., North, D. C. Institutional Change and American Economic Growth[M]. University Press, 1971.

[158] Dewan, S., Riggins, F. J. The Digital Divide: Current and Future Research Directions[J]. Journal of the Association for information systems, 2005, 6 (12):298—337.

[159] European Commission. She figures 2021: Gender in Research and Innovation: Statistics and Indicators[M]. Publications Office of the European Union, 2021.

[160] George, G., Mcgahan, A. M., Prabhu, J. Innovation for Inclusive Growth: Towards a Theoretical Framework and a Research Agenda[J].Journal of Management Studies, 2012, 49(04):661—683.

[161] Girma, S., Gong, Y., Görg, H. What Determines Innovation Activity in Chinese State-owned Enterprises? The Role of Foreign Direct Investment[J]. World Development, 2009, 37(04):866—873.

[162] Hammond, A. L., Prahalad, C. K. Selling to the Poor[J]. Foreign Policy, 2004:30—37.

[163] Hart, S. L. Innovation, Creative Destruction and Sustainability[J]. Research-Technology Management, 2005, 48(05):21—27.

[164] Heeks, R., Foster, C., Nugroho, Y. New Models of Inclusive Innovation for Development[J]. Innovation and Development, 2014, 4(02):175—185.

[165] Hongoro, C., Adonis, C., Sobane, K., Scerri, M. Innovation for Inclusive Development and Transformation in South Africa[M]. AOSIS, 2022.

[166] Huang, L., Liu, X., Xu, L. Regional Innovation and Spillover Effects of Foreign Direct Investment in China: A Threshold Approach[J]. Regional Studies, 2012, 46(05):583—596.

[167] Kaldor, N. Welfare Propositions of Economics and Interpersonal Comparisons of Utility[J]. The economic journal, 1939, 49(195):549—552.

[168] Kale, D., Nabar, J., Garda, L., Tol, V. Exploring Inclusive MedTech Innovations for Resource-Constrained Healthcare in India[J]. Innovation and Development, 2023, 14(03):539—561.

[169] Kanbur, R. Income Distribution and Development[J]. Handbook of income distribution, 2000,(01):791—841.

[170] Katz, J., Aspden, P. Motives, Hurdles, and Dropouts[J]. Communications of the ACM, 1997, 40(04):97—102.

[171] Kirschner, P. A., De Bruyckere, P. The Myths of the Digital Native and the Multitasker[J]. Teaching and Teacher education, 2017, 67:135—142.

[172] Klasen, S. Economic Growth and Poverty Reduction: Measurement

Issues in Income and Non-income Dimensions[J]. World Development, 2008, 36 (03):420—445.

[173] Klasen, S. Measuring and Monitoring Inclusive Growth: Multiple Definitions, Open Questions, and Some Constructive Proposals[J]. 2010.

[174] Lazonick, W., Mazzucato, M. The Risk-reward Nexus in the Innovation-inequality Relationship: Who Takes the Risks? Who Gets the Rewards? [J]. Industrial and Corporate Change, 2013, 22(04):1093—1128.

[175] Liu, X., Zou, H. The Impact of Greenfield FDI and Mergers and Acquisitions on Innovation in Chinese High-tech Industries[J].Journal of World Business, 2008, 43(03):352—364.

[176] London, T. The Base-of-the-pyramid Perspective: A New Approach to Poverty Alleviation[J]. Academy of Management Annual Meeting Proceedings, 2008, 2008(01):1—6.

[177] Martin, K. D., Paul, Hill. R. Life Satisfaction, Self-determination, and Consumption Adequacy at the Bottom of the Pyramid[J]. Journal of consumer research, 2012, 38(06):1155—1168.

[178] Megginson, W. L. The Financial Economics of Privatization[J]. Oup Catalogue, 1961, 84(05):170.

[179] Meng, G. U., Wei, Z. L., Management, S. O., Xian Jiaotong University. Research on Innovation Inclusiveness, Ambidextrous Innovation, and Market Performance in Transitional China[J]. R&D Management, 2015.

[180] Nilakanta, S., Scamell, R. W. The Effect of Information Sources and Communication Channels on the diffusion of Innovation in a Data Base Development Environment[J]. Management Science, 1990, 36(01):24—40.

[181] OECD. All on Board: Making Inclusive Growth Happen[R]. 2014.

[182] OECD. Innovation and Inclusive Development Discussion Report[R]. 2012.

[183] Ostry, J., Berg, A. Inequality and Unsustainable Growth: Two Sides of the Same Coin? [J]. International Monetary Fund, 2017.

[184] Paunov, C. Innovation and Inclusive Development: A Discussion of the Main Policy Issues[J]. OECD Science, Technology and Industry Working Papers, 2013.

[185] Prahalad, C. K., Hart, S. L. The Fortune at the Bottom of the Pyramid [J]. Revista Eletrônica de Estratégia & Negócios, 2002, 26:54—67.

[186] Ravallion, M., Chen, S. Measuring Pro-Poor Growth[J]. Economics letters, 2003, 78(01):93—99.

[187] Redclift, M. The Multiple Dimensions of Sustainable Development[J]. Geography, 1991:36—42.

[188] Sargent, F. O., Tietenberg, T. H. Environmental and Natural Resource Economics[J]. Environmental & Natural Resource Economics, 1996, 27 (02): 31—52.

[189] Scholl, J. Inclusive Business Models as a Key Driver for Social Innovation [M]. Social innovation: Solutions for a sustainable future. Berlin, Heidelberg: Springer Berlin Heidelberg, 2013:99—109.

[190] Schumpeter, J. A. Capitalism, Socialism, and Democracy[J]. American Economic Review, 1942, 3(04):594—602.

[191] Sen, A. Development as freedom[M]. Oxford University Press, 1999.

[192] Shannon, C. E. A Mathematical Theory of Communication[J]. The Bell system technical journal, 1948, 27(03):379—423.

[193] Shleifer, A., Vishny, R. W. A Survey of Corporate Governance[J]. Robert Vishny, 1997, 52(02):737—783.

[194] Shorrocks, A. F. Ranking Income Distributions[J]. Economica, 1983, 50 (197):3—17.

[195] Silber, J., Son, H. On the Link Between the Bonferroni Index and the Measurement of Inclusive Growth[J]. Economics Bulletin, 2010, 30(02):421—428.

[196] Solo, C. S. Innovation in the Capitalist Process: A Critique of the Schumpeterian Theory[J]. Quarterly Journal of Economics, 1951, 65(03):417—428.

[197] Son, H. H. Equity and Well-Being: Measurement and Policy Practice

［M］. Routledge，2011.

　　［198］Van Deursen，A. J. A. M.，Van Dijk，J. A. G. M. The First-level Digital Divide Shifts from Inequalities in Physical Access to Inequalities in Material Access ［J］. New media & society，2019，21(02):354—375.

　　［199］Van Dijk，J. A. G. M. The Deepening Divide: Inequality in the Information Society［M］. Sage publications，2005.

　　［200］Warschauer，M. Technology and Social Inclusion: Rethinking the Digital Divide［M］. MIT press，2004.

　　［201］Wei，K. K.，Teo，H. H.，Chan，H. C.，Tan，B. C. Conceptualizing and Testing a Social Cognitive Model of the Digital Divide［J］. Information Systems Research，2011，22(01):170—187.

　　［202］Women，C. The Mobile Gender Gap Report 2022［J］. GSMA，London Retrieved from https://www.gsmaintelligence.com/research，2022.

　　［203］Zhang，J.，Rogers，J. D. The Technological Innovation Performance of Chinese Firms: The Role of Industrial and Academic R&D，FDI and the Markets in Firm Patenting［J］. International Journal of Technology Management，2009，48 (04):518—543.

图书在版编目(CIP)数据

数字时代包容性创新的力量：理论与实践 / 邸俊鹏
著. -- 上海：上海人民出版社，2025. -- (上海社会科
学院重要学术成果丛书). -- ISBN 978-7-208-19691-9

Ⅰ. F492

中国国家版本馆 CIP 数据核字第 2025FR7821 号

责任编辑　项仁波
封面设计　路　静

上海社会科学院重要学术成果丛书·专著

数字时代包容性创新的力量：理论与实践

邸俊鹏　著

出　　版	上海人民出版社
	（201101　上海市闵行区号景路 159 弄 C 座）
发　　行	上海人民出版社发行中心
印　　刷	上海商务联西印刷有限公司
开　　本	720×1000　1/16
印　　张	16
插　　页	2
字　　数	223,000
版　　次	2025 年 8 月第 1 版
印　　次	2025 年 8 月第 1 次印刷

ISBN 978 - 7 - 208 - 19691 - 9/F·2923

定　　价	78.00 元